天津市问津书院问津学术奖励基金资助出版项目

問津文庫

梓里寻珠第三种

主编　王振良

赶大营研究

天津商帮与近代新疆的经济开发

张博　著

图书在版编目（CIP）数据

赶大营研究：天津商帮与近代新疆的经济开发 / 张博著. -- 天津：天津社会科学院出版社，2017.12
（梓里寻珠 / 王振良主编）
ISBN 978-7-5563-0445-5

Ⅰ. ①赶… Ⅱ. ①张… Ⅲ. ①商业史－研究－天津②经济史－研究－新疆－近代 Ⅳ. ①F729②F129.5

中国版本图书馆CIP数据核字（2018）第004588号

赶大营研究：天津商帮与近代新疆的经济开发

出 版 人：钟会兵
出版发行：天津社会科学院出版社
地　　址：天津市南开区迎水道7号
邮　　编：300191
电话/传真：（022）23360165（总编室）
（022）23075303（发行科）
网　　址：www.tass-tj.org.cn
印　　刷：天津市天办行通数码印刷有限公司

开　　本：880×1230 毫米 1/32
印　　张：9
字　　数：225千字
版　　次：2017年12月第1版 2017年12月第1次印刷
定　　价：68.00元

序　言

王振良

清朝同治四年(1865),中亚浩罕汗国军事头目阿古柏侵入新疆,成立所谓哲德沙尔国。光绪元年(1875),陕甘总督加授钦差大臣左宗棠备战平叛,光绪三年(1877)规复全疆。其时天津一带饥荒连年,兵祸不断,杨柳青受灾严重,人们纷纷外出谋生。“跑西北”的杨柳青人,乃在安文忠带领下肩挑小篓,追随左宗棠部队赴疆做生意糊口,历史上谓之“赶西大营”。战事停止之后,已无大营可“赶”,后续的杨柳青人进疆谋生就称“上西大营”或“跑西大营”,简称“赶大营”。赶大营进疆的人,则被称作“大营客”。

赶大营发端于清光绪元年(1875),光绪十年(1884)起进入全盛期,到宣统二年(1910)王高升纵火案前发展到顶峰,1937年抗战全面爆发后因交通受阻和货源断绝迅速衰落。1945年日本投降后到新中国成立前,又陆续有少量杨柳青人进疆谋生,但已成为尾声了。光绪三年(1877)清军收复全疆时,随军的杨柳青商贩已遍布新疆的大中城镇,形成“三千货郎满天山”的局面。光绪十年(1884)改营坐商之后,逐渐形成财势雄厚的“天津商帮”,翘居当时

"新疆八帮"之首。

赶大营被誉为天津杨柳青人的历史壮举,也是中国近代商贸史上的一个奇迹。2000年以来,赶大营开始受到媒体和学界关注,逐渐成为天津地方史研究的热点之一。2002年和2010年,天津影响力最大的两家媒体《今晚报》和《天津日报》,先后派出记者远赴新疆,大量访问杨柳青人后裔,搜集实物、文献和口头史料等。《今晚报》的采访,在天津市范围普及了赶大营知识,使得天津人对此三字不再陌生,也吸引了学界开始关注赶大营话题。《天津日报》的采访,则使赶大营研究在迅速发酵,并在其后十年形成研究热潮,直接促进了天津和新疆的经济和文化交流。本书作者张博先生,就是《天津日报》赴疆采访的促成者和践行者。

杨柳青是天津市少有的千年古镇之一,向以出产木版年画闻名于世。而从历史发展的角度来讲,赶大营的影响可能远超年画。赶大营使得约3000余户杨柳青人移民新疆(约占同时期杨柳青人口的五分之一),改变了全疆的政治、经济、文化面貌,以一镇之微而影响中国六分之一土地达七十余年,而且这种影响在新世纪以来"一带一路"背景下重新得到延续。这在中国历史上很难再找到其他的个案。赶大营研究,21世纪以来呈现出明显的由自发到自觉地过程。但不管最终成果如何呈现,研究的重点主要集中在政治军事、边疆开发、民族融合及文化交流等方面。有关商业的问题虽然谈者众多,但多数片段零散的文史资料之类,宏观关照者至今寥寥。张博《赶大营研究:天津商帮与近代新疆的经济开发》,不仅将研究对象锁定为赶大营的"天津商帮",同时将这一事件放在西北边疆开发的广阔背景下,对天津商帮在新疆经济势力的兴起、天津商帮在近代新疆的地域分布、天津商帮在新疆的行业分布与经营模式分析、天津商帮与近代新疆商会组织的构建等问题作了重点观照。

赶大营问题，虽然有着宏大的历史背景和广泛的现实意义，但其归根结底仍是以“谋生”为出发点的经济活动，只有回归对赶大营经济本质行为的研究，才可能实现赶大营研究的最终整体突破。而张博先生此书的出版，可以说做了重要的开拓和良好的示范。本书一改既有研究过分倚重文史资料或口头文献的缺陷，首次大量查找并引入原始档案文献，并在此基础上提出许多创造性见解。对基于口头文献和文史资料而产生的诸多模糊问题，全书也予以适当的澄清。如在历时七十余年的赶大营历程中，参与的大营客是否都是贫民阶层？这些大营客是否全部来自杨柳青？大营客抵达新疆后，最初从事的行业有哪些，最终在哪些领域形成了突破？赶大营的商路是否存在着明显的变化，其变化节点是什么？对于学者曾论集的大营客在新疆分布问题、行业分布问题以及对新疆商会组织建设影响等问题，作者也作了更为具体深入的探讨。如学界普遍关心各地商会会长人选，那么商会核心层的津帮商人所占比重有多少？天津商帮在商会的主导权上，与其他各地商帮的关系如何？新疆各地的商会是否因天津商帮均占主导地位而有更加紧密的经济联系？所有这些问题，作者都通过档案文献进行了系统爬梳，得出了令人信服的结论。

全书最后附有史料索引，虽然未敢说尽善尽美，但仍为今后的研究提供了线索，指示了路径。

以上拉杂谈之，未必切中肯綮，然为先睹之后的一得之见，略书于此供方家和读者批评。

2017年7月2日匆草于沽上饱蠹斋

目　录

绪　论

肇始于19世纪70年代的“赶大营”，是当年追随左宗棠大军进入新疆的小商小贩的经商活动，这批小商贩不仅仅包括津帮商人，还有湖南、山西、陕西、四川、河南、湖北和甘肃等地的商人。然而，津商被公认为是新疆八大商帮之首，据宣统《新疆图志》记载：“津人植基最先，故根本深固，分枝遍南北疆，肆无常货，居无常贾，五都之会，海国之所供，莫不备致。”这段文字指出了津帮商人的经营特点和取得成功的缘由。

随着津帮商人的足迹遍及天山南北，他们同时把天津的商业文化和传统带到了新疆。早在清代中期，就有诗人写出了“繁华真可比京华，都说津门有大家”的名句，这首诗点出了天津商业上“有大家”的称谓和习俗。当天津商帮在新疆站稳脚跟后，也出现了“八大家”的称谓，用以评价那些去得早、干得好的津帮商业字号，这也成为天津商人在新疆商业地位和身份的象征。

一、学术史回顾

天津商帮在近代新疆经济社会发展上所发挥的作用自不待言，但是，与晋商、宁波商帮等商人群体的研究相比，天津商帮的研究一直未能深入进行，其中既有因资料的匮乏让学界有无从下手之感，也与学术界对天津商帮在近代新疆经济开发中的作用认识不足有关。下面，作者从学术史回顾入手，对目前学术界关于这一课题研究的基本状况进行梳理。同时，对基于赶大营产生的历史文献进行分门别类的分析，并提出若干目前学术界仍存在模糊认识、需要进一步研究的话题，进而简单列出本书的基本研究思路和框架，供学界同仁批评指正。

从作者目前所见到的文献来看，在"赶大营"这一历史现象出现两年后，《申报》就对这一现象进行了报道。此后，在晚清民国时期出版的各种游记、杂记等文献中，也有相关的介绍。而学术意义的研究和探讨则开始于20世纪八十年代，这一时期，一批"赶大营"的亲历者或是"大营客"的后裔开始撰写相关的纪念文章，就"赶大营"的一些领域进行了相关的探讨和研究。尽管在天津和新疆维吾尔自治区的地方志和各级政协主持编撰的文史资料中，"赶大营"已经逐渐成为重点内容之一，但学术界对"赶大营"的普遍关注则开始于本世纪初年。

关于"赶大营"初期的历史。贾秀慧指出，在左宗棠平定阿古柏叛乱的过程中，由于新疆地广人稀，"军队所需的生活用品很难就地采购，巨商大贾不肯效力，只有天津杨柳青的200多名小贩愿随军西征。他们带着京津地区生产的中成药、日用小百货等随军做生意。”此后，每年都有数百名天津杨柳青的小商贩随军经商，是为“赶大营”的缘起[①]。王亚彬则从当时的灾荒问题入手，并指出：“当时，天津一带连年饥荒，兵祸不断，杨柳青受灾严重，人们纷纷外出谋生”，“因饥荒而背井离乡的杨柳青人紧跟左宗棠西征的清军，挑挑担担，做小生意糊口，追随部队大营不断迁移，因处于西北边疆，故谓之‘赶西大营’。”[②]张慧芝则认为，“为解决数万大军的后勤补给号召内地人支边，于是约3000户、至少1.5万杨柳青人肩挑货担，跟随左宗棠成为进疆大军的一员。”[③]周泓则进一步指出，左宗棠西征大军的“军火和后勤军需品，皆需商人运输和商贩随军辗转供应。受到秦晋、湘鄂商做军队生意的影响，燕津商人亦随军营生。杨柳青商贩应军营之急，往前线转供军火军需，谓‘赶大营’。”[④]刘海岩指出，“在清军西北用兵的十余年间，天津杨柳青人兴起了随军生意活动，即随清军行进，贩卖士兵所需日用物品。当

---

①贾秀慧：《“赶大营”与晚清民国年间“迪化”的汉民俗文化》，《新疆教育学院学报》2012年第2期。而此前2005年的论文中，贾秀慧指出，“因军需供应困难，天津杨柳青一带的二百多货郎携带生活用品和常用中成药，经陕甘随军来疆。他们一边赶路，一边销售，俗称‘赶大营’。”比较这两篇文章的表述，2005年刊发的这篇论文没有“巨商大贾不愿效力”的字样，由于作者没有给出相应的参考文献，不知两篇文章观点为何不同，存疑。晏海发指出，“1875年左宗棠率军进疆，平定阿古柏。清军制一向无专门后勤部队，军行万里，酷暑严寒，备尝艰辛，京津货郎，大部天津杨柳青人，随军出关肩挑货担，谓‘赶大营’。”见晏海发：《从伊犁地名看历史上的移民和开发》，《伊犁师范学院学报》1999年第3期。夏雷鸣亦持有相同观点，见夏雷鸣：《新疆奇台的理教和理门公所》，《新疆大学学报》2007年第6期。

②王亚彬：《杨柳青人“赶大营”的历史分析》，《岱宗学刊》2009年第4期。

③张慧芝：《商帮对清代以奇台为中心市场体系发育之作用》，《西域研究》2010年第4期。

④周泓：《清末民国杨柳青绅商性文化在新疆的衍生》，《民族论坛（学术版）》2011年第11期。

时，这些杨柳青人都肩挑小篓，军行则行，军驻则住”[①]。吴晓辉指出，“左宗棠征新疆之役，天津商人随军运售军粮”，使得“军粮运售成了具有了商业性质的活动”，而津商“馈粮千里，转谷百万”，称“赶大营”[②]。

关于“赶大营”的宏观层面研究方面。张长海从军事后勤保障、促进西部建设、天津经济底蕴、教育启示后人和巩固民族关系等几个方面入手，论述了“赶大营”的历史与现实影响[③]。张博从“赶大营”的发起、商路的变迁、百艺进疆、百业进疆等几个方面，系统梳理了“赶大营”发展的历史进程[④]。晨曲则指出，“赶大营”的天津商帮之所以能够取得非常辉煌的成就，关键在于天津商帮继承和发扬了中国传统文化中的诚信美德[⑤]。

关于天津商帮与近代新疆商业经济开发方面。贾秀慧从新疆津帮八大家的兴起入手，对津帮商人与新疆近代商业史的关系进行了较为充分的论述，并指出，津帮商人在“促进新疆商业发展、繁荣新疆经济、促进城市近代化等方面，作出了不可磨灭的贡献”[⑥]。在另外一篇论文中，贾秀慧指出，近代津帮在新疆商业史上扮演了重要角色，津商以“赶大营”的形式来到新疆，19世纪末20世纪初新疆的社会整合，为商业营造了一个良好的发展空间，促使津帮在新疆商界迅速崛起[⑦]。周泓指出，杨柳青人随左宗棠西征“赶大营”入

---

①刘海岩:《近代历史上天津与西部的关系》,《城市》2001年第2期。

②吴晓辉:《清前期国内贸易政策初探》,《北京财贸职业学院学报》2009年第1期。

③张长海:《赶大营的历史与现实影响》,《天津日报》2010年9月13日第23版。

④张博:《品读赶大营》,《天津日报》2010年8月6日第6版。

⑤晨曲:《诚信津商有颗“勇敢的心”》,《天津日报》2010年8月23日第10版。

⑥贾秀慧:《试析近代新疆商业史上的“津帮八大家”》,《新疆地方志》2004年第3期。

⑦贾秀慧:《“津帮”在近代新疆的商业活动述评》,《西北民族研究》2005年第3期。

新疆,使其文化和自身产生了深远影响。它使杨柳青的业缘、族缘、乡缘与兼重官民、城乡之商绅性及其文化,寓于商业、宗族、乡族与信仰组织而西植;同时使其自身实现由农民、船工向商人市民的转化,亦促使了新疆历史上汉人主体有屯垦农户向城镇居民的近代结构转变[①]。

关于天津商帮对西北地区特别是新疆地区近代经济开发的贡献方面。郑明治认为,“新疆八大商帮是晚清民国时期乌鲁木齐城市经济的主要力量,促进了新疆与内地的商业交流。”[②]谢亮指出,“晚清至民国,移民新疆,多与民众逃避战乱和灾荒相关,而且自发移民是其主要特点,商业移民亦不在少数。如左宗棠平定西北,进军新疆,……随湘军‘赶大营’进入新疆的平津商帮,其经商活动范围也曾一度遍布天山南北之间。”[③]王亚彬认为,“杨柳青人‘赶大营’维护了西北边陲的统一和稳定、促进了新疆经济的开发和早期工商业的形成。”[④]

潘志平指出,在新疆的“八大商帮”中,燕帮为“八大商帮”中人数最多、资本最雄厚的一帮。“分为天津杨柳青人为主的津帮和河北武清县人居多的京帮。”[⑤]刘海岩指出,“清军留驻新疆后,这些杨柳青人便积极开拓当地商业,成为开发西部的先驱者。”[⑥]李亚平指

①周泓:《清末民国杨柳青商绅性文化在新疆的衍生》,《民族论坛(学术版)》2011年第11期。

②郑明治:《多元视角下的新疆早期(1884—1949)城市近代化——以乌鲁木齐为中心的考察》,《学理论》2010年第13期。

③谢亮:《移民与灾荒:战乱后的西北商路之区域经济发展——以近代西北灾荒和荒政实践为中心(上)》,《肇庆学院学报》2011年第6期。

④王亚彬:《杨柳青人“赶大营”的历史探析》,《岱宗学刊》2009年第4期。

⑤潘志平:《清季新疆商业贸易》,《西域研究》1995年第3期。

⑥刘海岩:《近代历史上天津与西部的关系》,《城市》2001年第5期。

出，津帮商人与其他客商一起，对促进近代兰州区域市场的发育和发展上，起到了积极的作用[①]。魏长洪在论述王高升纵火案时，指出，津商八大家在乌鲁木齐的产业在纵火案中化作灰烬，对津商影响巨大。同时，他也注意到津商八大家各种文献记载不一[②]。余志勇指出，随军“赶大营”而来的平津商帮在1934年之前，一直掌握着新疆商业命脉，控制着新疆内外的经济往来，他们运来的各种商品，繁荣了天山南北的各大城市，推动了新疆人民生活水平的提高[③]。张丹指出，“清末新疆城市的盛起、与内地市场的相通，使内地与新疆在经济上逐渐形成一个共同的实体”，其缘由即为“赶大营”而来的包括津帮商人在内的八大商帮共同努力的结果[④]。来新夏先生在品评《杨柳青镇志（蓝本）》时指出，“赶大营”不仅是杨柳青的历史大事，更在中国近代历史上占有重要一笔。这项活动不仅为杨柳青活跃了经济形势，而且为晚清时抗俄卫国繁荣西部商业作出一定的贡献，是杨柳青独有的骄傲。”[⑤]王聪延指出，津帮商人等八大商帮涌入新疆，使得“新疆经济很快得到发展，新疆近代商贸集镇在原有基础上进一步得到发展。当时市场上除本地供应的货品，还有从内地转运过来的商品，市场基本可以满足汉族

---

①李亚平：《客商“在地化”的概念、进程与其意义——以近代兰州客商为中心》，《兰州学刊》2014年第4期。

②魏长洪：《论清末迪化王高升纵火案》，《新疆大学学报（哲学社会科学版）》1988年第1期。

③余志勇：《民国年间新疆各族经济文化关系述略》，《西北第二民族学院学报（哲学社会科学版）》1992年第3期。

④张丹：《内地汉人在清代新疆屯田开发中的作用》，《河海大学学报（哲学社会科学版）》2002年第3期。

⑤来新夏：《评〈杨柳青镇志〉蓝本》，《中国地方志》2004年第10期。

人日常生活对生活消费品的需求。”①

关于天津商帮对近代新疆经济开发的影响方面。仲高指出，津帮八大家的分号遍及全疆各地，对于“促进新疆各民族物质文化的进步也起到了不可低估的作用”，同时，“由于这些商人本身就来自乡村，那种小农经济培植的生活方式、风俗习惯、心理心态又很难马上改变，对任何涉及传统乡村文化的近、现代化进程总会自觉不自觉地发生抵触，因此照样穿他们的长袍马褂，照样住传统住宅，照样听传统戏曲，照样进行乡村文化固有的祭神、祭祖、社火等传统节庆活动。”②王亚彬认为，“在新疆近代史上的人口迁移的画卷中，天津杨柳青人的“赶大营”可谓是最浓重的一笔，在半个多世纪的艰苦岁月中，移民新疆的杨柳青人，大大改变了新疆当地的政治、经济、文化面貌，以一镇之微而影响中国六分之一土地长达数十年之久，这也为新疆早期工业近代化的形成做出了垂青史册的贡献。”他认为，“‘赶大营’维护了西北边陲的统一和稳定，促进了新疆经济的开发和早期近代化工商业的形成，是我国近代商贸史上的奇迹，更是中国近代史上一次成功的大规模自发移民，它成功地开辟了从渤海之滨到天山南北的商贸大通道，并使久已尘封的“丝绸之路”东段重新恢复了活力，在祖国的大西北留下了一道绚丽的经济和人文的风景线。”③贾秀慧认为，“津帮在抵抗外国经济侵略，促进近代新疆社会经济发展、加强民族团结、举办公益事业、促进城市近代化等方面都做出了巨大贡献”，主要表现在：“津帮的商业活动，抗击了外国经济侵略，促进了新疆与内地的物资交流，

---

①王聪延：《清代新疆汉族社区的形成和发展》，《兵团党校学报》2012年第1期。

②仲高：《20世纪前半叶新疆民间文化与城市文化》，《西域研究》2000年第1期。

③王亚彬：《杨柳青人“赶大营”的历史分析》，《岱宗学刊》2009年第4期。

活跃了地方经济；同时，津门商界与民族商人的友好往来，也加强了民族团结”“津门商人热心创办各种公益事业和社会慈善事业，为各族人民造福，促进了新疆社会文明程度的提高”“津帮对于推动新疆城市的近代化进程有不可忽视的历史作用”等三个方面[①]。周泓指出，“杨柳青人随左宗棠西征，宿官营，做军兵生意，得到官府信任重用，成为商官、官商，承办进疆货税，代征新疆协饷，经营边域军政重镇古城子驻军要镇等地（货物集散转运中心）、‘小天津’（伊犁惠远将军府和宁远‘汉人街’）、‘小杨柳青’（迪化）等，显示了商势与权力的交叠和经济的政治功能”[②]。

此外，在一些关于新疆和西北经济发展的著述中，也涉及到了天津商帮在新疆的基本情况，尤其是在津帮商人在新疆的空间分布方面，学者们也给予了较多的关注。徐伯夫在《清代新疆的城镇经济》一文中，就提及了天津商帮发行货币的情况[③]。陈慧生在《杨增新督新时期的新疆商业》一文中，梳理津帮八大家的历史演进轨迹[④]。李建国指出，“新疆平定后，津商由行商变坐贾，因其经营灵活，进货渠道广，很快发展起来，迪化、伊犁、塔城、阿克苏、和阗等重镇，甚至各小县城均有其商号”[⑤]。晏海发指出，“1882年金顺将军进军伊犁，京津商贩随之居于伊犁各地，他们大致分布在绥定、惠远（新城）、宁远、广仁、瞻德、霍尔果斯等地，出现了许多新地名，

①贾秀慧：《“津帮”在近代新疆的商业活动述评》，《西北民族研究》2005年第3期。

②周泓：《北方市镇与“商域宗族”——兼论“圈层格局”》，《民族研究》2010年第1期。

③徐伯夫：《清代新疆的城镇经济》，《新疆经济开发史研究》上册，乌鲁木齐：新疆人民出版社1995年版。

④陈慧生：《杨增新督新时期的新疆商业》，《新疆经济开发史研究》上册，乌鲁木齐：新疆人民出版社1995年版。

⑤李建国《试析近代西北地区的晋商》，《青海社会科学》2008年第6期。

如：伊宁市汉人街、惠远（新城）东关天津杨柳青韩掌桌、刘掌桌、魏掌桌合伙经营公所园、裕泰昌稻地（王家庄）、北关范家园、瞻德城王家庄、高家庄、焦家庄，霍尔果斯地有常乡约庄、熊乡约庄，绥定城有北园子、薛家园、姜家园、张家园。”①

蔡家艺先生在《清代新疆社会经济史纲》一书第三编“新疆建省后的社会经济”②中，辟出专门章节谈及商帮的产生与城镇经济的恢复，其中简要地叙述了津帮商人在新疆的分布、经营特点等问题。袁澍在分析新疆会馆时指出，“近代新疆商业著名的津门八大家和相关的商业字号，都得到了会馆的大力支持。”③张博从几篇著名的新疆游记入手，对“赶大营”兴起、繁荣、发展和衰落的历史进程进行了简明扼要的分析④。同时，张博还充分利用了民国时期学者的研究成果，对天津商帮在新疆的农业、贸易和交通运输等行业的影响进行了探讨⑤。黄达远指出，清朝同治年间，“新疆与内地的商业交往中断”，随着新疆的收复，“新疆与内地商业贸易迅速恢复”，而杨柳青货郎的“赶大营”与商业恢复关系密切，并形成了“天津—归化—古城—迪化的商业网络”⑥。聂爱文指出，“由于‘赶大营’为闯新疆、走西口开辟了道路，也吸引了其他省份的人来新疆，除杨柳青人外，还有河北省武清、献县、静海、昌黎等县的商贩和农

①晏海发：《从伊犁地名看历史上的移民和开发》，《伊犁师范学院学报》1999年第3期。

②蔡家艺著：《清代新疆社会经济史纲》，北京：人民出版社2006年12月版。

③袁澍：《新疆会馆探幽》，《西域研究》2001年第1期。

④张博：《游兴频发此 津商景致鲜》，《天津日报》2010年8月30日第11版。

⑤张博：《开发大西北 津商勇为先》，《天津日报》2010年9月6日第10版。

⑥黄达远：《“西力”与“东力”的交织与竞争：新疆城市早期现代化的曲折展开》，《和田师范专科学校学报》2013年第1期。

民。"[①]关于津帮商人在近代新疆的经营模式研究。贾秀慧指出,津帮商人在经营方面主要包括如下几个方面的特色:"津帮店铺十分注意店堂与门脸的布置点缀、十分重视店员的形象与素质、经营的商品品种繁多、津帮在资金周转方面非常便利。"[②]

津帮商人与新疆区域经济发展方面。戴良佐梳理了清末民初时期新疆昌吉地区的商业发展,并指出,在奇台、孚远、阜康、古牧地、昌吉、呼图壁和绥来等商业繁荣的城镇都有津帮商人的身影[③]。张晓森在论述温宿商业兴衰问题时指出,"随着清军'"赶大营"'前来的商贩,成为温宿战乱后的第一批商家,温宿传统商业得以逐渐发展,到20世纪二三十年代城镇商业进入鼎盛时期。"[④]贾秀慧在论述晚清民国时期乌鲁木齐城市近代化问题时指出,"在城市近代化最为重要的因素商业方面,随军'赶大营'的津帮商人起到了非常明显的作用。"[⑤]张慧芝在分析商帮与清代以奇台为中心的市场体系发育问题时,在文中分析并论述了"津帮商人在奇台的空间分布、行业分布等问题"[⑥]。龙小峰在论述交通线路的变化对奇台商业发展影响时,对津帮商人进出新疆的商品流通线路进行了较为细致的梳理[⑦]。周泓在论述清末新疆通内外交通的反差时,亦对津

①聂爱文:《昌吉地区汉族人口的来源分析》,《南方人口》2002年第3期。

②贾秀慧:《"津帮"在近代新疆的商业活动述评》,《西北民族研究》2005年第3期。

③戴良佐:《新疆昌吉地区清末民初商业概述》,《中国边疆史地研究》1994年第2期。

④张晓森:《温宿商业兴衰录》,《新疆地方志》1989年第3期。

⑤贾秀慧:《晚清民国时期乌鲁木齐城市近代化述论》,《西域研究》2007年第2期。

⑥张慧芝:《商帮对清代以奇台为中心市场体系发育之作用》,《西域研究》2010年第4期。

⑦龙小峰:《清中期至民国交通线的变化对奇台商业经济的影响》,《兰州学刊》2012年第4期。

帮商人在新疆与内地的商路问题进行了描述[1]。周泓指出，于津帮商人而言，“从随官军、宿官营、做军兵生意，到与官府互撑，得信任重用，演示着商绅作为官一民代言的角色”；“作商官、官商，新省官款扶持津帮，显示了商势与权力的交叠和政治的经济功能，实践了杨柳青绅性的西延”[2]。

刘正江指出，“汉人在迪化城内的商业活动使他们在经济上更加紧密地联系在一起。在迪化城内形成了内地商民比较集中的住宅区和商业街。以津商为例，清末发展成的津门八大家无一例外分布在省城迪化城垣内。从20世纪开始到40年代初，乌鲁木齐曾有‘天津小杨柳青’之称，这说明城内天津籍人口众多、生意兴隆。”[3]

在社会文化方面。甄光俊利用口述资料和相关的资料对“赶大营”与河北梆子传入新疆的问题进行了系统的爬梳[4]。贾秀慧从工艺民俗工艺文化（主要包括年画、花灯、剪纸、吊钱、刺绣花样子、风筝、四合院等）、民俗节日文化（主要包括社火、武术、龙灯、秧歌、高跷、要中幡、腊月民俗等）、民俗饮食文化（主要包括吃饺子、吃元宵、吃焖子、吃粽子、中秋月饼和风味小吃等）、民俗戏曲文化（主要包括京剧、河北梆子、说书场等）、民俗游艺文化（主要包括抖空竹、踢毽子等）等五个方面入手，指出，“伴随着‘赶大营’，汉民族的民

---

①周泓:《清末新疆通内外交通的反差》,《新疆大学学报(社会科学版)》2012年第1期。

②周泓:《清末民国杨柳青商绅性文化在新疆的衍生》,《民族论坛(学术版)》2011年第11期。

③刘正江:《清至民国时期乌鲁木齐民族居住格局的形成及其原因》,《黑龙江民族丛刊》2012年第2期。

④甄光俊:《津门戏曲唱响天山南北》,《天津日报》2010年8月9日,第10版。

俗文化广泛地在新疆传播”[①]。李江杰指出，“清光绪时期，为避水患来到迪化的天津商人王希增把会唱河北梆子的艺人组织起来成立河北梆子戏班‘吉利班’，班社又得到旅居新疆的直隶籍人士资助，表演以河北梆子为主，兼演出京剧。”[②]张博则利用《昆仑旅行日记》对天津教育家与“赶大营”的天津商帮的交谊进行探讨，并理清了清末天津商帮在新疆经商的具体情况[③]。刘荫楠先生在上世纪九十年代曾先后出版了两部《乌鲁木齐掌故》，内容包含大量的天津商帮在新疆特别是在乌鲁木齐的情况。从1986年起，刘荫楠开始在《乌鲁木齐晚报》副刊开辟“乌鲁木齐掌故”专栏，搜奇稽古，钩玄阐微，绘声绘色地描述了关于乌鲁木齐历史、地理、经济、文化方面的轶事传闻。1996年，刘先生的260多篇掌故文章结集为《乌鲁木齐掌故》出版，这本书受到读者欢迎的同时，也受到不少熟人的善意责难，他们说：“刘先生，您这书改名《杨柳青人在迪化》得了！”[④]由此可见，该书对天津商帮的描写所占的篇幅和笔墨相当可观。应该说，该书不仅是一部非常严谨的学术著作，更是本课题研究的重要参考文献。李颖超以轻松的文笔，对天津商帮在新疆的情况进行了细致的梳理，并最终形成了23万字的著作《新疆津帮》，分为丝路古道迎津帮、西出阳关无故人、三千货郎满天山、杨柳青丝系客舟、雕阑玉砌朱颜改和几代繁华成一梦六章，并附录了该作者历年搜集整理的“赶大营”的天津商帮在近代新疆开设的字号情

①贾秀慧：《“赶大营”与晚清民国年间“迪化”的汉民俗文化》，《新疆教育学院学报》2012年第2期。

②李江杰：《文化认同预警下清代戏曲的新疆发展与衍变》，《中国戏曲学院学报》2014年第2期。

③张博：《温世霖：西出阳关有故人》，《天津日报》2010年8月16日第11版。

④赵宝起、王振良：《永远的“杨柳青情结”》，《今晚报》2002年9月27日第1版。

况[①]。从作者的行文来看，一部分来源于该作者的口述访谈，相当一部分内容来源于新疆和天津各地的文史资料和已经公开出版的地方志等文献。仲高指出，清代新疆汉族中流行天津杨柳青年画，与“赶大营”直接相关，杨柳青年画“波及面不仅仅是新疆汉族，也影响到了锡伯、满等民族的习俗和审美走向。”[②]刘正江指出，为迎合民族兄弟的需要，“杨柳青的名家画坊专门设计了一类年画，专销新疆，这类年画很多，特点是以各种楼台殿阁建筑物组成的风景画，深得新疆少数民族喜爱，于是年画销路打开。在‘赶大营’兴旺的年代，进入新疆一市的年画，每年达数百万张之多，有的画坊也曾到新疆设店批售。”[③]董印其指出，“天津商人‘赶大营’对于奇台当地的语言文化影响很大，在当地特有的民俗文化词语中，有法鼓、‘赶大营’、跑街等词汇，与该地的商业发达，外地商民荟萃关系很大。”[④]罗紫元指出：“天津杨柳青一些梆子艺人为谋生计远赴西北，为了安全起见，他们纷纷跟随军队一同前往新疆，时人称之为‘赶大营’。军队宿营他们则因陋就简地演唱不着戏装不抹油彩的坐腔戏，清军也为艺人们的精彩演出发放能够维持生活的犒赏，两相得宜。清军入疆之后，每收复一地，这些艺人便演戏庆贺，以此领取赏银。”[⑤]

---

①李颖超著:《新疆津帮》,乌鲁木齐:新疆人民出版社2006年版。

②仲高:《汉唐遗风与近代新疆屯垦艺术》,《新疆社会科学》2004年第6期。

③刘正江:《早期乌鲁木齐民族社区的商业活动》,《中国商贸》2013年第3期。

④董印其:《从语言特征看文化现象——奇台汉语言文化透视》,《新疆教育学院学报》2006年第4期。

⑤罗紫元:《清代戏曲在文化认同语境下的新疆发展与衍变》,《戏剧文学》2014年第1期。该文作者并没有给出河北梆子艺人出自杨柳青的原始文献,因该说与目前通行的关于赶大营的观点并不一致,作者也没有发现河北梆子艺人与商贩共同进疆的相关文献,今录此说,存疑。

关于商路问题。魏丽英指出,“清代平津商帮赴漠北及北疆贸易,多出居庸关,经宣化、张家口,从归绥向北,经土谢图汗部赛音乌苏分途向北可去库伦、恰克图,向西北经乌里雅苏台、科布多再南行即可到北疆重镇古城。这条出居庸、张北、归绥至古城的商路,在清代即是著名的大草地路,亦称‘驼路’‘大北路’。”[①]

就作者目前所见,第一篇涉及到津帮商人“赶大营”的学位论文出现在2006年,刘卓以晚清民国时期新疆的内地商人为研究对象,在该博士学位论文的第二章,即内地商人与新疆商业的活动中,专门把津商的经营活动作为第二节的重要内容进行论述,不仅涉及到津帮商人的整体经营活动,也利用了文史资料,对个案企业的经营状况进行梳理[②]。在另外一篇硕士学位论文中,李燕从艺术史的视角出发,对杨柳青年画在新疆地区的流传和发展进行研究,该作者指出,当年“赶大营”的百艺进疆,杨柳青年画起到了开路先锋的作用。杨柳青年画传入新疆,促进了新疆地区的文化艺术的发展,使得新疆地区的工艺美术作品更加丰富多彩[③]。周泓在对杨柳青镇进行个案研究的博士学位论文中,以较大的篇幅描述了“赶大营”的历史变迁,并收录在其专著中[④]。

二、史料的分析及问题的提出

虽然当时天津商帮的足迹遍及天山南北,但由于“赶大营”群

①魏丽英:《明清时期西北城市的“商帮”》,《兰州学刊》1987年第2期。

②刘卓:《新疆的内地商人——以晚清、民国为中心》,复旦大学2006年博士学位论文。

③李燕:《杨柳青年画在新疆地区的流传影响与发展研究》,西北师范大学2009年硕士学位论文。

④周泓:《族圈、绅圈与商圈——杨柳青》,北京:人民大学出版社2009年版。

体以贫民阶层为主，关于天津商帮历史文献相对偏少，散见于各种日记、游记和地方志中。因而，长期以来，“赶大营”这个问题不为大家熟知。天津商人为近代新疆的经济开发贡献巨大，并且远远超过了晋商和其他商帮，但关于这方面的研究著述仍显得非常薄弱，成果较少。

应该说，上述前人研究成果，既是本书的重要参考文献，也为作者研究天津商帮的资料提供了一定的线索。所幸，在汗牛充栋的近代文献中，我们发现了一些记载“赶大营”和天津商帮的史料。如果按照文献的性质划分，关于天津商帮的史料，大致可以分为档案及档案汇编类、地方志、近代期刊类、报纸类、近代图书类、文史资料口述资料类、民间收藏资源和遗址遗存类等几大类。在对这些文献加以充分的甄别后，作者在“赶大营”的相关研究中，有选择地利用上述各种文献资料进行分析和解读。下面，兹就作者所见的“赶大营”史料逐一加以说明。

档案及档案汇编类。近代中国商会发轫于1902年成立的上海总商会，1904年后，随着清政府颁布相关的法令，在全国主要的商业城镇，商会开始陆续出现。其主要的职能是沟通商情，协调官府与商人之间的利益关系等。各地商会的发起者和主要领导者一般多为当地具有实力的商人，当然也有官府直接任命的情况发生。津帮商人自身的属性是商人确凿无疑，津帮商人在奇台县势力强大，也早已见诸公开出版的各类文献，奇台县商会档案相对完整，对于“赶大营”课题的深入研究至关重要。在145卷档案组成的奇台县商会档案中，与天津商帮有关的卷宗不少于37个，多达100余件。作为新疆八大商帮之首的天津商帮，积极参与了新疆各地的商会筹备、组建活动，由于多种原因，新疆各地保存下来的商会档案情况参差不齐，有些地区如伊犁，基本上没有晚清民国时期的商会档案留存；而新疆奇台县档案馆馆藏的商会档案却十分完整，在这批民国时期形成的商会档案中，不仅有奇台县当地的商会、商人和商帮活动的情况，同时，还有乌鲁木齐、伊犁等地商会往来函件留存。这批档案文献，为爬梳“赶大营”这一资料相对匮乏的课题，提供了丰富的史料来源。此外，在《新疆与俄苏商业贸易档案史料》一书书中也涉及到天津商帮商业字号的经营活动。虽然天津商帮崛起于民间，虽然这一商帮在天津的活动非常低调，但天津商帮在新疆的经济活动，与天津相关行业的发展联系密切。而天津档案馆馆藏的天津商会档案卷轶浩繁，内容丰富，一些行业比如银号业等隐匿股东均为“赶大营”到新疆的天津商帮。因而，从目前已经编辑出版的5辑十本《天津商会档案汇编》中，我们依然能够找到津帮商人在天津活动的内容。这批资料对于研究天津商帮（当时在天津被称之为新疆帮）在津的经济活动颇有裨益。此外，由于天津商会对外联络广泛，因而，外地商会与天津商会之间时常有信函往来，在天津商会档案卷宗里，也有这方面的记载。天津商帮经济实力雄厚，因而，在清代的档案中，也有与天津商帮的经营活动相关的内容，如利用档案文献编辑出版的《清实录》《光宣两朝上谕档》等大型档案资料汇编中，也可以发现天津商帮活动的资料。作者从目前已经出版的关于“赶大营”的相关研究著述中，尚未发现大规模利用档案文献对这一课题进行研究的成果问世，因而，充分利用档案文献对这一课题进行研究，是本书的一大特色。

地方志。近代以降，无论是天津还是新疆，都编辑出版了大量的地方志书，其中，记载天津商帮内容较为丰富的，也是学术界目前普遍利用的文献就是宣统《新疆图志》,在这部志书中,对天津商帮的经济活动及其贡献,给予了较为公允客观的评价,同时,对于我们梳理天津商帮在新疆的活动,提供了丰富的素材。晚清民国时期,关于新疆和天津杨柳青的乡土志中,也有很多关于天津商帮的记载,有的明确提出了天津商人的活动情况,有的文献则指出了相关的商号活动情况,这些都为我们认识和分析天津商帮在近代新疆的经济活动提供了有价值的参考。值得指出的是,天津社会科学院图书馆收藏了一批20世纪30年代天津的乡土教材文献,其中,关于杨柳青的乡土文献达到了十余本。该套丛书均为手抄稿本,目前尚未见学术界使用和利用。这套特色馆藏不仅为"赶大营"的研究提供了难得一见的文献,同时,也为我们认识天津商帮在近代新疆的一些经济活动,提供了鲜活的材料。比如农业中的苗圃、菜园等行业中,天津商人是如何充分利用了天津既有的技术条件和耕作方法等问题,这些资料记载翔实。从上世纪八十年代开始,新修方志在全国推广,新疆和天津两地的地方志编修工作者,在相关志书修订的过程中,对天津商帮与近代新疆经济开发这一话题给予了充分的重视。如《西青区志》《杨柳青镇志》《乌鲁木齐商业志》等,相关的志书利用档案文献、口述资料,对"赶大营"进行了较为详尽的梳理,为本课题的研究提供了丰富的线索和值得参考的文献。

民国图书类。晚清民国时期,不同阶层的人士前往西北地区(包括新疆)考察、旅游或任职,这些人中,一部分将自己在西北地区时期游历的文字整理并发表,或名之曰游记,或以日记冠名,或以调查问世。这些文字涉及到当地的经济、政治、文化、民俗、交通、物产等诸多方面,从不同侧面反映了近代西北地区经济、社会、文化的横断面。其中,许多内容是不见诸史册的,属于当事人亲历的内容,能够弥补一些正史资料的不足,增强了史料的立体感。于本课题而言,当年立足于开发西北、建设西北而形成的文字,有利于我们更好地认识天津商帮在新疆经济活动的重要性。当然,由于当事人的局限,其所记、所感未必全面,论述带有一定的倾向性和片面性,结论也不一定精准,甚至还有讹误存在,但这并不影响这批资料的价值。自19世纪80年代开始,一批流寓新疆的士大夫,纷纷撰写相关的游记、杂记等,并公开出版。在这批关于新疆和西北的旅行游记和杂记中,我们可以找到很多关于新疆商帮的记载。到了二十世纪二三十年代,关于新疆和西北的游记、杂记和日记等如雨后春笋般问世,更是为我们提供了不同时期天津商帮的具体活动情况。这批史料中,既涉及到了天津商帮的缘起,也有天津商帮在新疆的商业、工业、农业等各个方面的记载;既有关于天津商帮的宏观叙述,也有天津商帮的具体字号。如《辛卯侍行记》《西北视察记》《西征续录》《新疆视察记》《新疆问题》《北草地旅行记》《西北历程》《西行见闻记》《河海昆仑录》等。20世纪30年代还掀起了一股开发大西北的浪潮,在此期间,一批学者从经济地理的视角出发,撰写了一批学术著作,如王金黼著《西北地理》、吴绍璘著《新疆概观》和张之毅著《新疆之经济》等,这批学人在分析和研究西北特别是新疆的经济建设时,也关注到了天津商帮所发挥的重要作用。因而,这批图书,不但是研究天津商帮在新疆的参考文献,更是学术界较早研究新疆商帮的历史著作。自上世纪初叶开始,一批关于新疆的考察报告相继问世,这其中,以《调查新伊报告书》和《西北丛编》两部书尤其值得关注。在《调查新伊报告书》中,不仅详细描写了天津商帮在新疆的经济活动,同时,对影响天津商帮发展的"王高升纵火案"记述尤详。而《西北丛编》则堪称是一部记述天津商帮发展的里程碑式的著作，作者以日记的形式，将其对新疆的考察完整地记述下来，内容涉及了天津商帮在新疆的地域分布、行业分布等方方面面，是研究"赶大营"历史的一部重要的参考文献。需要指出的是，尽管在上述的图书当中，相关的作者对天津商帮的活动给予了充分的重视，但搜集整理这批资料的时候，作者也注意到，这批资料从整体上说，依旧有些琐碎、零散，需要大量的考证和甄别，才能具体使用。（相关图书和版本见本书附录"赶大营"论著索引。）

近代期刊类。近代以降，出版了大量的期刊，刊发了海量的与晚清民国时期经济社会发展相关的内容。比如《开发西北月刊》《地学杂志》《东方杂志》《新亚细亚月刊》《西北杂志》《东省经济月刊》《西北丛刊》等，上述期刊中，刊发有关新疆、西北和天津相关行业发展的文章，不少于600篇。这些文章中既有关于西北和新疆的各种游记，也有调查报告；既有文学家的随性之作，也有严谨的学术作品，比如《中国西北部游记》《新疆之实情与整理之计划》《新疆纪闻》《新疆行程记》《新疆归途记》《新疆游记》《最近新疆迪化调查纪略》《伊犁旅行记》《亚洲腹地之商路》《新疆经济状况》。从其内容看，涉及到西北和新疆、天津等地经济、商业、贸易、商路等方方面面的内容；从其体裁上看，既有游记、杂记等，也有各种及时的消息报道。在对近代期刊进行梳理的过程中，作者重点关注了描写和论述西北特别是新疆的内容，也关注了天津相关行业发展的文章，并从中钩稽出有关天津商帮的相关史料，这批史料，从目前已经公开发表的关于"赶大营"的著述上看，尚未见学者大规模利用。由于种种原因，除《东方杂志》《地学杂志》《工商半月刊》等期刊因发行量大、影响力久的期刊外，有些期刊不太容易找到。尽管短缺期刊大部头丛书已经问世，但还是有些期刊未能发现，需要进一步挖掘。为此，作者在本书的附录中，将相关的文章索引编写到“赶大营”论著索引当中，供学界同侪参考。

报纸类。在作者搜集“赶大营”的历史文献时，最初关注的是天津发行的《大公报》和《益世报》，但只有在关于杨柳青的相关报道上，才能看到关于天津商帮“赶大营”的只言片语。而要全面梳理“赶大营”的历史线索，创刊于1872年的《申报》则更能够涵盖津帮商人“赶大营”的全过程，《申报》无疑比前两份报纸更具说服力。果然，在1878年出版的《申报》中已有关于“赶大营”的消息，截至1900年，《申报》先后刊发了十余篇与“赶大营”相关的新闻稿。尽管报道这些消息的出发点并非是专题报道“赶大营”的，但其中却蕴含着丰富的津帮商人“赶大营”的资料，既有关于“赶大营”路线的报道，也有“赶大营”历史阶段的划分。值得注意的是，这些新闻报道也说明了“赶大营”在最初几年就已经引起了人们的关注，所以，《申报》在天津的特约记者才会采写这些稿件。在这批报道中，有些资料还能在一定程度上澄清“赶大营”历史上的疑难问题；有的资料则能补充其他史料中的不足，让这一历史现象更加鲜活。

此外，天津的两家报纸《天津日报》和《今晚报》上刊发的相关消息也应引起学术界的足够重视。2002年9月22日至10月13日，天津《今晚报》记者王振良和赵宝起两位老师，就曾前往新疆进行“赶大营”寻踪采访活动，对杨柳青人“赶大营”的辉煌历史及其后裔的生活现状进行了全方位观照。在整个寻踪采访过程中，两位记者在着力搜集不断流失的口头材料的同时，对有关“赶大营”的有意义的文物资料也尽力进行了采掘[1]。值得指出的是,《今晚报》社的这次寻访,接触到了许多“赶大营”的后裔,并进行了详细的采访,有的人在接受采访后不久即故去,加之没有其他文字留存,因而《今晚报》上刊发的有关消息,就愈加显得弥足珍贵。

2010年,由天津日报报业集团和天津社会科学院联合主办了“2010‘赶大营’”系列报道活动,本次活动派出的记者分为三线四路,北线以航空交通方式为主,派出记者2人;南线以航空、火车、汽车等交通方式结合,派出记者4人;中线则采用全程汽车自驾方式,派出记者5人,全部派出记者共计11人。历时一个多月、行程超过30000公里。三线四路记者所到之处,涵盖了天津、北京、黑龙江、河北、内蒙古、宁夏、甘肃、青海、新疆、陕西、山西、河南共12个省、自治区、直辖市。采访团制作了精美的路书,沿途加盖当地邮戳;在经过的各地采取水样土样,回津后送给有关部门。三线四路记者在整个活动中采访了200余人,其中以大营客后裔为主,另外还包括历史、民俗专家、新津商和当地百姓。《天津日报》《每日新报》《城市快报》刊发消息、通讯200余篇,包括由20篇日志组成的系列手记,刊出9个专版;天津网刊出即时播报、消息、通讯200余条,播发视频20多条、照片上百张。采访团寻访了六七十处“赶大营”历史遗迹,拍摄了20000余张照片,录制了300多小时的视频。“赶大营”报道实现了新闻报道与学术研究相结合。受天津日报报业集团的邀请,作者作为学术顾问全程参与了这个活动,从前期的策划到整个活动的进行,作者为整个活动提供了学术支持;而强大的采访团队也为学术研究提供了大量的史料和素材。在“赶大营”中线

---

①赵宝起、王振良:《留住历史的瞬间》,《今晚报》2002年10月18日。

采访团中，作者凭借着多年来对天津近代史的深入研究和对“赶大营”这一历史事件的关注，为整个采访报道活动和史料挖掘工作提供了很好的保障。新闻媒体与研究机构形成良好的互动，使整个活动既有关注度又有深度。“赶大营”报道实现了平面媒体与网络媒体相结合。在“2010‘赶大营’”活动中，津报集团在以往“报网互动”实践的基础上，实现了跨区域“报网联动”。在这次活动中，天津网也派出了记者随团沿途采访。在采访中，网站记者不是仅仅把文字记者采访过程“数字化”，是按照网络媒体的特点采访：动态消息的“即时播报”，弥补了平面媒体即时快速不足的缺陷，重要人物的“视频播报”，满足了平面媒体读者对声音和图像的需求。“2010‘赶大营’”系列活动对那段被时光尘封的历史进行苦苦追寻，对这个崭新的领域进行拓荒性挖掘①，为进一步深入研究“赶大营”奠定了坚实的史料基础。

文史资料和口述资料类。在“赶大营”的史料中，著述最多、总量最大的史料，莫过于文史资料。文史资料以“三亲”著称，素为学界所重视。从20世纪70年代末期开始，在中国人民政治协商会议新疆维吾尔自治区委员会文史资料委员会和乌鲁木齐市文史资料委员会编辑的《新疆文史资料选辑》和《乌鲁木齐文史资料选辑》当中，就开始登载津商或津商后人关于家史和津帮商人在新疆发展史的相关回忆文章。此外，在新疆奇台、伊犁、塔城、喀什、玛纳斯等地的文史资料中，也刊载了数十篇与津帮商人“赶大营”有关的回忆文章。这批资料对研究“赶大营”这一课题而言，价值不言而喻。

---

①张博、张洪伟：《风雨兼程六万里 津报新闻闪亮点》，《天津日报》2010年10月12日。

作为“赶大营”的发源地杨柳青所在的天津市西青区，多年来也一直关注这一历史现象，并先后在《津西文史资料选辑》(后改为《西青文史》)上刊发多篇有分量的带有学术研究性质的文章，以及大营客和津帮商人后裔的回忆类文章。不仅如此，《西青文史》还曾经专门出版了“赶大营”的史料专辑。此外，在公开出版的《津西古今采珍》中还曾收录了5篇刊登在《津西文史资料选辑》上文章。《天津文史资料选辑》也曾刊登过津帮商人“赶大营”的专题文章，近年来，中国人民政治协商会议天津市委员会文史和学习委员会、天津市口述史研究会和中国人民政治协商会议天津市西青区委员会编撰“赶大营”的专题史料集，约收录了五十万字左右的津帮商人资料，并以《丝路津商》为题公开出版。

挖掘历史的细节，还要借助大营客和大营客后裔的追述。除了已经被各地文史资料选辑采纳的文章外，还有许许多多的津商家史尚未公开。作者于2010年赴新疆寻访时，在津帮商人活动频繁的节点上，看到了一些首度公开的文献。如在甘肃酒泉，津帮字号“春茂和”经理的后裔安培琳，将自己撰写的“春茂和”商号发展始末提供出来；在新疆乌鲁木齐，津帮八大家后裔向作者激情讲述当年大营客创造的商贸奇迹。尤为难得的是，在新疆伊宁市，津帮“德顺成”字号创办人曾经在年过八旬时，亲笔书写了回忆录。颤抖的笔锋，无声地向作者展现八旬老人的内心世界。在乌鲁木齐，津商八大家之一董家的后人也亮出了正在编写的董氏家谱。这些文献因没有公布，因而，学界目前尚无人使用。

需要指出的是，无论是文史资料还是后人追忆，都可能因回忆者或撰写者个人的局限而语焉不详，或由于记忆错误，出现讹误，因而，在使用时需要加以甄别。

民间收藏资源和遗址遗存类。作者认为，充分利用民间收藏资源，对某一专题展开深入研究，能够扩大我们的学术研究视野，一件生活的必需品，能够展现津商曾经的生活原貌；一张老照片，能够领略津商曾经的创业辉煌；一件老器具，能够印证津商曾经的艰难历程。这样的实物资料，是最原生态的史料。尽管目前学术界对这一类资源的认识不一，但不可否认的是，民间收藏资源可以勾勒“赶大营”问题的历史细节，在一定程度上弥补档案文献和正史资料的不足，甚至一件有价值的藏品，可以让我们更加深刻地对某一问题进行较为全面的解读。有助于加深我们对相关问题的认识。本书在撰写之初，就十分注重对民间收藏资源的挖掘，有幸的是，2010年，作者作为天津日报报业集团采访团的学术顾问前往新疆，一路收获颇多。在甘肃省武威市，我们了解到，蔡晋云老人手中珍藏着二十余件津商“庆兰斋”字号的糕点模子，它们印证了津商曾经的辉煌。这些模子被老人存放在地下室里，于是，征得老人的同意，采访团全体成员走进地下室，将这些沉甸甸的模子搬运到老人居住的楼房中，并且将模子上的灰土用水洗净；于是，具有百年历史的老模子得以重见天日。在新疆的巴里坤，杨柳青后裔史桂芬老人向记者展示了一件小坎肩，这件带着浓郁杨柳青气息的小坎肩，是她外婆和她母亲共同为她制作的。在新疆的伊犁，当地民间收藏家收藏有津帮商人著名字号文丰泰的玉制手戳。以上种种，都可以我们读出津帮商人“赶大营”的侧面。相比之下，津帮商人活动遗址和实物遗存，则更加显得珍贵。奇台的直隶会馆是由天津商帮主持并出资修建的，据当地的史志记载，该会馆于1913年修建完成。在津报摄影记者经过近半个小时的拍摄过程中，发现直隶会馆建筑顶端保留着完整的千秋带，由于会馆已经年久失修，除了山墙和建筑顶端依旧可以看出原貌外，会馆内部的格局早就经过改建，而且处于破旧状态。经过津报摄影记者多次调整角度，终于，完整的千秋带被首次拍摄下来。当我们从电脑上打开会馆千秋带的照片后，意外地发现：千秋带上的时间显示，直隶会馆完成于1914年。这一发现，改写了奇台直隶会馆修筑的历史，不能不说是为学术界的相关研究订正了讹误。而素有“赶大营”第一人的安文忠，则留下一块碑刻，这块碑上非常清晰地记载了安文忠多次往返津疆两地的详细情况：“六过玉门，八涉瀚海。”天津市西青区的石家大院还保存着当年大营客前往新疆的“路单”，从中，可以读出丰富的历史信息，与各种文献资料可以相互佐证。

“赶大营”这一课题涵盖面广，历史跨度长，涉及问题多，天津商帮对近代新疆的影响，不仅仅体现在经济建设，也体现在社会文化的变迁上；在经济建设领域，既与天津商帮与近代的商业经济开发相关联，也与近代新疆农业、手工业、工业建设有关。因而，全面把握、准确切入该课题的研究路径非常重要。

应该说，近年来，学术界对“赶大营”的重视程度越来越高，相关研究成果也陆续发表出来。但是，与天津商帮在近代新疆的经济开发的历史功绩相比，目前的研究成果尚难让人感到满意。主要体现在：几乎全部关于“赶大营”研究的图书和文章，其参考的主要文献为天津和新疆两地的文史资料及地方志，对其他文献的利用不足；对“赶大营”的纵向发展的历史线索梳理还不清晰，特别是对于“赶大营”刚刚兴起时的基本情况，还没有引征相对权威可靠的历史文献加以说明。同时，基于口述文献和文史资料而产生的一些问题的相对模糊，依然困扰着这一课题的深入进行。

在“赶大营”的研究上，还存在着一些值得深入研究的问题。

在历时七十余年的“赶大营”中，参与“赶大营”的大营客，是否都是贫民阶层？在大营客抵达新疆之前，他们所从事的职业是什么？目前学术界认为，“赶大营”基本上为贫民阶层，尽管这一判断丝毫也不影响“赶大营”的历史地位和作用，但从一些文献中，我们也能看出，“赶大营”的大营客们并不局限于贫民阶层，还有其他不同基层的人们参与。

参与“赶大营”的大营客是否全部来自杨柳青？天津其他地区有无参与“赶大营”的群体？曾经有人指出，“赶大营”是杨柳青人的伟大创举。从目前的文献来看，参与“赶大营”的人们主要来自杨柳青及其周边地区，这一点毋庸置疑。但也有文献显示，不晚于20世纪初年，就有宝坻和天津城区的人们参与“赶大营”。应该说大营客的地域来源是不同的，同样地，来自天津不同地区的人们去“赶大营”，也不影响杨柳青镇在“赶大营”这一现象中所起到的作用。

大营客们抵达新疆后，最初从事的行业，最终在哪些领域形成了突破？很多文献表明，大营客一经抵达新疆，基本上就是小商小贩，百货业是他们从事的最初行业。但作为有着七十余年历史的“赶大营”来说，这样的结论还是过于简单，起码从“赶大营”后裔的口述当中，我们能够看到不同行业的人们在抵达新疆后，分别从事了不同的行业，绝非仅仅从事百货业。

“赶大营”的商路是否存在着明显的变化，其变化的节点大致在什么年代？曾有学者指出，“赶大营”从没走过东口（即从路过张家口，走蒙古草地去新疆）。也有人指出，走蒙古草地去新疆是二十世纪之后的事情。那么，究竟历史的真相如何？天津商人“赶大营”的线路和天津与新疆商品流通的线路（即商路）曾经发生过怎么样的变化。这些问题,值得我们深入思考和研究。作者在爬梳近代文献时,发现了一些生成于19世纪七八十年代的资料,这些资料无可辩驳地告诉我们,早在19世纪80年代,"赶大营"的大营客就开始走东口去新疆。这为我们梳理"赶大营"商路变迁和大营客前往新疆的线路变化提供了新的参考文献。

大营客在新疆的分布问题、行业分布问题以及对新疆商会组织建设等问题,多有学者论及,但是,一些具体问题似乎仍有探讨的必要。比如,在商会问题上,学界普遍关心的各地商会会长的人选,那么商会的核心层津帮商人所占比重多少?天津商帮在商会的主导权上,与其他各地商帮的关系如何?新疆各地的商会是否因天津商帮均占主导地位而有更加紧密的经济联系?在地域分布上,既要看到天津商帮的空间分布特点,同时,天津商帮在不同时期的地域分布是否有着明显的变化,也值得探讨和研究。在行业分布上,除了百货业外,天津商帮在其他行业的情况如何?这些问题都可以通过档案文献等资料进行系统的爬梳。

津帮商人"赶大营"在沟通天津与西北的贸易方面起到了桥梁作用,其价值无须多言,津帮商人"赶大营"在其他方面还有哪些值得今天的人们关注的价值?这些问题似乎也值得我们做更加深入的思考。

从目前作者所见的资料中,对上述问题可以部分地予以回答。这些内容也是本书的创新观点。

三、本书基本框架

以作者目前的学识,要全面分析研究"赶大营"这一历史现象,尚不成熟，因而，作者在充分吸纳学术界已经公开发表的研究成果的基础上，以作者十余年搜集的各种文献为依托，以天津商帮在新疆的经济活动为主要研究对象，对津帮商人"赶大营"的主要方面进行探讨，对于津帮商人对近代新疆的社会、文化等方面的内容，除了个别问题外，不做探讨和分析。本课题既会对"赶大营"的纵向发展线索进行梳理，也将分专题探讨天津商帮"赶大营"的不同侧面。本书主体内容分为五章，第一章为"赶大营"概述，第二章至第四章，分别探讨天津商帮在近代新疆的地域分布、行业分布、经营特色和商会组织建设等问题。在书中，既会对天津商帮整体上进行分析，也会采取一些个案的研究来印证津帮商人发展的特点。本书的基本框架如下：

首先是绪论。学术界对这一课题的重视始于本世纪初年，但学术论文不多，同时在研究中还存在着一些问题和不足，因而绪论部分主要包括的四个方面内容：第一部分，主要是对目前已经公开发表的研究成果进行梳理，以便明晰本课题的学术史；第二个部分为史料的分析，通过对地方志、文史资料、档案文献、近代的报刊、当代报纸等不同领域的史料进行爬梳，进而得出本课题应该挖掘的资料主要包括哪些，哪些史料的价值较高，哪些资料是目前学术界尚未大规模使用的等；第三个部分是问题的提出，主要针对目前学术界研究成果的不足之处进行爬梳，并提炼出"赶大营"研究应该注意的一些问题，指出解决这些问题的基本路径；第四部分为本书基本框架。

第一章主要探讨"赶大营"产生的历史条件，从杨柳青镇自身的地理环境、19世纪末期天津的自然灾害以及左宗棠西北用兵的历史契机等几个方面，对"赶大营"的缘起进行详尽梳理。同时，利用珍贵的历史文献对“赶大营”的线路变迁提出一管之见，并扼要提出“赶大营”发展的历史脉络。

第二章主要探讨天津商帮在新疆的地域分布问题。不晚于二十世纪初年，天津商帮在新疆已经形成“三千货郎满天山”的局面，其主要分布地域为乌鲁木齐、伊犁和古城，在北疆的塔城和南疆喀什等地，也有天津商帮活动的影子。从最初的追随左宗棠大军平定阿古柏叛乱的路线经商即津商行商阶段，新疆建省后津商发展为坐贾。这批大营客在进入新疆经商后，其地域分布也存在着明显的历史演进过程。本章将按照乌鲁木齐、伊犁、古城、其他区域等四个不同地域，对天津商帮在上述区域经商的时间和分布特点等问题进行初步探讨。

第三章主要探讨天津商帮在近代新疆经济建设中的行业分布问题和经营特点。从最初的小商小贩，到富商大贾，津帮商人在不到二十年的时间里就已经实现了自身角色的完美转型。这其中，我们可以明显感受到百货业对天津商帮崛起的影响力和拉动力，这也是天津商帮参与近代新疆商业经济开发的重要内容。从百货业发展到“百业进疆”，这也是时人和后人对天津商帮的高度评价的内容之一。既然是百业进疆，究竟天津商帮在新疆介入的行业有哪些？对这些行业的发展起到哪些作用？这些问题依旧值得我们进一步的研究和探讨。为此，作者在本章，将充分利用档案问题和当时的各种文献，以及津帮商人后裔的追忆，对这一话题进行分析和整理。与晋商的发展相同的是，津帮商人也曾经扮演过“半官商”的角色，即津商与新疆地方官员关系密切，并且通过代办协饷的途径，来获取购买商品的更多资本；与晋商不同的是，晋商票号是通过不同分支机构的汇兑来实现银两的拨付，津帮商人则是通过商品购销的途径,来缴纳协饷的。但这个问题不是津帮商人在新疆取得成功的全部内容,我们说,商人群体的产生和发展,离不开单一企业的发展。每个商业企业成功路径不同,但核心内容却基本一致。透析天津商帮在近代新疆的成功,不能不对天津商帮在企业经营、商业运作和贸易方式等问题进行研究。

第四章主要探讨天津商帮与近代新疆商会组织建设。近代商会发轫于20世纪初期,以上海、天津、苏州等重要口岸城市和商业重镇的商会发挥的作用最为明显。新疆的商会建设,从一开始就受到了来自天津的影响。最早提出创办新疆商会的即为天津教育家温世霖,而积极投身并参与新疆各地商会组织建设的,大多为天津商人,这一点从乌鲁木齐、奇台、伊犁等地商会的主要负责人均为天津商人即可看出端倪。此外,通过档案文献,我们也可以看出,除了商会组织的领导者为天津商人外,在商会的核心层中,天津商人所占比例也很大,远远超过其他各地的商人。因而,本章将以乌鲁木齐、奇台和伊犁三地的商会为主,探讨天津商帮与近代新疆商会组织建设问题,对天津商帮依托商会所进行的各种慈善救济、经济活动等问题作出分析。

最后是结语。这一部分重点指出,19世纪70年代至20世纪三四十年代津帮商人"赶大营",对近代新疆经济建设所起到的作用进行整体评价,对其历史经验作出客观的分析,进而得出这一历史现象于当代的借鉴作用。

第一章

赶大营与天津商帮在新疆经济势力的兴起

19世纪70年代中叶，天津杨柳青人等地的小商小贩通过肩挑担扛，为平定阿古柏叛乱的左宗棠西征大军供给军需，为军事上巩固我国的西北边陲贡献出了自己的力量。新疆建省后，这些"赶大营"的大营客们，又纷纷到天山南北经商，将天津等沿海地区的商品贩卖到新疆，将新疆的土特产运往天津口岸输出，在开发西北边疆经济、促进沿海与边疆的经贸和文化交流方面起到了不可替代的作用。"赶大营"从19世纪70年代到20世纪30年代中后期，形成了一幅波澜壮阔的历史画卷。本章对"赶大营"产生的历史条件、历史阶段和天津商帮在新疆经商的历史分期、"赶大营"线路的变迁等问题进行探讨。

第一节 左宗棠平叛与天津商帮随军经商

19世纪60年代，在沙俄的支持下，中亚境内浩罕国的阿古柏进入新疆，很快将战火烧到新疆东部，光绪元年三月二十八日，清政府"谕令左宗棠以钦差大臣督办新疆军务"，"督率各营，亲临前敌，相机进剿"[①]。左宗棠大军进入新疆时，军队营幕称为"西大营"。关内一些出外谋生的小商贩，趁机随军西征，踏上了万里迢迢的丝

①沈桐生辑：《光绪政要》第1册，江苏广陵古籍刻印社1991年影印本，第12至13页。

绸之路，这些小商贩，来自陕西、甘肃、湖南和天津杨柳青等地。

早在20世纪30年代，就有学者对“赶大营”这一历史现象的产生、发展进行了详细的梳理：“平津人鉴于此数十万大兵，需用定必浩繁，遂利用此机会，各带相当货物，追赶关外。其时清军以哈密为大本营，消费极多，有银无物，正以为苦，得平津人之调剂，交相互利。故哈密新城外，商肆骈列，百货云屯，街市长至四里有余，其一宗繁盛气象，令人可以想见，中以津人为多，平人次之，称之为‘赶大营’。事平之后，辟为新省，以迪化为省垣。遂又赶至迪化。生聚既众，市面益兴。加以新省得关内之协饷，金融活泼，于是或列商肆，或辟田园，均颇有成绩，根基渐具，且图扩充。天山南北足迹遂以日密。向之囊空如洗者，莫不满载而归。或携其妻子，或招其亲友，再行出关。其亲友乡友见其发财而归，中心羡慕，亦愿偕行。虽万里长途，而其方式则极简单，大阪骑坐骆驼，或买备小驴，不携川资，仅于动身时，各置货物若干包，沿途销售。既无现金累累之苦，且获相当厚利。故往往以几百元之货物，及抵新省，除途次食用外，仍不损其厚本。以此种方式，及自动之精神，刻苦奋斗，拓殖边陲，造成移民之张本。”①

因部队行军后勤需要，在天津杨柳青动员了二三百货郎担和城市贫民，挑上小挑，作为部队后勤人员随军做生意，他们备有各种中成药如丸散膏丹等旅途常用药品，还有日用小百货等。沿途部队扎营，他们也住下，生活方面也得到部队的照顾，这就是100多年前天津杨柳青人的“赶大营”②。这些大营客一边走路，一边销

---

①吴绍璘著：《新疆概观》，南京：仁声书局民国二十二年（1933）版，第180—181页。

②刘荫楠著：《乌鲁木齐掌故（一）》，乌鲁木齐：新疆人民出版社2001年版，第113页。

售[①]。到达乌鲁木齐安家落户后，在街头摆摊设点做生意。随着社会秩序的安定，有的人开了店铺，买卖越做越发展，这批人成了复兴乌鲁木齐商业的主力。其中有些善于经营的商店，以后成了乌鲁木齐有名的‘八大家’"[②]。"赶大营"的人与军队的关系十分融洽，军队保护着他们的生命物品，他们提供士兵以必要的日用杂货。互相帮助，休戚与共，互为依赖，各自为西征大业做着贡献[③]。因此有人评论说："平津商贩随从大军出关，俗称赶西大营，天山南北莫不有其足迹。日久来者愈多，自成一种风气。即凡赶西大营者，无须携带川资，只备乡间日用物品，如毛巾、随带、肥皂、牙刷之类，沿途销售，供其尖宿之用。行之愈远，销售愈昂，及抵新省，除去路远食用，往往原本依然存在，迫于饥寒，远适遐荒，刻苦精神，至足矜式。"[④]

清军收复乌鲁木齐以后，这批"赶大营"的货郎，就定居下来，在乌鲁木齐安家落户。其中一部分人搭棚设摊，继续从事商业活动，一部分人在城郊开辟园圃种植蔬菜。因为"赶大营"来到乌鲁木齐的小商贩大都是靠苦力谋生的劳动者，所以他们在乌鲁木齐安家落户后，都能勤奋劳动，专心经营；因此，资金积累日益增加，有的在乌鲁木齐开设商店，有的从京津等地行商运货，有的菜农也开设蔬菜和酱园门市，从而形成了京津帮商户[⑤]。

新疆八大商帮中，以津帮所经营的津广百货，绸缎呢绒资本最

①刘竹溪：《从"赶大营"兴起的百货业》，《乌鲁木齐文史资料》第11辑，第1页。
②刘竹溪：《从"赶大营"兴起的百货业》，《乌鲁木齐文史资料》第11辑，第1页。
③董兆凯：《玛纳斯的天津杨柳青人》，《玛纳斯文史资料》第3辑，第143页。
④吴霭宸著：《新疆纪游》，北京：商务印书馆民国二十四年（1935）版，第103页。
⑤李富：《津帮八大家的变迁》，《乌鲁木齐文史资料》第6辑，第107页。

为雄厚。同时天津的一些富户巨商,也见新疆有利可图,有的出钱给乌鲁木齐的津帮作"东家",有的出货合伙。因此逐渐发展成为清朝末年的"津帮八大家",八大家的分支不仅遍及全疆各地,而且天津、上海、北京和全国各大商埠都设有他们的代办机构[①],而且天津、上海、北京和全国各大商埠都设有他们的代办机构。此时,"贸易中人,惟天津为最伙,皆由草地而来。"[②]

由于"赶大营"为闯新疆走西口开辟了道路,随后来新疆的天津人成帮结伙,接踵不断。小帮十几人一伙,大帮几十人不等。除杨柳青人外,还有河北省的武清、当城、献县、昌黎等县的商贩和农民[③]。20世纪30年代,新疆的商业,"几尽操俄人之手,稍能与之抗者,厥为津商。"[④]在时人的笔下,关于津帮商人的记载很多,新疆的商人"则以河北人居多数,尤以天津之杨柳青人为最",也有人指出,"客籍以天津人为主,全省各县,殆无一处无天津人,亦无一处商场不为天津人多操纵。"[⑤]有人甚至进一步指出,天津帮均为杨柳青人,"均以经商为主,耕农次之。凡天山南北各域,莫不有其商号,资本充足,作事勤敏,脑筋清楚,衣履整洁,有手腕,有精神。尤喜与官厅结交,无嗜好,信理教,不饮酒吸烟,颇有朝气。以省垣为枢纽,南大街之崇楼大厦,均为津平人店肆所在。内容宏大,商业甚盛,南北路各大城,则另设分号。往往将新省之土产,运赴天津,将天津之货物,输入新省。沟通有无,厥功殊伟。"[⑥]

---

①李富:《津帮八大家的变迁》,《乌鲁木齐文史资料》第6辑,第108页。
②方希孟著、王志鹏点校:《西征续录》,兰州:甘肃人民出版社2002年版,第145页。
③董兆凯:《玛纳斯的天津杨柳青人》,《玛纳斯文史资料》第3辑,第144页。
④王金黻著:《西北地理》,北平:立达书局民国二十一年(1932)版,第191页。
⑤王金黻著:《西北地理》,北平:立达书局民国二十一年(1932)版,第285页。
⑥吴绍璘著:《新疆概观》,南京:仁声书局民国二十二年(1933)版,第181至182页。

今天，我们回顾这段历史的时候，往往都会提到一个话题，最早前往新疆的小商贩究竟是谁？是一个人还是一个群体？在已有的研究成果中，我们可以看到这样的描述，“赶大营”之所以能够在天津杨柳青一带形成气候，主要是“赶大营”第一人的带动效应，而“赶大营”第一人为安文忠。而我们说，安文忠应该是第一批“赶大营”的杨柳青人。正是安文忠等人前往新疆随军经商致富的示范效应，才引发了杨柳青人长达数十年的“赶大营”浪潮。

安文忠，字荩臣，生于清咸丰二年(1852)，祖籍浙江绍兴。康熙年间，其祖上迁入杨柳青定居，后以船户为业。1866年，安文忠随父亲受雇于各船户当短工，1868年，只身离家，为外地船拉短纤，单程去白沟。在那里，安文忠听说有一条大船装满物资去西安，到那里工资加倍。于是，安文忠就随船前往西安，并在那里开始随着大军的营盘作小生意，三年后，安文忠赚了几百两白银回家[①]。安文忠回到家乡后，准备贩运粮食，结果遇风翻船，本钱赔光，不得不再去西北随军经商。一年后，安文忠抵达兰州，到那里，他听说左宗棠大军已经在肃州集结，准备进入新疆平定阿古柏叛乱。安文忠边做买卖，边前往肃州，一个多月后，安文忠抵达肃州附近大军的驻地。当时为了给大军补充给养，随左宗棠西征的刘锦棠提出，在大军附近划出一块地方，供商人与军队交易。但是，随大军进疆的商人，必须首先在肃州登记，领取证照。这些随军商贩，不仅可以随大军经商，而且还可以入住官店。安文忠发现，清军的兵勇们有钱花，他仔细分析了军队喜用的物品，把手中仅有的几十两白银购买了烟叶、茶叶、辣椒、糖及针线、手巾、布袜等，在城外营盘附近

①王新舫、王鸿逵：《“赶大营”的首创者安文忠》，《津西古今采珍》，天津：百花文艺出版社1993年版，第53页。

卖了几天，商品也周转了几次。不久，随大军出玉门关。安文忠抵达哈密后，曾经在哈密的老户家手中进了一批货物，随军到古城子经商，并且在吉木萨尔、阜康、古牧地、乌鲁木齐之间的四五百里的区域轮番供应军队物资。1877年，安文忠随大军抵达乌鲁木齐，并且在那里结识了郑子澄、杨润棠、杨春华和李汉臣等人，最初在这里经商的几位杨柳青人互相关照，逐渐在当地立足[①]。1881年，安文忠回到家乡，并出资千两购买内地商品，运往新疆销售[②]。

安文忠等人"赶大营"致富的消息很快在杨柳青一带传开了，为本地民众提供了一种新的谋生手段，即外出赴新疆经商。杨柳青，古柳口，明代初年开始称为杨柳青[③]。该地以盛产年画最为著名，"为人民一种生活事业"[④]，"距津西约三十里之地方，西瞰静海，北望武清，诚天津西方之门户也。"[⑤]杨柳青东西长，南北短，南沿南运河，北有子牙河。"居民颇富冒险性、进取性，往新疆谋生者颇不乏人，途中饱受辛苦，成功回里者，亦属不少。"[⑥]

---

①王鸿逵、于焕文、谢玉明：《天津商帮"赶大营"始末》，《津西古今采珍》，天津：百花文艺出版社1993年版，第13至15页。

②王新舫、王鸿逵：《"赶大营"的首创者安文忠》，《津西古今采珍》，天津：百花文艺出版社1993年版，第54页。

③当地流传着乾隆御赐杨柳青的故事，有学者在研究赶大营问题时亦采取此说，该说误，明万历年间的蒋一葵指出"地近丁字沽，四面多植杨柳，故名。"参见(明)蒋一葵著：《长安客话》，北京：北京古籍出版社1982年版，第133页。由是观之，杨柳青地名不晚于明代就已经出现，当系无误。

④杨肇敏著：《杨柳青乡土教材之搜集》，天津社会科学院图书馆馆藏。：天津公立五十小学校1937年稿本，第13至14页。

⑤刘建章著：《杨柳青乡土材料》，天津社会科学院图书馆馆藏。：天津县公立第六十小学1937年稿本，第1页。

⑥戴桂年著：《我的家乡杨柳青》，天津社会科学院图书馆馆藏：私立第八安氏小学1937年稿本，第4页。

除第一批大营客安文忠等人的示范效应外，当时杨柳青地区先后遭受了1877年的旱灾、1890年的水灾，面临这些自然灾害，普通百姓要谋生，必须走出杨柳青，外出谋生。

天津杨柳青的货郎，他们肩挑零星小商品，如梳篦、刀剪、腿带、毛巾和针线等，长途跋涉，步行出关，随军沿途销售，这些挑担的货郎称为“赶大营”的。当时西征士兵粮饷优厚，每名士兵每月给纹银四两二钱，每天供给粮食一市斤半，由于生活低，多有余款可以购置一些日常必需品。从陕甘到新疆的一路上，万里荒凉，有钱没处买东西，所以“赶大营”的挑担小贩，任意抬高货价，利之所在，趋之若鹜，因而招引了不少“赶大营”的杨柳青人。新疆设省后，那些已经发了财的行商纷纷在迪化或伊犁开设铺面，成为天津帮的坐商①。在杨柳青当地流传着“十事九不成，只有‘赶大营’”②的谚语。当地人也曾指出，杨柳青镇“最著的是到新疆贸易（俗称‘赶大营’），现在新疆各地，握商业之大权者，都是本镇人。”③

第二节　赶大营的历史阶段

要系统分析“赶大营”问题，首先要梳理清晰“赶大营”的历史变迁过程，换言之，要清晰“赶大营”的发展脉络。对“赶大营”的历史阶段划分，作者认为可以从两个方面入手。其一，以天津商帮在

①潘祖焕：《新疆解放前商业概况》，《新疆文史资料选辑》第1辑，第149页。
②周宝林：《伊犁地区中医药发展过程琐记》，《伊犁文史资料》第3辑，第33页。
③戴桂年著：《我的家乡杨柳青》，天津社会科学院图书馆馆藏：私立第八安氏小学1937年稿本，第1页。

新疆经商的历史阶段划分；其二，为杨柳青人前往新疆的不同阶段。长期以来，研究“赶大营”的学者和关注“赶大营”的文史专家，对“赶大营”的历史阶段划分给予了充分的关注，并形成了初步的研究成果。

方兆麟认为，历史上“赶大营”大致有过三次高潮，第一次是真正随左宗棠军队进入新疆，为军队提供军需时期，也就是19世纪70年代中期至80年代中期；第二次是1900年至辛亥革命时期；第三次大致是1917年后至20世纪20年代末期左右。这三次一方面既与当时新疆的政治大背景以及社会变化有关，另一方面也与当时天津一带的社会状况有关。第一、三次高潮时，正值天津一带发生水灾，百姓衣食无着，不得不背井离乡；第二次是因为八国联军入侵后，天津社会动荡不安，百姓流离失所，加之自然灾害，迫使很多杨柳青人去“赶大营”。因此，在“赶大营”后人中有种说法，第一次称为“赶大营”，第二、三次称为“跑大营”，对于定居新疆的则称为“大营客”[①]。在对上述时期进行分析时，方兆麟指出，第一个时期基本上是奠定基础的时期，“赶大营”的人在新疆逐渐有了积蓄，立住了脚跟；第二个时期是创业发展时期，“跑大营”的人到新疆投亲靠友，一方面在那里艰苦创业，另一方面将沿海的文明理念带进了新疆，不再是简单地做些小买卖、种小菜园，而是向更宽的工商业领域发展；第三个时期是巩固、稳定时期，此时天津商帮在新疆已很有实力，很多商号已成规模，杨柳青人再“跑大营”已不是只身一人，而是携家带口，有些条件好的，则乘火车，从满洲里出境，经西伯利亚大铁路，穿越苏联进入新疆。这三次高潮对新疆形成了三

①方兆麟：《赶大营的兴衰》，《西青文史》第11辑，225页。原文曾刊登在《今晚报》上。

次冲击波，加速了新疆与内地、沿海的经贸、文化往来与接轨，大大促进了新疆的全面发展①。

潘祖焕则认为，天津商帮在新疆的发展经历过几次明显的变化。第一次变化：1910年秋，甘肃人王高升放火，烧毁迪化的津帮商号数十家。数十年的繁华市场，顿成灰烬。事后由官史捐款赈救，并由省库贷给纹银三十多万两。不数年，被灾商号不仅仅恢复元气，而且比前更繁荣了。第二次变化：1917年十月革命胜利后，成立苏维埃联邦政府，沙皇政府在新疆八十年来的经济侵略，从此告终。俄货停止来新。新疆各族各界所需的商品，开始脱销，布匹尤感缺乏。各帮树人趁机大量由内地运来各种商品，以代替俄货。其中陕甘行商运来布匹最多(第一次世界大战后，各帝国主义对华的经济侵略，暂时松手)。南疆的土布(又名大布或褡裢布)也大量运销各地。迪化行栈业，应运而生。新疆的货栈如雨后春笋，迪化城关内外，随处开张。

当时，国货畅销全疆，商业繁荣而且布匹、纸烟、棉花、葡萄干等还向苏联边境输出。此外，俄边华俄人偷种的鸦片②，私运入新，价格低落。而甘肃的鸦片烟价格高出许多，投机商人为了抢购新疆市场上的鸦片，需款很急，以致当时新疆省票九十余两汇到兰州就可兑纹银一百辆。这是新疆商业史上空前的大变化，这种变化造成新疆商业的特殊繁荣。由于商人盲目地运来过多商品，货物堆积成山资金积压；又由于鸦片在甘肃又供过于求，以致两地货价大跌；于是投机商人大亏其本，纷纷倒闭。这种无政府状态所造成的虚假繁荣，不过昙花一现，一年多一点就烟消云散了。

---

①方兆麟：《赶大营的兴衰》，《西青文史》第11辑，225页。原文曾刊登在《今晚报》上。

②潘祖焕：《新疆解放前商业概况》，《新疆文史资料选辑》第1辑，第158页。

津商在这时由天津运来欧美货物，特别是日本的货物，包括各种纸烟、火柴、糕饼、颜料、西药等，占据了以前俄货的市场。尽管津商由于卢布低落而受到很大损失，但由于来货增多，利润加厚，得失大致可以相抵。帝俄商人停止进出口贸易以后，新疆的各种土产品，一时没有出路，价格大跌。津商和其他商帮开始购运狐皮、扫雪貂、狼皮、獭皮、猞猁皮、羊肠等到天津转售给各洋行出口。根据新绥汽车公司的统计资料，1924年由内地运到迪化各货总值为四百三十多万两，由新疆运到内地各货总值为一百四十余万两①。

应该说，上述两种观点，一个是从杨柳青人去新疆的历史变迁入手，论述“赶大营”的历史变迁；一个从天津商帮与近代新疆商业经济发展的角度切入，谈及天津商帮对近代新疆经济社会发展的影响。尽管两位作者的出发点不同，但都精准地把握了“赶大营”发展的重要问题，论述精辟。

津帮商人“赶大营”始自安文忠，从1876年开始，每年都有数百名天津杨柳青人，30一伙或20人一帮，步行担小挑到新疆谋生或投亲②，至1937年七七事变爆发后，由于交通隔阻，杨柳青人“赶大营”人数骤然减少。作者认为，尽管上述粗线条的划分未必完全准确，但也能看出“赶大营”的历史脉络。作者以为，“赶大营”的历史阶段还可以进行更细致的划分：

第一阶段，从1876年至1880年。

这一时期，左宗棠大军进入新疆，开始平定阿古柏叛乱。此时，安文忠等第一批“赶大营”的杨柳青人，开始随大军经商。此时

---

①潘祖焕：《新疆解放前商业概况》，《新疆文史资料选辑》第1辑，第158至159页。

②刘荫楠：《乌鲁木齐掌故（一）》，乌鲁木齐：新疆人民出版社2001年版，第113至114页。

的“赶大营”即以追随陕甘大营为标志。最早报道“赶大营”的《申报》有如下的记载:“天津之李家楼,去城二十五里,上接哨子口,下连杨柳青,烟户百十家,俗以赶大营为事。赶大营者,系往陕甘大营所在,抱布贸丝,以图微利也。前时往者不过十数人。”[①]这段文字至少说明了三个问题:第一,最初“赶大营”的杨柳青人即为追随左宗棠的陕甘大营经商,因左宗棠为陕甘总督,故其大营为陕甘大营。因而,当时就有人指出“天津杨柳青有所谓“赶大营”者,盖贸迁有无,赴甘陕营盘,逐什一者也”[②]。第二,这一时期“赶大营”交易物品为普通的小商品交易。第三,这一时期前往“赶大营”的杨柳青人并不多,每年只有十余人,“赶大营”尚未形成规模。同时,这一时期,前往“赶大营”的杨柳青人获利丰厚,“日积月累,得二三百金”“冬挟资而归”者当不在少数[③]。

第二阶段,从1880年至1885年。

这一时期,新疆大部分地区已经收回,仅有伊犁尚在沙俄的控制下,而新疆当时尚未建省,此时,杨柳青人继续向新疆运货贸易,因而,“赶大营”的影响力在扩大。“天津杨柳青人多有运物往哈密一带贸易者,俗谓之赶大营,即左侯驻军处所也。”加上从哈密回到杨柳青的人,极力宣传“言该处地丰腴、贸迁便利”,因而前往新疆的杨柳青人逐渐增多。其地点也从哈密、乌鲁木齐、奇台等地,转向伊犁,“赶大营”称谓的含义稍有变化,从到哈密经商,转向了伊犁,“赴伊犁贸易者,谓之‘赶大营’”[④],甚至进一步明确,“杨柳青之

①《杀嫂》,《申报》1878年1月11日第2版。
②《昵妓成仇》,《申报》1879年7月2日第2版。
③《昵妓成仇》,《申报》1879年7月2日第2版。
④《好色倾家》,《申报》1883年5月20日第3版。

所谓赶大营者，大营即伊犁”[1]。

第三阶段，从1886年至1899年。

这一时期，新疆已经建省，建省之初，新疆巡抚采取了各种措施招徕商民贸易，第一批“赶大营”的杨柳青人已经站稳脚跟，从新疆挟资而归者愈来愈多。同时，这一时期直隶地区发生水灾，造成百姓流离失所，因而，贫苦的百姓沿着不同线路前往新疆经商的人也就越来越多。《申报》上的记载为我们梳理“赶大营”的来龙去脉和这一时期“赶大营”具体情况提供了较为可信的资料：“杨柳青为城西一大村落，统河南河北两岸而计，烟户不下五六万家，但户口繁而生计蹙，村人衣本食走，问关万里贸迁于嘉峪关外者，腰缠十万，满载而归，宗族交游，交相艳羡，嗣后不让独步，而效之者如水之归壑，数年中裹粮而往者，不下数百人，谓之赶大营，现在辙迹遍于乌鲁木齐及伊犁一带。”[2]这段文字明确提出：第一，前往新疆经商的杨柳青人十余年的时间里，就已经满载而归，获利丰厚；第二，由于前期“赶大营”的杨柳青人的示范作用，“赶大营”此时已经成为杨柳青人外出经商的首选之区，人数已经达到数百人，较之前一时期人数明显增多；第三，此时，杨柳青人“赶大营”的足迹已经遍及天山南北，“三千货郎满天山”的局面业已形成。

在19世纪90年代初，天津杨柳青人赴新疆经商已成为常态，据时人记载：杨柳青人“俗好远游，自蒙古草原走新疆伊犁者以千计”[3]。比如，1898年，董云发在家中无法度日，于农历二月初二，从天津杨柳青挑着货郎担离家出走，到西口外找谋生门路，一站接一

①《相逢意外》，《申报》1891年10月2日第3版。

②《云津秋报》，《申报》1888年8月21日，第2版。

③陶保廉著，刘满点校：《辛卯侍行记》，兰州：甘肃人民出版社2002年版，第65页。

站地卖着货郎担的小杂货，受尽千辛万苦，长途跋涉，历时六个月，终于在农历八月十五中秋节达到新疆阿克苏镇。当时阿克苏镇已有几十户从关内来的汉族人家，靠做小生意度日[①]。

第四阶段，从1900年至1916年。

这一时期，杨柳青人"赶大营"形成了新的特点。首先，由于自然环境的变迁，使得这一地区的船户无以谋生，特别是1901年黄河北至临清一段运河全部淤成平陆，这对以船谋生的人，无异是釜底抽薪，为生活计，只得另谋出路。于是这年春分以后，高万发在天津卫买了两条竹皮子扁担，开始做西行的准备。一方面变卖家当，另一方面向亲朋好友借了些盘缠，并准备了远行的干粮，然后带着必需的锅碗瓢盆，长途跋涉，风尘仆仆，向新疆进发[②]。另外，也有在新疆站稳脚跟，接父母妻子前往新疆的，比如前文提到的董云发，在1909年将其父亲董佑林和母亲从天津杨柳青接来[③]。而这些家属前往新疆，既是"赶大营"的延续，又是新的一批大营客出现的开始。这样的例子在大营客后裔的回忆文章中，比比皆是：

新疆孚远的王国玉1912年辍学来新投靠叔父，帮助其做小生意为业，不久其叔父生意惨淡。于1916年推荐给本街的大商号"衡盛成"当学徒[④]。郭光瑞，生于1891年，同胞兄弟五人，他排行第四，人称郭老四。因为家境贫寒，郭老四幼年时只在私塾读过两年书，十四岁便弃学，家里送他到天津有名的"德祥斋"大食品店拜师学徒三年。学徒期满以后，他又在天津实习了两年，学会了制做京津

①董光成：《"董家酱园"的兴衰》，《阿克苏市文史资料》第4辑，第123页。

②高健飞：《十字街年景及其他》，《乌鲁木齐文史资料》第17辑，第263至264页。

③董光成：《"董家酱园"的兴衰》，《阿克苏市文史资料》第4辑，第123页。

④邵照熙：《民国时期孚远县商绅王国玉》，《昌吉文史资料》第16辑，第220页。

风味糕点的技术。二十岁(即1911年),他伙同友人,步行挑担进疆谋生[①]。这批前往新疆的杨柳青人,为此时天津商帮在新疆的发展注入了新的活力。

第五个阶段,从1917年至1937年。

1917年,天津发生洪水,水灾让普通百姓难以在家乡谋食。另外,从1917年开始到1928年,天津地区战乱频仍,地方军阀混战不休,百姓居无宁日。前期前往新疆的杨柳青人此时已经开设了大量的字号,遍及各个行业,因而需要大量的用工。加之,此时的交通工具和交通运输条件较之以往都有很大的不同,前往新疆更加便捷。这些因素叠加在一起,形成了“赶大营”的最后一个浪潮。此后,1937年“七七”事变爆发后,京津交通受阻,杨柳青人前往新疆几乎停滞,“赶大营”这一中国近代史上波澜壮阔的商业移民浪潮淡出了历史舞台。

从目前的资料来看,作者认为天津商帮在近代新疆的发展至少可以分为以下四个阶段:

第一个阶段:从1876年到1884年。这一阶段,以安文忠等人为代表的早期津商,追随左宗棠进军线路经商,以“行商”为主,而且生意规模还不算大。大军所到之处,即为津商经营之所。与其他商帮相比,津商并没有体现出商业经营的特色,实力也远比不上已经在新疆经营多年的晋商和其他商帮。

第二个阶段:从1885年到1910年。这一阶段,为津商从“行商”转为“坐贾”的阶段。安文忠、杨绍周等人此时已经在乌鲁木齐、古城、伊犁等地经商,不再以小商小贩的形式出现在商业市场

①哲生:《“郭家点心铺”的始末》,《昌吉文史资料选辑》第10辑,第211页。

上。乌鲁木齐津商老八大家已经初具规模,按照津帮商人后裔刘荫楠的观点,以津门"老八大家"为代表的天津帮商业人逐渐形成了[①]。当年追随左宗棠大军进入新疆的不仅仅是津帮商人,还有湖南、山西、陕西、四川、河南、湖北和甘肃等地的商人。然而,此时的津帮商人规模庞大,实力雄厚,为新疆八大商帮之首。以1910年为分水岭,津帮商人在新疆乌鲁木齐先后出现新老八大家。老八大家为同盛和京货店、复泉涌酱园、永裕德京货店、德恒泰绸缎庄、公聚成京货店、忠立祥京货店、升聚永京货店、聚兴永京货店。1910年以后,忠立祥京货店的位置由新盛和京货店代替。当然,这些津帮字号仅仅是乌鲁木齐一地的情况,在新疆其他城市,也有很多较大的商家,比如"赶大营"第一人安文忠创办的文丰泰京货店等,支号就遍及全疆各大商业重镇。

第三个阶段:从1910年到1933年。这一阶段,为津商在新疆曲折中高速发展的阶段。说曲折,是因为1910年发生了王高升纵火案,此案对乌鲁木齐津商八大家打击剧烈,一度造成津商实力的衰减;说高速发展,是因为此时津商不仅遍及全疆,而且商业字号逐渐增多,在新疆各地的商会组织中,津帮商人占据了重要的地位。无论是会长还是商会组织的核心层,津帮商人都牢牢占据了新疆各地重要商会领导者的地位,关于这一问题,本书有专门章节进行论述,此不赘述。从有关的统计上看,这一阶段,也是津商设立商业字号最多的时期。另外,在这一阶段,发生了一些影响津商发展的重要历史事件:首先,1914年开始的第一次世界大战,主要资本主义国家无暇东顾,为津帮商人的商业经营带来了一次历史

①刘荫楠:《乌鲁木齐掌故(一)》,乌鲁木齐:新疆人民出版社2001年版,第113—114页。

性的机遇；其次，1917年发生的十月革命，结束了沙俄的统治，同时，由于俄国自身的原因，此时，在这一时间以后的几年里，对新疆的关注度也相对降低了，这也为新疆商人从事商业活动赢得了机会。第三，这一时期，天津与西北的经贸往来更加紧密，根植于故乡的地缘关系，让津帮商人有了更多的经营便利，为津帮商人飞速发展打下了坚实的基础。

第四个阶段：从1934年到1949年。这一时期，盛世才统治新疆的阶段，由于驼运对新疆商业的巨大影响，当驼运交通断绝后，货物不能运输，而此时外国货物充斥新疆市面，物价上涨的同时，通货开始膨胀，“各商为维持成本计，货价随之提高”，而盛世才却下令平抑物价，限定价格，不许超越。津商等各地商人“不敢违抗，忍痛交易，赔累倒闭者，日有所闻。初各商因战事影响，各地支店，均宣告破产，此时以无货物故，当然无法维持。”盛世才借此机会暗示商人，“内地货物既不能通，应将眼光放大，就近贩售俄货，本督办为维持商业计，已与俄领交涉，俄领愿尽力维持。如各商需用何项货物，可开单呈报，本督办当向俄订购。即时需要内地货物，亦可交由我国代运。”[①]曾有商人由俄运羊肠子至津，至年底始能到达，因海关须纳重税，两年都未取出货物。因而，这一时期，“资本较小之商家，不得不倒闭，此所以有大批商人弃其财产逃返内地也。”[②]他上台后，下令封锁了星星峡，凡进出新疆必须经过严格审查，这几乎断绝了新疆与内地的往来，贸易也大受影响[③]。1937年，抗日战争全面爆发，沟通天津与西北的重要商路受到影响，天津商

①云飞：《汉商口中之新疆现状（绥远通信）》，《天山月刊》第一卷第5期，第7页。
②云飞：《汉商口中之新疆现状（绥远通信）》，《天山月刊》第一卷第5期，第8页。
③方兆麟：《赶大营的兴衰》，《西青文史》第11辑，第226页。原文曾刊登在《今晚报》上。

帮无法正常地进行贸易，全靠自身的存货或其他营业来维持运转，杨柳青人也很难像以往那样通过蒙古草原、西伯利亚铁路和南线陆路交通前往新疆。与此同时，盛世才对新疆商帮也采取了高压的措施，1938年，乌鲁木齐市面银票毛荒，有增无减，盛世才认为这都是由于商人投机倒把所致、哄抬物价所致，便下令各商户不准惜售。不久即开始对商人进行捕杀[①]。天津商帮中石寅甫、董耀三、董树棠、王子卿等人，都被各种借口逮捕。一些津帮商人在狱中受尽折磨，被害死或病死，除少数人被保释外，一些津帮商人直到盛世才下台后才被释放[②]。除此之外，曾经在新疆的徐弋吾在注意到乌鲁木齐商业繁荣的同时，还发现，这里的津帮商人和其他如晋、绥、陕、甘等各帮商人的商业活动，已经成了强弩之末。虽然当时日本还没有发动全面侵华战争，从天津到新疆的路途还没有完全隔绝，但当时新疆已经开始在经济方面实施统制政策，特别是对于当地土特产的销售方面更是如此，有专门的销售公司从事这个领域的买卖，因而，这些商人已经不能随意购买土特产。另外，当时天津皮毛的价格在下降，运往天津货物的成本却没有降低，利润少了，津帮商人的商贸活动受到了很大的影响。而且从新疆到天津的一路上税捐很重，从前有很大利润空间的皮毛贸易，竟然成了津帮商人的畏途，只有肠衣业还可以获得丰厚的利润。时任迪化商会会长、津帮商人周某在接受徐弋吾采访时，透露出津帮商人商业

①关于这一事件始末，在天津商人被释放后，曾专门立碑记载此事。此碑藏于乌鲁木齐市博物馆，作者于2010年曾前往该博物馆寻访，在博物馆工作人员的帮助下，找到了此碑，并根据残存的文字对碑刻的部分内容与留存下来的碑文进行核对，确认此碑即当年所立的碑刻。

②王鸿逵、于焕文、谢玉明：《天津商帮在新疆》，《津西古今采珍》，天津：百花文艺出版社1993年版，第88页。

凋敝的另一重要原因。1935年从归化(今呼和浩特)运到新疆的各种商品,都是1934年就定好的,当时将货款总额的若干成先付给对方,余款则在三个月到半年左右付清。由于新疆当时各种战事不断,向东输送货物和吸纳货物的交通断绝了,这种基于信用的商业往来也就宣告停止,因而各家字号普遍受到影响。当时在迪化能够维持继续全款购货的,“今省垣方面,能维持现状者,惟德兴合、盛合公数家,然亦不能持久矣”①,这也可以说是津商走向衰落的另一个注脚。

第三节 赶大营线路的变迁

“赶大营”共有三条线路,北路是从天津乘坐火车到中俄边境,由西伯利亚铁路到新疆附近的中俄边界,再从陆路进入中国境内;中路是从张家口出发,走蒙古草原进入新疆;南路是赶大营最初开始的,由杨柳青出发,经过河北、山东、河南、陕西、甘肃进入新疆。具体而言,北路“经东三省满洲里,乘西伯利亚铁道。三昼夜至依尔库斯克。又三昼夜至罗夫尼卡拉斯科换车,乘支线向南行,一日夜至斜米怕拉庭斯克,换坐邮政车,六日至塔尔巴哈台。(现邮政车甚少,雇民间车,日行两站,须十二日。)由塔尔巴哈台坐四轮车,十二日抵迪化。大车须十八日,由京抵迪大约四十五日,至五十日之间。(出境在满洲里检查,入境在塔尔巴哈台附近苇塘子检查)。”南路在民国年间则“由河南郑州坐海兰铁道至观音堂,换乘轿车,六

①徐弋吾著:《新疆印象记》,西安:和记印书局民国二十三年(1934)版,第177页。

日抵西安，十六日抵兰州，由兰州坐大车，十八日至肃州，出嘉峪关、玉门关，经西安县，十八日抵哈密，由哈密春冬令取天山南麓，经吐番，过达坂城，夏秋由天山北麓经古城，均约十八日可达。（分道在距哈密，七站之七个井），由京抵迪化，大约百日至百二十日之间，兰州以西至新疆境内，均用大车轿车二种，大车平均日行六十里至八十里之间，轿车平均日行百里至百二十里之间，沿路人烟稀少，食物困难，出嘉峪关，则戈壁无垠，取此路者，须在兰州预备粮食暨饮食器具，始可前进。”中路“出张家口，经归化城，或迳由归化城经包头镇及阿拉善蒙古、札萨克图汗蒙古（土人谓蒙古草地）至新疆古城，或由古城乘四轮台车，二日抵迪化，大车或轿车，须四日六日之间。此道多平坦戈壁，无山川阻隔，惟沿途无站宿之处，逐水草而居，常人行者甚稀。然商人以骆驼运货，咸取于是。（由北京至迪化，大约七十五日至九十日之间）。”[①]本节按照南路、中路和北路分别介绍。

南路即走大路是“赶大营”最初的一条线路，这条线路为第一批“赶大营”的安文忠等人所开辟，此后，延续至民国年间依然为小商贩进疆的线路。同时，由于交通运输方式发生了剧烈的变压，进入民国年间，这条线路上发生了几次明显的变化。由于利用交通工具不同，在这条线路上，既有富商大贾进疆或离疆，也有贫苦阶层进入新疆或是离开新疆。

1891年，陶保廉的父亲陶模调任新疆巡抚，陶氏随父亲进京述职，由西安经河南、山东至天津，而后由天津经河北、山西、山西、宁夏、甘肃抵达新疆乌鲁木齐，行程共一万一千余里。这条线路即为

---

①林竞：《新疆交通纪略》，《地学杂志》1919年第1期，杂记第9页B至第11页A。

人们常说的走大路。就是从天津杨柳青去新疆，既可步行，也可用驴、骡、骆驼、马车等代步的一条线路，途径静海、沧县、德州、临清、馆陶、濮阳，过黄河到河南省的开封、郑州、洛阳抵豫陕交界的潼关再经西安从宝鸡、天水、伏羌到兰州，乌鞘岭、古浪，循长城脚下，往西抵凉州（今武威）、甘州（今张掖）、肃州（今酒泉），出嘉峪关过玉门、安西至星星峡，再前就是戈壁滩的苦八站，其中又以苦水、烟墩两站地段为最苦。这两站全长180里，沿路气候干燥，缺少水草，到站之后方有残破不堪的小客店，还需用毛驴到远处去驮水。尽管水质苦咸，饮后往往腹泻，每碗还要两枚铜钱。谚语说："苦八站，富八站，不穷不富又八站。"过此之后才能到达哈密、奇台和迪化。这条路是当年左宗棠进军新疆时把一些旧路修整后连在一起的，是进兵、运输军需、军事投递的一条大路，"赶大营"的小商贩当年多往返于肃州（酒泉）往西的一段陆上，由杨柳青至迪化全程近万里，步行半年之久才能到达[①]。

1922年的一份"赶大营"路单[②]完整地纪录了杨柳青人前往新疆的路线：

从杨柳青开始至良王庄，二十五里；静海县，二十五里；唐官屯，五十里；兴济，六十里；沧州，四十里；半壁店，三十里；南皮县，二十五里；东光县，四十五里；连镇，二十里；桑园，五十里；德州，五十里；苦水堡，四十里；恩县，三十里；要塞，三十里；高唐州，三十

①王鸿逵、于焕文、谢玉明：《天津商帮"赶大营"始末》，《津西古今采珍》，天津：百花文艺出版社1993年版，第22页。

②该路单为大营客范玉春保留下来的手札，是他在1922年整理抄写的。这份路单曾保存在天津市西青区杨柳青镇石家大院，作者于2003年前往该处走访时，拍摄下该路单。

里；郭平，四十五里；东昌府，四十五里；沙镇，四十五里；深县，三十五里；潮城县，四十五里；贯城县，四十五里；观音庙，四十五里；开州，四十五里；白道口，五十里；李道口，六十里；奇门，四十五里；卫辉府，四十五里；新乡县，五十里；贺甲县，五十里；徐羊驿，三十五里；木狼店，三十五里；大司马，五十五里；温县，四十五里；召贤镇，三十里；孟县，三十里；郭村，十五里；黄河口，十八里；铁谢，三里；河南府，四十五里；磁涧，四十里；新安县，三十里；铁门，三十里；渑池县，六十里；观音堂，四十里；硖石堡，二十五里；张茅，二十里；磁钟，二十五里；陕州，三十五里；桥头沟，十里；灵宝县，四十五里；大字营，四十里；阌乡县，二十里；盘头镇，二十里；文底里，二十里；潼关天下第一，二十里；花庙，三十五里；柳子，五十五里；池水，四十五里；渭南县，二十五里；零口镇，三十五里；临潼县，四十里；西安省，五十里；咸阳城，五十里；店张驿，四十里；醴泉县，三十里；铁佛寺，四十里；将军镇，四十里；永寿县，四十里；代玉，四十里；邠州，三十里；亭口，四十里；长武县，四十里；高家鸟，六十里；泾川县，四十里；白水，七十里；平凉府，七十里；安国镇，四十里；瓦亭，五十里；和尚堡，十五里；六盘山；隆德县，三十里；神林铺，四十五里；静宁州，四十五里；高家堡，四十五里；清江驿，四十五里；会宁县，九十里；青莲山，九十里；安定县，四十里；程口驿，五十里；甘草店，四十里；响水子，八十里；兰州城，四十里；于家湾，四十里；红城子，一百里；平番县，九十里；岔口驿，七十里；镇羌驿，五十里；湘子庙；龙沟堡，四十五里；古浪县，四十五里；大河驿，六十里；凉州，七十里；丰落堡，七十里；永昌县，九十里；水泉子，六十里；新河约，九十里；山丹县，四十里；东安县，四十里；甘州城，七十里；沙河，七十里；高台县，八十里；花墙堡，七十里；盐池，六十里；临水，一百里；肃州城，六十里；嘉峪关，七十里；惠回堡，九十里；赤金峡，一百里；玉门县，九十里；三道沟，五十里；布隆吉，九十里；小湾，九十里；安西州，七十里；红柳园子，七十里；大泉，八十里；玛莲井子，七十里；星星峡，八十里；沙泉子，九十里；苦水，八十里；盐墩，九十里；长流水，七十里；黄土岗，八十里；哈密，七十里；头堡，七十里；三堡，七十里；三道岭，七十里；辽墩，九十里；一碗泉，九十里；车古轮泉，六十里；奇个井子，七十里；头水，九十里；大石头，六十里；三个泉子，一百二十里；木垒河，九十里；奇台县，九十里；古城子，九十里；济木萨，九十里；阜康县，九十里；黑沟，七十里；红庙子迪化县大，六十里。

这条商路在民国年间依然是一条非常重要的商路，但较之草原的路线有许多弊端："从西安经兰州、酒泉、玉门至哈密。运输工具用四马拉的大车，每车载货一千多公斤，运费较贵，沿途关卡又多。自西安至迪化，距离二千七、八百公里，行程需时五个月左右。"①

在民国初年走大路去新疆的人，多是为了投亲靠友求职谋生，一般都带有路途盘缠，像过去前一辈人沿途挑篓叫卖的很少了，走路的条件也已改善，津浦、陇海两条铁路已经初步建成，从杨柳青到徐州，转乘陇海路到观音堂，这段2400里的路程，过去步行需40天，自有了火车，只用4天就够了，后来铁路又延伸到宝鸡，从兰州到迪化也有了汽车，在途日期更大为缩短。但是携带盘缠少的人还是只坐一段火车，根据自己的条件，或步行或雇佣牲畜打车，那时沿途人民还很贫穷，特别是马鸿逵、马步芳等军阀割据的地方，

①潘祖焕：《新疆解放前商业概况》，《新疆文史资料选辑》第1辑，第152页。

宁夏、甘肃等偏僻山区，都大量种植鸦片，作为军队的重要饷源，限制老百姓种粮食，弄得人们吃糠咽菜，人们平时见不到钱，因此雇佣脚力很贱。当地的军队时常外出抢劫行旅，但也有一个规律，就是“去的不劫，回来的劫。”因为知道凡去谋生的人都没有什么油水。民国十九年(1930)中国航空公司成立，其实是与美国合资的，飞行员是美国人，一切由美国人说了算，飞机很小，只能坐十几个人，票价昂贵，一般人坐不起，航速也慢，如下午从迪化起飞，到酒泉后降落加油，当晚飞到兰州过夜，次早飞至郑州降落吃饭休息，午后再飞，天黑了才能到达北平(今北京)，一次行程需要两天，一般去西大营的客商很少有人乘坐[①]。

中路即草原线路。相比较而言，草原的线路具有运费低廉、时间较短的优势，从蒙古草地进疆线路被津帮商人称之为北路。早在二十世纪初年的文献中，前往新疆经商的天津商帮，就已经是“贸易中人，唯天津为最伙”，而且“皆由草地而来”[②]。这样的记载在当时的文献中很多，比如1907年前往新疆的李德贻，也指出，来到新疆经商的天津商帮，“大都由草地而来”[③]。“北路是从归化(今呼和浩特)经大草地至古城(即奇台)。运输工具是骆驼，每驼载货约二百公斤，运价在早期约纹银十两左右。沿途没有关卡。自归化至奇台，相距一千多公里，在正常情况下，行程至多三个来月。”[④]而这条商路也有两条不同的线路，驼运道路只有两条：一条是从

①王鸿逵、于焕文、谢玉明：《天津商帮“赶大营”始末》，《津西古今采珍》，天津：百花文艺出版社1993年版，第24页。

②(清)方希孟著，李正宇点校：《西征续录》，兰州：甘肃人民出版社2002年版，第146页。

③李德贻著，达浚点校：《北草地旅行记》，兰州：甘肃人民出版社2002年版，第24页

④潘祖焕：《新疆解放前商业概况》，《新疆文史资料选辑》第1辑，第152页。

津、京发货路径绥远、大坝、武川县、百灵庙，再经过从大西路草地到新疆奇台，然后经吉木萨尔来到迪化；一条是津、京出发至绥远，经武川县、百灵庙、善丹庙、黑沙土、白岩牡丹，再经包头、宁夏、甘肃的边境，过马宗山、老爷庙、二里河子、酒泉，出嘉峪关进入新疆，然后由星星峡、苦水、烟墩、哈密、七角井、大石头、木垒、奇台达到迪化。这样全程须经三个多月时间①。

在民国时期的游记里，在大营客及其后裔的追述中，我们可以看到，关于草原线路的提法大致相同，但细节有些差别："奇台到绥远（呼和浩特）的驼路，即所谓大草地，还有奇台经巴里坤至老君庙，再经外蒙边境而到绥远的小草地。另有由奇台经巴里坤到甘肃明水，再经宁夏而至绥远的海牙马图，或从哈密向东北至明水，再到达绥远的一条驼路，亦称小草地驼路。大草地沿路水草丰富，适于驼行，小草地沿路多沙漠，水草较少，所以驼运大都走大草地。"② "骆驼队的路线，一条是从绥远出发，过大坝，走可镇、武川县、百灵庙，从大西路草地达到奇台，由奇台来迪化（今乌鲁木齐）。1921年，由于外蒙独立，大草地不能通过，取另外一条路往返新疆，即由绥远出发走过大坝、走可镇、经武川县，到百灵庙、善丹庙、黑沙土、白岩牡丹，再经包头、宁夏、甘肃的边境，过马宗山、老爷庙、二里子河、酒泉、嘉峪关，进入新疆的星星峡、苦水、烟墩、哈密、七角井、大石头、木垒、奇台到迪化。有时从三塘湖、巴里坤到奇台至迪化。各路全程历时三月才能到达。"③ "草地成为汉族商人的主要交通线。汉商运新的主要商品有各种绸缎，欧美呢绒，各种茶叶、

---

①李富：《乌鲁木齐的货栈业》，《乌鲁木齐文史资料》第12辑，第89页。

②刘德贺：《解放前新疆的交通运输》，《乌鲁木齐文史资料》第6辑，第61页。

③韩士元：《驼运业的兴衰》，《乌鲁木齐文史资料》第2辑，第58页。

烟叶、海味、以及国产细瓷、笔墨文具纸张、各种药材丸散、化妆品、陈设品、丝线、书籍等等;运回内地的仅羚羊角、鹿茸、枸杞、贝母、蘑菇、葡萄干、杏干和一些未加工的玉石等。汉商运来的商品,除茶叶和绸缎遍销各民族外,绝大部份商品向汉族销售”[①]。

从具体时间上看,“自津平以至归化包头,再由骆驼运至新疆奇台,然后赴迪,再分散各地。因途次自由。鲜关卡之征扰,水脚又轻,最为合算。向例每年春秋两季,为骆驼出厂时期,千百成群,络绎在途。三月发绥远者,六月可至奇台。八月发奇台者,十一月可抵绥远。年只二次,其余以天气关系,均不适宜,但长途时日难定,亦往往有年秋季动身,至明年春季始能到者,途次时日既众,若遇意外损失,更为憾事。故资本万一不充,则周转不灵,营业遂难以发达。”[②]“津商之运货于新疆,须绕道于内蒙,历时四五十日。”[③]在有关津帮商人经商活动的记载中,我们也能大致看出这条路线平绥铁路开通后和汽车运输开通后的基本情况:“韩耀宗在某年二月中旬,乘平绥铁路货车达到绥远,在此休息几天后,带了部分津杂货乘新绥公司第二十四次汽车先行[④]。杨梦九乘新绥公司第二十五次汽车,带货约四十箱随后到达[⑤]。

当时迪化“八大家”商号,收购土特产,由骆驼运到归绥,然后运到天津出售。驼运由奇台装货,经过甘、宁、青三省才能达到归绥,路线较长。当时驼户很多,他们一面将新疆土特产运往归绥,

①潘祖焕:《新疆解放前商业概况》,《新疆文史资料选辑》第1辑,第152页。
②吴绍璘著:《新疆概观》,南京:仁声书局民国二十二年(1933)版,第264页。
③王金黼著:《西北地理》,北平:立达书局民国二十一年(1932)版,第191页。
④杨梦九:《盛世才查封同泰兴等三家商号经过》,《乌鲁木齐文史资料》第6辑,第92页。
⑤杨梦九:《盛世才查封同泰兴等三家商号经过》,《乌鲁木齐文史资料》第6辑,第93页。

一面又从归绥将内地绸缎、茶叶和日用品转运到新疆。民国初年，杨增新主持新疆军政，对交通和商业往来，并不限制；又由于外蒙独立，交通断绝，于是绥远的商业转向新疆，开辟了一条由归化城（今呼和浩特）途径蒙古草原，到达新疆古城（今奇台）的繁忙路线，俗称小草地驼道[①]。

草原线路的优势最为明显，"蒙古草原道，由于此路长途平坦，万里无人，免厘税苛剥，又是捷径，所以北平、天津和山西商人一般都愿意走北道。他们揽运客货，由张家口、归化城穿蒙古草原，经镇西北部的三塘湖，栽往新疆古城交卸，每次途行约三个月，一年内可往来二次，每驼载重240—280斤，所得运费约八九十元间。再由新疆古城运货返绥，每驼可得运费40—50元之间。当时养驼百峰，一年内可获利5000—7000元之间，所以营业极其旺盛。"[②]《新疆图志》记载："运进新疆的腹地诸省工产及东西洋之商品……自归绥输入者居什之六、七，而私运漏货不在此数。"可见为数之多。民国九年（1920）以前，每年由绥远运往新疆的货品约一万五千担，主要是茶叶、布匹、五金、卷烟、纸张等。再由新疆运回绥远转天津出口的物产有皮毛、葡萄、棉花、玉石等，每年不下三万担[③]。

也有人对这条线路的历史发展脉络进行了梳理："走外蒙大草地。这条路是在十八世纪初期，清朝乾隆年间评定准噶尔时由兆惠将军开辟的。从北京出发，经张家口、归化（今呼和浩特）、百灵庙进入外蒙的乌里雅苏台大草原，再分成两条路，一条路往西北，进入科布多，阿尔泰到伊犁；一条向西到巴里坤、古城子至迪化。

①戴良佐:《古城的驼运和驼道》,《奇台文史》第3辑,第125页。
②戴良佐:《古城的驼运和驼道》,《奇台文史》第3辑,第126页。
③戴良佐:《古城的驼运和驼道》,《奇台文史》第3辑,第126页。

新疆战事评定后，内蒙的商贩和山西帮的老户家（指阿古柏侵入新疆之前的老商户）都利用这两条路线组织驼运。[①]民国八年（1919）由于俄国部战争的影响，一时顾不上外蒙，驼队又在乌里雅苏台走了几年，延至民国十四年（1925）停止。

民国以后运往新疆的货物逐年增多，特别是因欧洲大战爆发，英俄两国货物进口停滞，促使内地的商品购销两旺，每年进疆货物多至两万驮。在新疆的白俄手中握有大量资金，也不甘寂寞，在欧战停止以后，俄国国内战争还没停息，他们大多数转入中国国籍，做起内贸和出口生意，他们把新疆的羊毛、棉花、马尾、兽皮、肠衣等装运天津，卖与英法美日等国央行出口，使骆驼队在回货上又增加了收入，这样的来往一直兴旺了十多年，直到民国二十一年（1932）哈密事变，尧伯乐叛军实施大抢劫，驼队的运输从此衰落。

天津商帮在利用这条线路时，具体的做法是：各商号驻津采购点的货物，要自己雇佣车船运到北平，再去德胜门外骆驼店托运到归化的新泰栈，等候大队骆驼再运新疆。自京绥铁路建成，实行联运，又有新疆同盛和常驻归化城接运人王赞廷帮助山西人胡天余另立了天义货客栈，并在天津设立了天义运输栈，直接在天津承揽进疆货物的运输，办理由天津至绥远归化城的铁路托运，各种货物只要交到天津东站货场，就算办妥。在津的天义运输栈每天都有人跑业务，常到天津帮在津的聚集地：针市街之隆顺里、耀远里、盛兴栈、公议栈等处了解待运货物情况做到心中有数，以便向铁路预订车皮，这样就为天津进疆客商提供了很大方便，民国十五年（1926）新疆塔城明盛和资东孔宪章（杨柳青人）投资为天义栈增加

①王鸿逵、于焕文、谢玉明：《天津商帮“赶大营”始末》，《津西古今采珍》，天津：百花文艺出版社1993年版，第22页。

股本，更名通盛栈，业务进一步扩大[①]。

民国十七年(1928)春，新疆省长杨增新出钱，委派他多年的亲随朱炳组织绥新汽车公司，承运由归化至哈密一线客货，到民国二十年开始运营，他们仍利用通盛栈，吸取由天津运归化的货物，并由天津伯达书馆张善修负责组织客货，与新疆商号驻津设庄业务人员保持联系，自从有了汽车运输，对于新疆的客商往来和紧俏商品的运转，缩短了在途时间，也减速了资金周转。但随着时间的变化，天津商帮在新疆的经营逐渐由盛而衰，到民国二十六年(1937)“七七”事变，内蒙古的德王与李守信的蒙古军在日本侵略军扶植下，成立了“蒙疆政府”，日军又占领了华北，控制了运输线，隔断了去新疆的通途，因此绥新汽车公司只运营了7年就宣告停止了[②]。

铁路开通后，也成为这条线路的重要交通方式。“最初从天津坐火车到张家口，经内蒙古归化城(即绥远城，今之呼和浩特)而西行。因路途遥远，步步维艰，只好精打细算。有时坐骆驼桥，有时坐上面架着席棚马拉的木轮铁瓦打车，有时肩担五六十斤重的挑子赶路。由大草地西行，经过绵延千里的祁连山和浩渺无垠的大戈壁，然后进入星星峡、过苦水、烟墩。过巴里坤，由奇台到乌鲁木齐。又由呼图壁、乌苏、精河直到新疆西部的绥定城。”[③]

林竞在《西北丛编》中记载，在这条商路上，经常有各地商帮流动的身影。他曾经在自奇台到归化的路上遇见过津帮商号，文丰

---

①王鸿逵、于焕文、谢玉明：《天津商帮“赶大营”始末》，《津西古今采珍》，天津：百花文艺出版社1993年版，第25页。

②王鸿逵、于焕文、谢玉明：《天津商帮“赶大营”始末》，《津西古今采珍》，天津：百花文艺出版社1993年版，第26页。

③高健飞：《十字街年景及其他》，《乌鲁木齐文史资料》第17辑，第264页。

泰新疆经理安锦亭携带家眷与其同行，途中招待林竞吃饭，“肴馔有鸡蛋及绿豆芽”，林竞询问沙漠中何来此二物，安锦亭回答说，“由古城自归化，长途数千里，极目长天，萧条万状，耳目之闭窒无论矣。所带食物，种颇既少，复系干咸之品。夫日饰品珍馐，犹觉生厌，况藜藿乎？故有久行此道者，辄于艰苦困难之中，勉求人类生活之变换，及适应之方法。于是好吃豆芽者，便可以自己携带绿豆。好吃鸡蛋者，便可自己携带木鸡。以至鲜鱼、泡菜，均可以特种方法造成。”①

据林竞统计，这条商路上，天津商帮往来的比重明显超过其他商帮，见表1–1所示。

表1–1　与林竞同行的商帮人数统计表

人名	年龄	籍贯	职业	住新疆何处	有无家眷	何时再到新疆	备考
岳静泉	30	天津	商	伊犁三合益号	无	明年	
杨振山	37	北京	商	伊犁文丰泰号	无	明年	
周绍修	55	天津	商	伊犁义泰公号	无	明年	
陈致祥	42	天津	商	伊犁	无	明年	
宋少棠	不详	天津	商	伊犁	无	明年	
张绍武	30	北京	政	伊犁宁远县	无	不来	途中得疯病
姜少碧	30	甘肃	政		有	不定	
李瑛轩	44	归化	商	古城兴盛魁号	无	明年	
孟瑞斋	30	山西太谷	商	古城大德生号	无	明年	
杨寿山	44	山西忻县	商	迪化三盛园	无	明年	
董子升	48	天津	商	叶尔羌德丽厚	无	明年	
梁金元	35	归化	驼户		无	明年	
孙贵山	65	天津	商		无	不定	

①林竞：《蒙新甘宁考察记》，兰州：甘肃人民出版社2003年版，第231页。

续表

人名	年龄	籍贯	职业	住新疆何处	有无家眷	何时再到新疆	备考
吴永敏	67	保定	无			不定	
李五	35	甘肃镇番	驼夫		无	不定	
李五毛	26	归化	驼夫		无	不定	
李明元	35	归化	驼夫		无	不定	
高四	31	归化	驼夫		无	不定	
杨连生	24	山西大同	驼夫		无	不定	
王福更	28	归化	驼夫		无	不定	
王静轩	48	京兆武清	商	迪化恒泰源	无	明年	
李成丽	80	武清	商	迪化福盛泉	无	不定	
潘广	19	天津	商		有	明年	
王文元	48	京兆武清	商	伊犁	无	明年	
徐富明	25	直隶南皮	商	叶尔羌	无	不定	
梁更喜	28	归化	驼夫		有	不定	
梁毛氏	60	归化	驼夫之母		无	不来	
周梁贵	71	天津	商		无	不来	
许承祯	24	天津	商	伊犁	有妻子	不来	
许李氏	71	天津				不来	许承祯之母
安锦亭		天津	商	古城文丰泰	有	来	
韩筱圃		天津	商	古城文丰泰	无	来	
孙芝田		天津	商	古城德泰裕	无	来	
王振芝		天津	商	古城德泰裕	无	来	
刘鉴周		天津	商	迪化裕昌厚	无	来	
只升圆		天津	商		无	来	
安老汉		天津	商		无	不来	
冯坚臣		京兆宁河			无	不来	
李廷选		直隶衡水	商	伊犁小当铺	无	来	
韩正鑫		天津	商	伊犁同盛和	有	来	在伊犁生长
李经芳		天津	商		无	来	随时运货来
高老汉		山西文水	商			不来	

续表

人名	年龄	籍贯	职业	住新疆何处	有无家眷	何时再到新疆	备考
焦如山		山西忻县	商	古城义盛和		来	
田君		山西	商	古城新盛魁		不定	

（资料来源：1919年8月5日随机调查，见林竞：《蒙新宁甘考察记》第232至234页。）

北路就是以铁路为主要交通方式，通过西伯利亚铁路到中俄两国的边境。“北线，即所谓的走俄台。清代末年，沙俄修建了由海参崴到莫斯科的西伯利亚铁路，其中有一个车站距我国东北的满洲里很近，来去新疆的客商就利用这条铁路往返于天津、北京至塔城、伊犁之间。具体路线是乘坐北宁铁路货车转长春、哈尔滨，经扎兰屯、海拉尔到大满洲里，住悦来店等候办理出国境手续和购买车票。悦来店经理叶立山，早年曾参加过“郭老黑”的胡匪队，在中俄边境上抢掠行旅、打家劫舍，官方追捕紧了，他们就逃入俄国境内，长期的来来往往使他学会了流利的俄语，后来郭来黑被打死了，叶立山也洗手不干了，叶就在距国境不愿之处开起了旅店，因他在国境内外都有熟人，能代旅客办理护照，代购火车票、兑换外币；又因那时边境上还有很多胡匪，但住在他的店里却很安全，只需一个星期一切手续可办好，他还派人送出国境，进入外贝加尔斯克车站（华语称此地名为“十八里”）乘车西行，经7昼夜，达到阿尔泰支线的阿亚古斯（斜米）车站，下车后度过阿尔古斯河进入旅店，这里距离我国塔城还有500里，雇六根棍的马车再行6天就进入我国新疆，全程约需25天左右，花费约300余元。”①

①王鸿逵、于焕文、谢玉明：《天津商帮“赶大营”始末》，《津西古今采珍》，天津：百花文艺出版社1993年版，第23—24页。

第二章

天津商帮在近代新疆的地域分布

从1876年,“赶大营”第一人安文忠随左宗棠大军经商,到20世纪初年,在新疆的天津商帮已经形成了“三千货郎满天山”的空间格局,并且位列新疆八大商帮之首。无论是商业重镇乌鲁木齐、奇台和伊犁,还是南北疆的中小城镇,都有天津商帮活跃的身影。清末,乌鲁木齐的商业以“天津帮为最伙,有‘八大家’、‘八小家’名称,苏广京货,无一不备”①,直到20世纪30年代,随军经营经商的天津商帮“颇获厚利,迄今仍握新疆商业之霸权。”②

从最初的挑担商贩,到坐贾,天津商帮根据时代的发展,精确地对自身的发展进行了定位,特别是在新疆建省之后,大部分第一批大营客都选择了坐商。也有部分杨柳青人因为致富后选择了回到故乡杨柳青,此后就再也没有返回新疆。大多数的天津商人选择了继续留在新疆。时人评论说:“开辟新省之初,随军营而来,间关万里,冒险阻,犯锋镝,以立今日基础,甚非易也。俄人居唇齿之形胜,藉免税之特权。吾商民直起急追,尚未能必占优胜点。”③

如果按照时间线索来分析,天津商帮进入新疆之初是在哈密,而后进入奇台,再之后是乌鲁木齐,而后才是伊犁、塔城、喀什等地。应该说大到商业重镇乌鲁木齐、伊犁和奇台,小到各个县城,都能看到天津商帮经营的身影。而上述城市在商业上的功能和定

①李德贻著,达浚点校:《北草地旅行记》,兰州:甘肃人民出版社2002年版,第24页。

②冯有真:《新疆视察记》,上海:世界书局民国二十三年(1934)版,第18页。

③李廷玉著:《新伊调查报告意见书》,财政部印书局民国六年(1917)版,第26页。

位也有所不同:“迪化为新疆政治经济中心,货栈云集,奇台位于迪化之东为对蒙古贸易之中心,运往中国内地货物必经之地。塔城、伊犁、疏勒为对俄贸易之中心城市。哈密扼甘肃、新疆交通之孔道,为羊毛贸易之集中地。”[①]至民国年间,“新疆足为世界深隐之一大商场,其贸易额,以中国银两计算,每年约达一千二百万两以上。伊犁一府之贸易额,约占四百万,其他各地,约占八百万。汉人之贸易,其著者为天津商人,其贸易额颇大,然所质之货品,则多日本之货品,如磷寸、烟草之类,皆销行日本货。”[②]如果按照天津商帮的数量来分析,乌鲁木齐、奇台、伊犁,而后才是塔城、喀什以及新疆的其他地区,这种数量的分布并不平衡。本章兹就上述城市和城镇天津商帮的分布情况,做一简要分析。

第一节　乌鲁木齐的津帮八大家

乌鲁木齐是新疆重要的经济中心,也是新疆交通的中枢,该地“拥天山北路百万里之平原形势地利,气象万千,惜以人少而贫,种植之法未明,畜牧之业未善,致货弃于地。”[③]

乌鲁木齐的商业经济和农业经济都很发达,早在清代前期,就已经是新疆重要的商业城镇。据《西域记》记载,该地“山川灵秀、沃野千里、草肥水甘,足资耕牧”[④]。清政府统一新疆后,乌鲁木齐

①李国干:《新疆经济状况》,《东方杂志》第二十八卷第十号,第27页。

②佚名:《新疆省旅行谈》,《东方杂志》五卷二十号,第44页。

③贾树模:《新疆杂记(续)》,《地学杂志》八年八九合期,杂记第18页A。

④《西域记》卷一,“乌鲁木齐”。

都统驻扎此地。乌鲁木齐有满城、汉城之分，“城厢居民二千余户，商务在东大街、藩后街、南大街、南关诸处。南关多缠商，南大街多晋商，藩后街多津商。东大街则众帮杂处。京商贩运京洋广货，资本雄厚交际敏活，商业知识，亦富于他商，其执商务牛耳非无故也。晋商多金融营业，民国以来，关内无协饷至新，其利益虽受损失，然资金多，改营他业，势力亦不可侮。”①乌鲁木齐的交通便利，辖地广泛，“其地居天山之阴，山河巩塞，形势澳阻，而膏沃宜麦谷，药有枸杞、怪杨、胡同、草苁，蕃畜牧，饶煤炭，岁出以亿计，经途四达，利尽西北，北路一大都会也。当全盛之时，屯戍相望，华戎商贾，挟资斧往来，聚族列廛”，“清光宣间，湘楚人最多，而秦陇亦无虑数千户，惰游失业，逋负者半之。仕宦数湘楚滇陇，大贾推津沽（有天津八大家），秦人多负贩，今之大较也。”②此段文字不仅描述了乌鲁木齐的经济发展脉络，更重要的是，指出了在乌鲁木齐的各帮商人和汉民在此地的生存状况，即随着左宗棠进军新疆的两湖人士在政界的较多，而天津商帮在牢牢把握商界上的话语权。

光绪末年，乌鲁木齐“至十字口为大街，廛市喧嚣，铺屋整丽，庙宇局所，舞台歌馆，车马填溢，大似京都前门景象。”③“商务在南关者，多俄商，土人称曰洋街，俄领事亦在其间，洋行二十余家。昔日专竭其本国之奇珍，以易新疆之土货，每岁输入二百余万两。”④而城内商务，“则以东大街为集中地点。津人实司其牛耳，晋人次之，秦、陇又次之，湘、鄂、豫、蜀殊不足道，总计输入额约五百万左

①谢彬著：《新疆游记》，上海：中华书局民国二十一年（1932）版，第109页。

②谢彬著：《新疆游记》，上海：中华书局民国二十一年（1932）版，第101页。

③方希孟著，王志鹏点校：《西征续录》，兰州：甘肃人民出版社2002年版，第141页。

④林竞著、刘满点校：《蒙新甘宁考察记》，兰州：甘肃人民出版社2003年版，第174页。

右。”[1]也有人对乌鲁木齐商务状况和各帮在该地的分布做了更为细致的考察：“商务在东大街，藩后街、南大街、南关诸处。南关多维商，南大街多晋商，藩后街多津商。东大街则众帮杂处。”[2]进入20世纪后的最初十几年里，这种局面依然存在，有人曾指出，乌鲁木齐“城内以东南两街为商务中心点，即津商荟集处也”[3]。

即便是在少数民族聚集地的南关，津帮商人也非常活跃，徐弋吾在考察新疆后指出，“南关是商业荟萃的地方，主要的商场在洋行街，那儿是批发所，整批整批的商品，由城里的小商人盘去，转卖给市民。每天早晨，我们可以看到城里的小商人（多数是天津人），忙着忙着跑买货，他们前一天先到城里各家百货店打听需要添些什么货品，第二天老早就出城跑街（指洋行街）。”[4]天津商帮能够在乌鲁木齐站稳脚跟，商业实力位居其他商帮之上的原因，还有更深层次的原因：“津商贩运京洋广杂货，交际敏活，商业知识，亦富于他商，其执商务牛耳，非无故也。晋商多金融营业，民国以来，关内无协饷，至新利益虽受损失，然资金多，改营他业，势力亦不可侮。”[5]这段文字对天津商帮与其他商帮在乌鲁木齐的情况做了较为透彻的分析，应该说还是非常中肯的。而另外的评价则更为传神：“以津平帮为最有精神，最有希望。其人善经营，喜清洁，故朝气，不染烟酒，有八大家之称，几握商界之牛耳焉”[6]，“津人较湘人勤奋肯苦，故南郊一带之菜圃，星罗棋布，均不数年间，咸称

①林竞著、刘满点校：《蒙新甘宁考察记》，兰州：甘肃人民出版社2003年版，第174页。

②谢彬：《旅新观察谈》，《地学杂志》1922年第6、7期，第68页。

③李廷玉著：《新伊调查报告意见书》，财政部印书局民国六年（1917）版，第10页。

④徐弋吾：《新疆印象记》，西安：和记印书局民国二十三年（1934）版，第133页。

⑤谢彬：《旅新观察谈》，《地学杂志》1922年第6、7期，第68页。

⑥问天：《最近新疆迪化调查纪略》，《东方杂志》第二十六卷第三号，第89页。

小康矣。”[①]

无独有偶，到了20世纪20年代末期30年代初期，津帮商人领先其他各帮的局面依旧没有变化。问天在对迪化（即乌鲁木齐）进行考察后，指出，“迪化不特为新疆政治之中心，亦商业之枢纽。无论京津苏俄来货，均须到此分卸转运，故春秋驼队，千百成群。日用之品，陈肆列市，虽在边僻，以政客宦归，均集于此，购买力极强，价昂亦不惜。举凡新奇华丽炫目动人之物，到此备受欢迎，业此者莫不利市三倍，故津人双身至此，不数年间，均面团团富有矣。津商机警有手腕，遂执商界之牛耳，八大家之称，非无故者。至于晋、湘、四川诸帮，则瞠乎其后，有望尘莫及之叹。”“迪化以困于交通之不便，货物之难得”，于是津帮商人发挥其商业才能，“廉时搜而存之，及乎市上货缺，始昂其值而售之。迪化此种情形，数见不鲜，凡丰于财资之仕宦，亦群喜与商人逐什一焉。凡平津来品，取价约昂一半至一倍半不等，汇兑尚便利，无何困难。”[②]

据大营客后裔追忆，天津杨柳青人“随军来到乌鲁木齐后，即在城中心大十字一带摆摊设点出售剩余商品，一时这里变成了一个贸易市场，因支军有功也得到了官方的肯定，因此生意越做越红火。随着城市的发展，他们纷纷在以大十字为中心的东西南北四大街，修建铺面，做起正规的生意。生意做大了又吸引了不少天津的富商们，纷纷向乌鲁木齐发货和投资开商店，渐渐地天津帮的大小商店遍及了城区四大街。”[③]

到了20世纪40年代，迪化热闹街市，仅东西大街一道，直到城

---

①问天：《最近新疆迪化调查纪略》，《东方杂志》第二十六卷第三号，第88页。

②问天：《最近新疆迪化调查纪略》，《东方杂志》第二十六卷第三号，第88页。

③刘荫楠著：《乌鲁木齐掌故（一）》，乌鲁木齐：新疆人民出版社2001年版，第113页。

外俄国领事馆。这一带的铺面较整齐,"一切陈设,亦带有平津洋场气味。城内作生意的人,以平津人及山东、山西之人为最多,湖南人已不如往日之盛。大概城内生意,多市洋广杂货。"①乌鲁木齐"市中货物,品质佳者,非俄国货,即由内地津沪运去之外货,及苏杭产品,其价特昂。"②人眼辐辏,百货猬集,俗有"小南京"之称,繁华富庶,甲于全省。③商场以天津帮极伙,有"八大家、八小家"名称,苏广京货,无一不备,大都由草地而来。④遂有"上至富贾,下至园丁,皆来自杨柳青"⑤之说。

民国年间,有学者对新疆进行考察后,指出:"若夫内国商务,则天津商人最占势力,北京商人次之,山西商除汇兑庄外,又次之,两湖商人又次之,天津商人,足迹遍新疆全省,凡名都小县,以至小小村落,无一处无之者。最著有所谓八大家者"⑥,如表2-1所示⑦。

表2-1　乌鲁木齐津商八大家一览表

商号名称	所在地	主权者	分号所在地
同盛和	迪化	周恒彬	北京、天津、伊犁、古城、库车
永裕德	迪化	杨维新	北京、天津、疏勒
公聚成	迪化	王宝荣	北京、天津、疏勒、绥来
复泉涌	迪化	周恒仁	北京、天津

①李烛尘著、杨晓斌点校:《西北历程》,兰州:甘肃人民出版社2003年版,第64页。
②李烛尘著、杨晓斌点校:《西北历程》,兰州:甘肃人民出版社2003年版,第64页。
③李德贻著、达浚、张科点校:《北草地旅行记》,兰州:甘肃人民出版社2002年版,第23页。
④李德贻著、达浚、张科点校:《北草地旅行记》,兰州:甘肃人民出版社2002年版,第24页。
⑤吴蔼宸著:《新疆纪游》,北京:商务印书馆民国二十四年(1935)版,第15页。
⑥贾树模:《新疆杂记(续)》,《地学杂志》八年八九合期,杂记第19页A。
⑦贾树模:《新疆杂记(续)》,《地学杂志》八年八九合期,杂记第19页A。

续表

聚兴永	迪化	萧连荫	北京、天津
德恒泰	迪化	王承印	北京、天津
昇聚永	迪化	崔承荫	北京、天津
同盛泰	迪化	王铭善	

也有人对乌鲁木齐津帮八大家做了具体分析："商务有湖南、湖北、直隶、陕甘、山西、四川七帮之分，实则直隶邦最著之商店有八，俗呼曰八大家，次则曰小八家。其小本商贩只住行栈，而无店铺者尚伙，实占各帮四之二三。然先年之所以获利者，以官场均营伍气，习好奢侈，而轻银钱，货物转运艰难，一本而利可数倍，罕见之物，或一值什百，近年银根日紧，官场日俭，商店遂有江河日下之势，而洋货之销路，又大半为俄人所夺，则商困矣，然尤不能怀挟而去者，以贸易多年交往者众，未易一时收束也。"[①]乌鲁木齐津商八大家主要是以下字号：

永裕德，开设于1906年，后杨绍周在原址改营百货栈房，资本约为银元五千万两。主要经营津广杂货、绸缎布匹，还兼营药材、鸦片。每年春秋各进出一次货物，新疆货发往天津，内地货由天津运至乌鲁木齐。

同盛和。开设于1885年，天津东家为周玉丰、周耀亭父子，本地股东有严某、徐某、李悟刚等，经理是柳士清。资本约为银元两万五千元左右，工作人员达二十多人。内地上海、天津、北京都设有分店，新疆奇台、伊犁、吐鲁番皆有分号，并在吐鲁番有一道坎儿井和几百亩土地，南疆各地还有推销站。每年往返一次结账送货，

①李廷玉著：《新伊调查报告意见书》，财政部印书局民国六年（1917）版，第26页。

主要经营京广杂货。1933年后,周耀亭将资金大部抽回天津,商店进行改组,有柳士清、徐涌波任经理,管账先生是曹余三,只有一份人股。

聚兴永,老店开设于1909年,王高升放火后,商店分化,1911年辛亥革命后由肖春芳继续经营,资本约为银元一万五千元,1913年停业。

升聚永。老号开设于1908年,1911年辛亥革命后由李铸卿经营,资本约为银元二万三千元,于1918年因天津股东抽回资金,商店宣告停业。

复泉涌。原为周姓父子种菜起家,1886年开设酱园,辛亥革命后由周家二子周保定在大十字街路口开设经营糕点、醋酱、海味、茶叶,也兼营百商的商店,资金约为银元两万元。一直到1956年公私合营。

公聚成。老号开设于1909年,店址在南大街同盛和对面。王高升纵火案后,由玛纳斯富户史培元出资,由王静堂任经理。当时资金约为银元一万五千元左右,经营津京日用杂货,工作人员有十余人,1923年停业。

德恒泰。老号设于1900年,地址在东大街,辛亥革命后由王铸卿经营,资本约为银元一万七千元,拥有店员十余人。杨增新统治新疆时期,德恒泰停业,由染坊起家的崔善祥将铺房接收,改为德昌源,继续经营百货绸缎。

新盛和。老号开设于1910年,王高升纵火案后,业务一度萧条。1920年由赵玉堂出资任经理,在南大街同盛和对面开业,当时资金约为银元一万二千元。专营津广杂货。①

①李富:《津帮八大家的变迁》,《乌鲁木齐文史资料》第6辑,第110至112页。

津帮商人引领乌鲁木齐商界，也使得此地的商场风格与平津无异："至若繁盛市肆，仕宦馆舍，则均在汉城，尤以南大街为最佳。""气象甚新，有京津风。闻昔时固亦屋脊压顶，伛偻而入者，今则层楼大厦，接踵而起矣。地价遂什百倍于畴昔，且不易得。至如东西北三街，则稍逊色，然苟力加经营，亦不难相与对抗也。"[①]

第二节　天津商人与"金奇台、旱码头"的发展

奇台商业比乌鲁木齐还要发达，是新疆对内贸易的门户。"自归化至奇台，长途平坦，无厘税之苛剥，岁运商品值二三百万。自秦陇输入者什之三四，自归绥输入者什之六七。奇台握新疆商务中枢，南北商货悉由是转输，廛市之盛为边塞第一。国内绸缎、茶纸、瓷漆、竹木之器，跃陇坂而至，车马烦杂，厘税重困，商贩以为累苦，不偿其劳费，故燕晋商人多联络驼队，由归化城沿蒙古草地，以趋奇台、阿尔泰、科布多诸地，百货粮食，皆仰给于奇台，驼队不绝于途。"[②]该城"在戈壁中，泉甘土厚，可居可耕者纵横一百余里，每年约出小麦五万余石，繁盛为新省冠，而商贩畜牧之利，尚倍于耕，凡北草地关内运来各货，皆到此囤积，西北至塔城伊犁，与俄交易，西南至喀什，与英交易，西至迪化，南至吐鲁番，皆由此分运，俄英洋货出口大宗亦集此而后东进嘉峪关，北至张家口、归化城，所以盛也。"[③]自然，此地也少不了天津商帮的经营活动。

---

①问天：《最近新疆迪化调查纪略》，《东方杂志》第二十六卷第三号，第86页。

②李国干：《新疆经济状况》，《东方杂志》第二十八卷第十号，第27页。

③裴景福著、杨晓霭点校：《河海昆仑录》，兰州：甘肃人民出版社2003年版，第292页。

清乾隆四十一年(1776),奇台县建立,先是和内地商业沟通,大量的茶叶出关而来,到此地交易,接着是作为商业基础的农业发展起来,到了道光二十二年(1842)奇台县拥有耕地1.1万亩,田亩弥望、产销两旺,真是一片繁荣景象。同时,由于起来来往于科布多、乌里雅苏台、归化和河北张家口的草原北商路辟通,再加上当时中外海运不畅,新疆已成为中外陆路之咽喉,中外商货,皆由此转输,奇台作为天山北路的第一门户,就成了商品的集散地。此时,奇台既有了固定的贸易市场,又有了包括汉族在内的各民族固定经商人员,于是,奇台商业兴起。1875年,左宗棠奏准清政府“恢复新疆,以卫京师,通商务”。1876年,左宗棠令西宁道刘锦棠统帅湘军马、步兵二十四营,出星星峡,沿天山北路向乌鲁木齐进发。当时,新疆烽烟不息,军需转运艰难,天津商人看到这一点后,首蒙霜露、冒锋镝随大军西征。清军资粮充积,又在沿途连获战利品,不屑较锱铢,津商趁机大获其利,因此起家。其乡人闻风而至,来“赶大营”。一时,商家蜂拥,商货涓涓,使奇台这一门户,以“最大之商市”,崛起于新疆东部。清光绪年以前,自玉门以西,官道千里,不见人烟,行人往返,无歇息之所。刘锦棠在奇台东起木垒大石头,西至大泉,每隔八、九十里设一大站,四五十里设一腰站,东到哈密设上八站,西到乌鲁木齐设下八站。道路一通,商路随通:一路是自哈密趋陕甘,另一路是自北塔山走蒙古草地到归绥。由于走陕甘道有车马之烦顿税卡之重困,商贩苦累,多不愿走;而蒙古道有方便的驼队,沿途平坦,无资贼之患、关卡之苦,所以商贩们多走草地。每年常以夏五月、秋八月为期,货来货往,贸易频繁。[①]

---

①周海山:《古城商业史话》,《奇台文史》第1辑,第96至98页。

应该说奇台的发展得益于其得天独厚的地理条件，“古城（奇台县新治）在新疆之东北，其东北可通乌里雅苏台（前营），西北则接科布多（后营），东南则接哈密，西南直达省城。为内地货物至新疆之咽喉。由归化城来往于此之骆驼队，终年不绝。五月十月中，尤如鱼之赴壑也。”[①]其地“北接旱三台，南通吐鲁番。关内草地运来百货，屯积转销，西至伊犁，北至塔城，与俄贸易，南至哈什、叶尔羌，与英贸易。洋货大宗亦集此，而后东进嘉峪，北至归化城。市长三四里许，栋屋林比，阛阓喧阗。”[②]及至20世纪20年代前后，还有人对奇台作如此的描述：“城池之大，商务之繁，皆可拟于省会。城关居民一万一千余家，汉人较多于他族，商店多在城内大街，晋津大商三十余家，俄商洋行八家，俄籍小贸商民二三十家。奇台地据冲要，四通八达；东至哈密入嘉峪关，东北至归化城，北至科布多、乌里雅苏台，西北至阿尔泰山，皆于奇台发。”[③]

由于奇台地居新疆北路之东枢，四塞灵通，因而各地商人纷纷来此经商，“四塞灵通，秦、陇、豫、蜀、湘、鄂商人，出嘉峪关经哈密而至；燕、晋商人，由张家口、归化经蒙古草地而来。岁输入绸缎、茶叶、纸张、漆器及东西洋货，达三百余万，而归化来者居十之六七，归化则又来自京、津。商人设庄于归化，秋冬骆驼起厂时（骆驼一年只秋冬二季为强壮之时，春夏全身脱毛，疲弊无力，不能运货。故春夏必须休息，谓之下厂；秋冬起运，谓之起厂），运至古城。斯时骆驼阵阵，连云蔽野，殊为巨观。其所以取此路者，以长途平坦，无厘税剥削也。至古城后，乃分布于天山南北两路各

①贾树模：《新疆杂记（续）》，《地学杂志》八年八九合期，杂记第18页A。
②方希孟著、王志鹏点校：《西征续录》，兰州：甘肃人民出版社2002年版，第137至138页。
③谢彬著：《新疆游记》，上海：中华书局民国二十一年（1932）版，第295页。

商镇。是古城者，实新疆输入内地货物之总汇也。"同时，其他各地输入此地的货物数量巨大，对奇台的商业产生了深远的影响，"东北通乌里雅苏台（土人称曰前营）、科布多（土人称曰后营），外蒙古人每岁输入皮革、乳油交换粮食布帛以归，西北通阿尔泰米面布帛，亦均仰赖于此，故古城商务上，地理上不恃为新疆全省重镇，实有辖新阿甘蒙之势矣。在昔国家承平，道路畅达，协饷不绝，金融流通，外势未侵，内力方固，古城市场迤逦，车击轮摩，气象勃然。"①

奇台"地理位置优越，商业经济繁盛，本地的商户数量繁多。清末民初，古城计有大小商号690家，运来运往的驼队多达4万余峰。商贾云集，货栈密排，东至京、津、包头归化城，西到乌市、伊犁塔城，北去蒙古人民共和国的科布多、乌里雅苏台以至更远，都属于以奇台为中心的生意网络范围。"②至民国初期，古城已经"为新疆咽喉，道通东北，客商云集，大小商店不下数百家。"③其地"东至嘉峪关，北至归化城，运入货物趸聚是处，兼辖老奇台、木垒河、吉木萨等处区域，华俄行庄铺户大小不下千余家，实为新疆最大总会商埠。"④并形成了"新疆商务，以奇台为中枢，南北各货，均由此而转输"⑤的局面。

清朝光绪年间到民国初年的这一时期，是新疆战乱平息、地方相对安定、城乡经济恢复和发展的时期。这一时期，有大批是汉族

①林竞著、刘满点校：《蒙新甘宁考察记》，兰州：甘肃人民出版社2003年版，第165至166页。

②潘湃：《奇台纵横》，《奇台文史》第1辑，第4页。

③周海山：《古城商业史话》，《奇台文史》第1辑，第105页。

④周海山：《古城商业史话》，《奇台文史》第1辑，第106至107页。

⑤周海山：《古城商业史话》，《奇台文史》第1辑，第98页。

人口，由关内各省陆续迁来奇台定居，他们大都白手起家，置庄田，耍手艺，开铺面，做生意，经过辛勤劳动，使所经营的铺店、作坊，不但实力渐渐宏大，资财日益雄厚，成为当地工商界的名人巨头，而且成为各占优势的奇台工商界八大帮①。“盖古城商务，在地理上不特为新疆全省之重心，且有绾毂新、阿、蒙三区之势矣。”②清朝末年，“新疆商务以此为枢纽，内地商人自归化城、嘉峪关至此，分赴各城”，“西商亦自伊、塔、喀三处至此，以茶、绸、布匹、皮毛为大宗”，袁大化赴新疆任上时，不仅奇台城守尉、满汉官兵来接见，各帮商人中，只有津帮商人“列幕道旁”③。及至二十世纪三十年代，奇台的重要商家，为“文义厚、春义和、义顺和，皆属津商，各家每年贸易额，皆在十万左右”④，清代光绪年间以后，八大商帮集聚奇台，天津商人根基最厚，手段最灵，商品最富，营业最盛，其势力遍及奇台和奇台以外的天山南北各地⑤。

清末，天津教育家温世霖抵达新疆奇台后，受到了天津商帮的热情接待。他在日记中记载了此地天津商帮的情况：

宣统三年四月二十日新疆古城子（今奇台）

晚饭后，同乡文丰泰京货号刘君锦洲来谈甚久。该处为通商大埠，商贾云集，尤以直隶商人为最优，义园、会馆俱备，山陕次之。

---

①刘燕斌：《古城工商界的帮口》，《奇台文史》第3辑，第130页。

②林竞著、刘满点校：《蒙新甘宁考察记》，兰州：甘肃人民出版社2003年版，第166页。

③袁大化著，王志鹏点校：《抚新记程》，兰州：甘肃人民出版社2002年版，第219页。

④王金黼著：《西北地理》，北平：立达书局民国二十一年（1932）版，第285页。

⑤周海山：《古城商业史话》，《奇台文史》第1辑，第99页。

宣统三年四月二十一日新疆古城子

早餐后，拜同乡商号文丰泰京货铺张君润田，兼询有无家信。（张君老于商务，识见高明，为该埠出色人才）。成利顺京货号张君兰轩，瑞甡祥京货号刘君锦波、武清德兴隆烧锅刘君浚川诸君，皆该地商界之领袖，晤谈极畅。

宣统三年四月二十二日新疆古城子

旋赴同乡成顺利张兰轩及瑞甡祥刘锦波之约，吃家乡饺子，同席有刘捷三、李久安、韩瑞堂诸同乡。饭后由张、刘二君陪至德泰成栈内拜访同乡同盛和李祥圃君、德泰成之张润生君、兴泰和之郭雨村君、文义厚之曹仲三君、义成厚之宋厚甫君、德润源之李润滋君、德泰裕之乔如山君、义泰恒之杨春圃君、怡和永之韩瑞堂君、玉兴隆之王显周君、振丰恒之高霞轩君，均承热烈欢迎。

宣统三年四月二十三日新疆古城子

拜访同乡义春当赵君、德泰昌之刘婕三（赵刘二君皆杨柳青人）、品隆当之张兰坡君（天津关上人）及荣兴和京货庄。①

上述文献中出现了多家天津商帮的字号和商人名字，基本上反映了古城当地具有一定经济势力和规模的津帮商人情况。此后也不断有人前往新疆，通过这些旅行家或是学者的记载，我们能够看出天津商帮在此地经营的大致情况以及重要商号的情况。当时在奇台的天津帮主要是从关内进货到这里销售，有京津杂货、绸

①温世霖原著，高成鸢编注：《昆仑旅行日记》，天津：天津古籍出版社2005年版，第143、145至146页。

缎、布匹、鞋帽[1]。在这里的著名的商家字号有文义厚、春义和、义顺长(以上津商),大顺玉、义成祥、天元成、永顺和(以上均晋商),以上各家每年贸易额在二十万左右。文丰泰、同盛和、义合永、德泰裕、瑞生津(以上津商),福顺裕、日兴功(以上均晋商),以上各家,每年贸易额在十万左右[2]。

津帮人事最早来奇台经商的,其中一部分人是在十九世纪七十年代跟着开赴新疆的清军"赶大营"来的。之后,由于生活有了好转,津帮人相继攀亲结友来奇台谋生,人口就越来越多。奇台的津帮人,除极少数人在农村购置庄田,从事农业生产外,而大多数人户住在县城,经营工商业。经过几代人的繁衍生息和子承父业的努力,势力逐渐增强,对奇台工商业的兴盛有举足轻重的作用。"城池之大,商务之繁,皆可拟于省会。城关居民一万一千余家,汉人较多于他族,商店多在城内大街,晋津大商三十余家,俄商洋行八家,俄籍小贸商民二三十家。奇台地据冲要,四通八达;东至哈密入嘉峪关,东北至归化城,北至科布多、乌里雅苏台,西北至阿尔泰山,皆于奇台发。"[3]

津帮人在市面上经营项目多,有京杭百货、布匹绸缎、烟糖茶叶、香表纸蜡、醋酱点心、干鲜果品,也有开饭馆、卖小吃以致卖菜贩瓜的。总之,凡有利可图的生意,他们都有经营。津帮生意按经营规模,大体可分为大中小三等,大生意人,多开设经营货栈,行店与批发业务的字号,如清末民初时期占据奇台古城最繁华的西大街南店、北店的,就属这一类。此外,还有张润田的

①苏槐年口述,周海山整理:《天元成兴衰及其它》,《奇台文史》第2辑,第144页。

②林竞著、刘满点校:《蒙新甘宁考察记》,兰州:甘肃人民出版社2003年版,第167页。

③谢彬著:《新疆游记》,上海:中华书局民国二十一年(1932)版,第157页。

"文丰泰"、乔如山的"德泰裕"、张兰轩的"成利顺"、刘锦波的"瑞生祥"、张润生的"德泰成"、曹仲三的""文义厚以及王成铭的"春义和"等，都是当时远近闻名的批发商号。他们外界联系广，回旋余地大，进出货物都是驼运、车载，大宗量以万斤计。中等生意人：多开设铺面（即门市部），以零售为主间或批零销售的店堂、作坊，如"义成厚""裕兴隆""德泰昌""兴泰和"等，到二三十年代有"西昌久""益顺公"等。绸缎布店先有"德义厚"，后来有"云昌祥"等；食品点心铺有"德义昌""文兴泰""祥泰和""锦华泰""庆丰号""万顺涌"；醋酱坊有"隆兴永""和合酱园""隆兴泉"等。干货铺店有"文成栈""高泉涌""增金镒"等。其他有开磨碾坊、压切面、开饭馆、卖包子、饺子、锅贴、花糕、卤肉，也有开豆腐坊的，还有搞肠衣加工作坊，产品运销天津的。小本生意人：有开小铺的，也有在大街路边摆设货摊，卖布匹、日用杂货，也有卖烟糖瓜子的。还有一些小贩不设固定摊点，而是挑着货担，走街串巷，他们卖有针头线脑，干鲜果类等，还有专卖香油果子、油条、豆腐脑儿、烧饼等等。这些小生意人，有现买现卖的，也有赊来零销的。而他们是本小利不微，就凭这些小生意，一家人生活也都能过得红火[①]。津帮商号"祥泰和"，是奇台工商界较为著名的字号，从清光绪中期创业至民国初年，已发展到相当规模，期间，经理三代人的辛勤劳动和艰苦经营，终于使其成为一家比较完整的综合性食品加工企业[②]。

---

①刘燕斌：《古城工商界的帮口》，《奇台文史》第3辑，第130至131页。

②贾殿元口述，冯万录整理：《"祥泰和"字号的兴衰》，《奇台文史》第5辑，第189页。

第三节 伊犁九城的天津商帮

伊犁共有九城，“各属均产牛羊骡马骆驼，野物则产虎豹豺狼狳猁狐狸熊鹿山羊”，适合耕种“桃杏梨果葡萄榆柳白杨”[①]等类，其中工商业较为繁荣的地方主要是惠远、绥定和宁远。1883年，清军接收伊犁，在伊犁九城驻军。伊犁地区，土地广阔，草原丰美，来此屯垦官兵，每年享受协饷数百万两，这一地区的各族人民，都非常需要来自内地的货物。因而有人曾指出，“伊犁为新疆之门户，新疆为青蒙之中枢，地势然也”[②]，“此地扼西至伊塔、北至阿尔泰之通衢，形势重要，农产尤丰。盛产白米，有‘小四川’之名。迪化民食，咸仰给于此，故俗有‘金绥来’之称。”[③]绥来的商务集中在“中城与东关一带，商店三四百家，天津人为多”[④]。商务在伊犁新疆之间称繁盛，菽麦果瓜金玉膏油皮革鹿茸之属，皆其产也。东贾秦晋陇蜀，北贾科塔，殷庶为奇台亚。绥定“商务比于绥来，店铺皆在南大街及南关，南关皆缠商，城内多津商。欧战以来，京津货颇畅销。”[⑤]

伊宁。“自欧战以来，俄国工商业停歇，无货输入，津货颇形畅销。惟是蒙古草地，既苦蒙匪，陕甘大路，又困厘金，成本过重，百货皆昂，欧战一停，俄货重来，无税贱售，恐难与彼争上游耳。”[⑥]在

---

①《伊犁府乡土志》，“动物”“种植”，《西北稀见方志文献》本，第12页。

②李廷玉著：《新伊调查报告意见书》，北京：财政部印刷局民国六年（1917）版，第19页。

③李德贻著、达浚、张科点校：《北草地旅行记》，兰州：甘肃人民出版社2002年版，第24页。

④谢彬著：《新疆游记》，上海：中华书局民国二十一年（1932）版，第138—139页。

⑤谢彬著：《新疆游记》，上海：中华书局民国二十一年（1932）版，第150页。

⑥谢彬著：《新疆游记》，上海：中华书局民国二十一年（1932）版，第157页。

阿古柏叛乱后，曾一度陷于阿古柏，而后被沙俄强占了数年。在二十年的时间里，难得一见内地的货物。因而，当伊犁被清政府接收后，京货店所售卖的各种商品颇受欢迎。

惠远城原址被毁后，1889年在其北重建。商务皆在东大街、北大街及东关，城内多京津人。绥定，1888年置为伊犁附县，是伊犁知府和绥定知县所在地。宁远在战乱期间，受到破坏严重，伊犁收复后，商民日聚，商务日繁。津帮商人在这些地方开设百货等各种营业，较为集中。《伊犁府乡土志》记载："伊犁所属各城，均有开设京货铺，系天津商民者多。"[①]

惠远的商务"皆在东大街、北大街及东关，城内多京津商人"[②]，而"会芳园、天福居两酒楼，遂相继而起，规模宏敞，几胜吾湘曲园、大吉祥、泰豫诸处"[③]。

会芳园饭店坐落在惠远城北大街，始建于光绪九年(1893)，是清代伊犁"九城"中最大的饭店[④]。会芳园的创建人宫德铭，号万全，天津人，十四岁在天津梅盛德饭店学习烹饪技术[⑤]。二十岁时独身一人以高额薪金受聘随额道尹进疆到塔城，后来落脚惠远城，受聘于"九路聚饭店"要技术。1890年春，宫德铭筹建饭店，1893年春，会芳园正式开业[⑥]。

到了第一次世界大战时期，伊宁因为"自欧战以来，俄国工商业停歇，无货输入，津货颇形畅销。惟是蒙古草地，既苦蒙匪，陕甘

---

①《伊犁府乡土志》，《西北稀见方志文献》本，第26页。

②谢彬著：《新疆游记》，上海：中华书局民国二十一年(1932)版，第151页。

③谢彬著：《新疆游记》，上海：中华书局民国二十一年(1932)版，第157页。

④宫志刚：《会芳园史话》，《伊犁文史资料》第4辑，第118页。

⑤宫志刚：《会芳园史话》，《伊犁文史资料》第4辑，第123页。

⑥宫志刚：《会芳园史话》，《伊犁文史资料》第4辑，第124页。

大路，又困厘金，成本过重，百货皆昂，欧战一停，俄货重来，无税贱售，恐难与彼争上游耳。”[①]

此地不仅有天津商人，而且由于地近沙俄，“为对俄通商之要道，咸丰六年已开放为商埠。城厢内外，中俄杂处，且以条约关系，俄人皆有居住权，并得自由营业。俄人机警，其经营力量，往往驾于我国民而上之，故在伊犁之俄人，拥资数十万者，颇不乏人。且新疆社会事业，供多于求，谋生较易，俄人之来伊犁者，有业畜牧者，有专事垦地者，有经营商务者，几无一失业者。”[②]国外的货物和国内各地的货物，源源不断地通过草原或其他陆路通道进入伊犁地区。这一地区商业的繁华可以想见。

当时随着左宗棠大军进入伊犁的天津商人有安文忠、周乾风、周乾玉、王一冠、李锡三、郭德奎、乔如山、曹瑞三等[③]。

文丰泰商号，为新疆天津帮八大家之一。“其主人安某（即安文忠，引者注）旧随左文襄大营出关，贩卖零星物品，供给兵丁。其后渐次积聚，遂成巨富。分号遍设天山南北及归化、天津一带。”[④]1890年前后，本地民族商业在与俄商俄货的竞争中，也有了发展。各族人民均以做进出口生意的商行、牙行，自主开辟边贸市场，与俄商抗衡。天津大商号“文丰泰”在清政府持下也来伊宁市（原宁远）设分店。与此同时，山西、天津的一些商人，在清末也随军来伊经商，逐渐发展为坐商[⑤]。1896年前后，文丰泰在清政府的鼓励下，

①谢彬著：《新疆游记》，上海：中华书局民国二十一年（1932）版，第157页。

②李国干：《新疆经济状况》，《东方杂志》第二十八卷第十号，第27页。

③王鸿逵、于焕文、谢玉明：《天津商帮“赶大营”始末》，《津西古今采珍》，天津：百花文艺出版社1993年版，第16页。

④林竞著、刘满点校：《蒙新甘宁考察记》，兰州：甘肃人民出版社2003年版，第231页。

⑤《伊宁商业史简编》，《伊宁市文史资料》第3辑，第22页。

来伊宁市设分店批售国货，以和俄商竞争。由于文丰泰资本雄厚，且有饷银借以周转，因而，津帮商家亦大得裨益，津货市场有了较大发展。当时商业中心位于汉人街南北岔子一带，是伊宁市最为繁华的商业中心[①]。再让这一地区成为商业中心的同时，安文忠每年派人或亲自回到京津地区抢抓货源，大量驼队源源不断地开赴伊犁。这也使得在新疆其他地区经商的杨柳青人纷纷进驻伊犁，各种货品供不应求，各家京货庄买卖兴隆，让津商在这一地区积累了雄厚的资本。

除安文忠开设文丰泰京货店外，王一冠设立了巨兰斋食品烧锅店，曹瑞山办了碾坊，李锡三接兑了一家酒坊（改称福泉厚），郭德奎起初几年贩卖药材，后开设德心堂中药店[②]。

在伊犁的津帮字号还有三合益、义泰公等字号[③]。汉族商贩多集中于中干大桥、南北岔子俗称“汉族巴扎”，商民多为清末“赶大营”来伊落户的天津贫民。各铺户多经营小百货、日杂、副食、蔬菜、津点、醋酱等，大半为小本经营[④]。

1919年前后，因白俄溃军大批窜入伊犁，津帮商家多被洗劫，且边界紧张，社会不稳，商号多收市停业，内外贸易都处于停滞状态。1931年后，随着局势的稳定，以及苏联政府废除了不平等条约，以外贸为主的民族商贾恢复发展很快。以经营津货为主的汉商亦逐渐恢复，再度兴起的汉族商号，主要有相春林的“德泰益”商

①《伊宁商业史简编》，《伊宁市文史资料》第3辑，第24页。
②王鸿逵、于焕文、谢玉明：《天津商帮“赶大营”始末》，《津西古今采珍》，天津：百花文艺出版社1993年版，第16页。
③林竞著、刘满点校：《蒙新甘宁考察记》，兰州：甘肃人民出版社2003年版，第232页。
④《伊宁商业史简编》，《伊宁市文史资料》第3辑，第26页。

号，以经营中草药为主，兼营油坊、磨坊、畜牧、外贸等；王恩凯的"复兴德"，以经营绸缎、百货，同时，还组织"明记汽车公司"，拥有客货汽车16辆，自营长短途运输；"玉泰厚"经理刘世斋，以经营京货批发为主，兼营中药材、皮毛、茶叶百货等；"忠信厚"经理宋杰生，经营津货和对苏进出口贸易。"复忠玉"经理李同和，专营加工出口肠衣；"直兴公司"经理安建枕经营肠衣加工出口为主。以经营百货为主的还有李同和的"复庆恒"，赵芝宣、尤良臣的"大兴泰"，孙仲清的"天兴泰"等；高敬的"德合聚"专营饭馆，承办喜、寿、哀事酒席[①]。

直到20世纪三四十年代，伊犁"两旁屋宇，新建筑固相当宏大，其大部分则矮小，与平津之形式无二致。俄国之贸易公司数家，则完全直线型，与众异趣。商店所市，均为粗糙之日用品，大宗俄国货物，如花布及皮鞋等，几于绝迹，惟土产公司中，尚有少量之装饰而已。"[②]

第四节　天津商帮在新疆其他地区的分布

天津商帮不仅在乌鲁木齐、伊犁、奇台等几个商业重镇经商，其足迹遍及天山南北，并且留下了"要想富，上南路；要想发，到北丫"的俗语。本节兹就天津商帮在新疆其他地区的分布和经营活动情况作一梳理。

①《伊宁商业史简编》，《伊宁市文史资料》第3辑，第24页。

②李烛尘著、杨晓斌点校：《西北历程》，兰州：甘肃人民出版社2003年版，第86页。

焉耆。焉耆地当新疆南路要冲，为“南路首郡，为省会南面锁匙，入南疆咽喉要道”[①]，该地物产有鹿茸、羊毛、棉花、金、铜等。境内并没有富商大贾，“均系贩卖杂货为业”[②]，清末民初，该地即有商家百余户，内有烧锅十余家，比较著名的商号有宝聚成、元盛斋、和兴永、天元成、福星聚、无本利等，其中汉族商店30多家，以山西人和天津人经营为主[③]。天津商帮在繁华市面方面起到了非常重要的作用，该地供给市镇的货物“均由内地运来销售”[④]，“居民极稀，商务皆在南关一带，前街尤盛，汉商大小约三十家，多京津人”[⑤]。

阿克苏。来阿克苏的汉商，主要是津帮商人(天津杨柳青人居多)。开始时因道路不靖，津商多随清军进疆，沿途可有军队庇护，军队也赖他们一部分给养。这些挑担商贩当时称作“赶大营”的。新疆设省后，大都成了坐商，在阿克苏设有商号，如董家酱园等。津帮商人的贸易对象主要是满、汉官吏、财主，所以运来了官场所需的公文用具、纸张、笔墨、朝服靴鞋以及宴客用的各类海味。1901年前后，津帮曾用木板印行兑换红钱400文的油布票流行市面，1910年被官方禁止发行[⑥]。进入民国后，特别是1917年俄国十月革命胜利后，沙皇政府在新疆长达80年的经济侵略从此告终，俄货开始脱销，特别是市场所需布匹缺乏。津商这时由天津运来欧美及日本的包括各种纸烟、火柴、糕饼、颜料、西药等商品，占据了

①《焉耆府乡土志》，“地理”，《西北稀见方志文献》本，第4页。
②《焉耆府乡土志》，”商业”，《西北稀见方志文献》本，第4页。
③志人:《清代至民国时期的焉耆城》，《焉耆文史资料》第1辑，第29页。
④《焉耆府乡土志》，“商务“”，《西北稀见方志文献》本，第6页。
⑤谢彬著:《新疆游记》，上海:中华书局民国二十一年(1932)版，第296页。
⑥佳木:《阿克苏之商业》，《阿克苏文史资料》第2辑，第83页。

以前俄国的市场，同时收购狐皮、皮张、羊肠等到天津转售各洋行出口[①]。来自内地的货物，原由陕甘一带经驿道运入新疆。后因捐税重叠，道路不靖，故大半改由蒙古草地，自津平至归绥、包头，再由骆驼运至新疆奇台，然后至迪化，再分散到阿克苏和各地，所以货源不畅，一些商人甚至退职的官绅，乘机囤积居奇以谋巨利。"稍有财资之人，恒于货物初到时，以其货涌较廉，广为搜罗，贮而藏之。及后市上渐见货缺，价格腾涨，乃待善价而沽之，可以坐获巨利。"[②]

喀什。天津商人所经营的"同兴和商行"就在该厂附近[③]。

塔城。塔城分为满、汉两城，日用品均来自内地，此地的商务虽然以俄商居多，但是津帮商人也纷纷来到此地开设百货业和其他各种营业。"左宗棠奉命进兵收复新疆来新的汉族人，大都是做生意、行医、手艺人，部分汉族人陆续迁到塔城，也有逃荒来塔谋生定居。他们到了塔城，设立皮革厂、皮鞋帽等小型手工业，并在商业与建筑业方面也有显著功绩。汉族人民到塔城屯田种地，与各族人民团结一致，共同建设塔城，当地汉族人，不但学会了哈语、蒙语，同时生活亦受少数民族的影响少数民族也受到了汉族文化的影响"[④]。谢彬在新疆游历时曾住在塔城，并曾经受到当地商会的接待，接待地点即为津商安文忠创办商号在伊犁创办的文丰泰塔城分号[⑤]。塔城的汉族商人最富者为天津商人如明盛和、明

---

①佳木：《阿克苏之商业》，《阿克苏文史资料》第2辑，第83页。

②吴绍璘著：《新疆概观》，南京：仁声书局民国二十二年（1933）版，第265页。

③王时祥：《喀什噶尔商贸发展史略》，《喀什市文史资料》第7辑，第167页。

④安绳武：《塔城市最早民族定居和风俗习惯简述》，《塔城文史资料》第2辑，第30页至31页。

⑤谢彬著：《新疆游记》，上海：中华书局民国二十一年（1932）版，第364页。

德号、华丰泰、恒泰昌等四家。这几家商号主要贩运北京、天津杂货，但资本与俄商来比则较为逊色[①]。1912年，天津兽医牛富来到塔城，在塔城九龙街盖了一处院落，开办了油坊[②]。

奎屯。在私营经商中，有二十几家为“外来户”，他们是1913年后相继从天津来疆做买卖的，其资金不多，经营面不大，每户只有二三间铺面就地做小生意。他们都有字号，这些字号是：德玉厚、宝聚丰、祥顺和、文兴和、文泰成、连茂生、德兴顺、恒泰德、永玉成、德盛永、福盛奎、双义永、万泰昌、双义厚、金和成、恒盛茂、福盛和、盖宝炉等[③]。

玛纳斯。玛纳斯随军来新疆的商贩，俗称“赶大营”的天津帮，在玛纳斯落户为生者有增无减[④]。最早居住在玛纳斯境内的天津杨柳青人是清光绪年间“赶大营”进入新疆的小商贩。从1909年到1930年左右，是天津人在绥来聚居最多，事业最兴旺的时期。挑担转货郎子的有安成有、冯秀岩、郭正铭、董光荣、齐万成、安鸿亮、郭殿元等。经商的有：王大斋、王德印、张修山、董玉书、王化南等人经营的“金镒成”商号，杨少全、任之三、姚玉书、王少堂、李殿青等人经营的“德聚和”商号（初名为“德聚公”），刘歧山、刘庆余的“三和泰”商号，刘筱山的“三益成”，高作彬、高恩福的“元顺成”，齐耀堂、齐俊卿的“俊兴泰”，安大全、安汝斌的“大德祥”，王雅廷的“兴盛祥”，蒋益辰的“天聚公”，郭广春的“广源和”，郭吉羊的“吉祥

---

①邢志平：《简述塔城建国前工商业工商业发展的概况》，《塔城文史资料》第3辑，第52页。

②白连成：《沧桑变迁话塔城》，《塔城文史资料》第1辑，第11页。

③汪德滨：《解放前后乌苏县私营工商业概况》，《乌苏县文史资料》第辑，第5页。

④哲生：《同乡会馆考记》，《玛纳斯文史资料》第3辑，第54页。

和”,安子萱的“庆昌久”,孙德明的“铭聚成”,杨福林的“聚林祥”,郭广清的“益和成”,刘恩春的“恩顺成”,张辅廷的“辅兴成”,董光荣和杜子琴的“益升恒”,任鸿奎的“裕泰昌”,郭广瑞的“瑞记号点心铺”等铺店,开小铺的有阎少堂、刘云清。范锡更、刘克己。开大肉脯及卖肉为生的孙仰增、史喜堂、史庆。开菜铺的有高恩荣、刘德、薛宝禄、跑行商的有董华、刘庆余。杂工匠有华六、华七,摆小摊的有安毓臣、安大化,照相的有许敬轩,中医先生有张春儒、关世清、邵彩武。开店的有张五臣、岳二。开切面铺的有梁凤藻、韩延顺。开饭馆有安猴的“四路居”和张大肚。银匠有杜铁片、纪师傅。开酱醋作坊的有吕绪、庞晓彬、高世凯。开茶馆的有刘宝福。开澡堂子的有王春波、李春华。炸油条的有任宝祥。卖糖葫芦的有范炳恒。收羊肠子的王全福、陈哈哥。在本县兰州湾子落户经营菜园子的有张保成、张廷顺、张润棠、李福全、周凤鸣、刘起山、胡连江等。这些天津商帮与其他省籍商人一期,在清末民国时期,对繁荣当地经济作出了巨大贡献,对促进边疆的生产发展起了积极作用①。

呼图壁。县城内外住着许多生意人家,经营着各行各业的行道。这些生意人大部是流落来此的口里人,以天津、陕西、四川、山西人为最多,他们以开铺摆摊为业,常年专事商贾②。

乌苏。库尔喀喇乌苏,地居南山之阴,西通伊犁,北抵阿塔,东涉玛纳斯,“为北路往来之孔道,然无富商大贾,土著稀少,清季侨留服贾者,津沽人为最多”③。

---

①董兆凯:《玛纳斯的天津杨柳青人》,《玛纳斯文史资料》第3辑,第144至145页。

②杨德新:《忆解放前后呼图壁县的工商业》,《呼图壁县文史资料》第3辑,第89页。

③《续修乌苏县志》,《西北稀见方志文献》本,“商务”,第22页。

阿山。阿山商号虽不盈百，“每年输入，闻在三四十万元。若访新疆统捐章程，试办商捐，税率从轻，值百抽二，每年岁入，亦可得五六千元。是地商民，多来自京津，知识早已开通。”①

温宿。据《温宿乡土志》记载，清末，该地有“汉回小商贩数十百家，京货铺约十家以上。”②如前文所述，京货铺的开设者基本为杨柳青人，或是天津其他地区的商人，外地商人较少，因而，这十多家京货铺的开设应系天津商人无疑。

疏勒。此地商业不甚发达，外地商帮也不到十家，然而就算商铺数量较少，我们也看到了关于天津商帮的记载，清末时此地“汉人只津商三两家，南商、晋商四五家，买卖亦极微薄。”③

鄯善。此地的手工业和商业都较为发达，其主要出产有“熊、狐、马、牛、羚羊、山羊、羯羊之类”、植物有“有桑、麻、葡萄、棉花、芝麻之类，土宜大小麦、膏粱，不产稻谷”，矿产有“煤炭，有水晶石”，因而此地的手工制造业依其特产而行，动物制造方面“熊、狐织皮为衣，为褥；牛革、马革为靴、为箱；羊之毛羯者为毡毯，山者为绳索，羚角则出境，然后制为药物”；植物制造方面“棉为常年大宗特产，葡萄或间制成酒，或造为醋，棉则为布为被，麻则为绳为索，芝麻则为酱为油”；矿物方面“水晶为本境特产，有茶有墨色之浓淡不一，可制造为眼镜，而非本境所能造”④；该地的商务与上述物产和手工制造业密切相关，“毡毯绳索皆在本境销行，每岁毡毯千条、绳索千斤，葡萄、棉麻运出本境（陆运），在本省各府属州县销行，芝麻

①谢彬著：《新疆游记》，上海：中华书局民国二十一年（1932）版，第157页。

②《温宿县乡土志》，《西北稀见方志文献》本，第47页。

③《疏勒府乡土志》不分卷，《西北稀见方志文献》本，第4页。

④《鄯善县乡土志》不分卷，《西北稀见方志文献》本，第5页。

亦然。惟葡、棉两宗并销行关内甘凉与兰州、西安等处及俄罗斯。每岁约百万斤。又有辣末销行省城。自省城运入本境之大米(陆运)通县销行每岁约一百余石。他如桂子皮、鸦儿缎、洋呢、洋布之类则运自俄罗斯,栽毛绒毯则运自和田,瓷器、绸缎则由关内运省,由省运入本境销行,每岁约值银共数千两"[①]。

精河。精河的商业不甚发达,土地贫瘠,清末该地"市廛寥落,仅有小商十余家,京货铺四家,均系客籍。"[②]如前文所述,此地的京货铺主当系天津商人。

和田。该地物产丰富,有"牛、羊、马、驼、蚕、小麦、包谷、胡麻、青稞、棉、桑及各样瓜果树木;矿物,玉石"。制造业方面有"羊毛、牛皮、蚕丝、皮货、和田绸子、毛毡、毛毯;植物制造有棉布、皮袄等等;矿物制造,班指、翎管、玉手镯等等。"[③]清末,该地货物虽然除本地制产外,"所有外来物件均系零星小贩,并无大宗买卖运货前来。"[④]但根据"赶大营"后裔的回忆,此地的零星小贩也大都来自天津商帮。

昌吉。该地区行销"京货、土货、洋货,约有门市二百余家,内土著四成,客籍六成。"[⑤]该地"右城关街市五道,仅小京货铺当铺十数家,杂货铺五十余家,洋货铺二十余家,粮食店、磨坊、烧坊、油坊三十余家,汉回缠酒饭馆,糖面铺二十余家,宰牲坊数家。硝坊皮毛绳毡靴鞋裁缝剃头铺三十余家,铜铁铺七八家,车马店二十余

①《鄯善县乡土志》不分卷,《西北稀见方志文献》本,第6页。
②《精河厅乡土志》不分卷,《西北稀见方志文献》本,第5页。
③《和田直隶州乡土志》不分卷,《西北稀见方志文献》本,第4页。
④《和田直隶州乡土志》不分卷,《西北稀见方志文献》本,第5页。
⑤谭师竹纂修:《昌吉县乡土志》,光绪三十四年抄本,第12页。

家。”[①]其小京货铺主要为天津商人无疑，但其他油坊、烧坊、磨坊等业亦有天津商人经营。

轮台。轮台县物产丰富，县境“草湖肥美，羊只孳生极繁，系大宗出产；牛、马、驴、黄羊，以上四项均为民间畜业，系本境常产；本境所产之鱼虽不及喀喇沙尔之美，然此物甚多，亦系常产；狐、狼、豹、熊；以上五项均出本境北山一带，猎获无多，实为特产。”[②]该地虽系交通要道，但是商务“亦不殷繁，自置县境后，铺户稍多，本邑缠民不解懋迁，故经商者土著不过十余户，其阿克苏、库车、和田、喀什、叶尔羌、哈密、吐鲁番等处缠民均有数家，汉商则有陕甘湖广天津等省客民，往来贸易，又有俄属安叶延及关内客回，统而计之，亦有数十人也。”[③]

哈密。哈密附近也留下的津帮商人的足迹，温世霖曾经记录了清末天津商人在哈密一带活动的具体情况：

> 宣统三年四月初一日 新疆哈密
>
> 饭后拜访同乡庆华泰商号高玉波、协瑞隆商号孙芝年。[④]
>
> 宣统三年四月初九日 新疆哈密
>
> 曾有天津杨柳青某姓，将西北所无之各种果谷等秧苗用花盆栽种，费半年功夫，竭尽心力将秧苗运出，方抵甘肃，即因天气杭冷，秧苗尽萎。其人懊恼万状，愤不欲生。由此可见西

①谭师竹纂修：《昌吉县乡土志》，光绪三十四年抄本，第17页。

②《轮台县乡土志》不分卷，《西北稀见方志文献》本，第10页。

③《轮台县乡土志》不分卷，《西北稀见方志文献》本，第5页。

④温世霖原著，高成鸢编注：《昆仑旅行日记》，天津：天津古籍出版社2005年版，第125页。

北种植之难。[①]

此前，在1906年，当裴景福前往伊犁路过哈密时，就曾入住过天津人开设的小旅店，"柜房甚华洁"[②]。

①温世霖原著，高成鸢编注：《昆仑旅行日记》，天津：天津古籍出版社2005年版，第135页。

②裴景福著，杨晓霭点校：《河海昆仑录》，兰州：甘肃人民出版社2002年版，第274页。

第三章

天津商帮在新疆的
行业分布与经营模式分析

第一节　天津商帮与近代新疆的商业发展

从随军商贩起家，到形成三千货郎满天山；从津帮乌鲁木齐八大家，到新疆八大商帮之首，天津商人在新疆的商业经济领域取得了令时人瞩目的成就。本节结合天津商帮在各地所设立的商业字号的情况，对天津商帮与近代新疆商业发展这一问题进行剖析。

百货业。永裕德商号，由天津杨柳青人郑永乾开创于1887年左右，后由其子郑联藻继续经营。永裕德商号在天津设有水昌厚商庄，在喀什有分店，均由郑家兄弟掌管经营。1899年，商号聘请了精通业务治店有方的天津杨柳青人杨绍周任经理，生意蒸蒸日上，业务不断扩大，发展迅速，一跃成为乌鲁木齐规模最大的商号。当时经过地方当局批准，商号还拥有发行“本票”的特权，并可以此兑换官方铸造的“红钱”，在市面流通。1911年，乌鲁木齐总商会成立时，杨绍周经理任第一任会长。永裕德商号资金雄厚，经营绸缎布匹，京广杂货，工作人员有30余人，站柜台的先生们商业知识丰富。后院还兼营栈房，专搞批发业务。该商号每年春秋两季从天津、上海购进大批货物，又将新疆土特产运往内地销售，当时对沟通边疆和内地的物资交流，繁荣边城商业，起到了积极作用①。

①刘荫楠著：《乌鲁木齐掌故（一）》，乌鲁木齐：新疆人民出版社2001年版，第121页。

同盛和开业于1885年,由天津杨柳青人周乾义投资开创,后由其子周玉丰、其孙周耀庭继承经营。几任经理有柳士清、徐涌波、曹余三、尚松年等。同盛和商号资本约为银元2.5万元,工作人员达20多人,在奇台、伊犁、吐鲁番设有分号,并在吐鲁番有一道坎儿井、几百亩土地和一个葡萄园,在南疆各地建有推销站。商号主要经营京广杂货、绸缎布匹,日用百货,每年从内地购进大量货物,驼运到乌鲁木齐,又将新疆的土特产,运往内地销售,业务范围大,经营品种繁多。另外,该商号还在天津、北京、上海等地设立分店,它对促进新疆的经济发展,发挥过历史作用。值得一提的是,同盛和商号的几任经理,都是乌鲁木齐工商界的知名人士,天津杨柳青人曹余三,在1935年与一批工商界人士赴苏联参观考察学习,抗日战争时期又是乌鲁木齐总商会的会长,对宣传抗日、支援前线募捐等都非常热心。天津杨柳青人尚松年,抗日战争时期是乌鲁木齐支援抗战的知名人士。[①]

同泰兴商号在乌鲁木齐经营百货业,俗称“天津帮”;商号在天津的业务活动,又被天津人称作“新疆帮”。在20世纪30年代初期,该号经理韩耀宗将一批津广百货,由天津驼运来乌鲁木齐,驻在永裕德栈房内,作批发业务,颇有盈利。韩于1936年返回天津,与财东韩绍棠计议,拟扩大经营,资本增加到约两万元左右[②]。韩耀宗回到乌鲁木齐,立即租赁了南大街明德路口拐角处三间带小楼的铺面,并招聘了五个店员,开始营业[③]。

---

①刘荫楠著:《乌鲁木齐掌故(一)》,乌鲁木齐:新疆人民出版社2001年版,第122至123页。

②杨梦九:《盛世才查封同泰兴等三家商号经过》,《乌鲁木齐文史资料》第6辑,第92页。

③杨梦九:《盛世才查封同泰兴等三家商号经过》,《乌鲁木齐文史资料》第6辑,第92—93页。

春义和是一家经营百货的商号，经营的品种有：绫、绸、缎、成衣、配套衣料、布匹、鞋帽、文具、化妆品、玉翠装饰品、钟表乐器、玻璃器皿、餐具、山珍海味、调味品、糖茶、眼镜、中成药、工艺品、日用小百货等，绫绸缎、布匹、鞋帽是该商号的大桩商品，占库存商品的三分之一，占库存商品金额的二分之一。①

贾宝祥在奇台满城街中心鼓楼东面的城隍庙附近开了两间门面的杂货店，取名为“祥泰源”，含吉祥之意。店里经营油、盐、酱、醋及小百货，另外还经营蔬菜、干鲜瓜果等。总之，卖什么能赚钱就卖了什么。这样经营的原因，主要是受资金少的限制，所以不能放手大胆从容不迫地做生意。每天都想着减少积压，赶快归还借贷，以便保持信用，继续得到各方面的支持。当时的鼓楼周围，有进城的农民，有上庙的香客，有过往的行人，还有大量定居的旗人后来。所以销售日用杂货虽无大额交易，比较平衡匀称，但每天都有些许收入。铺面开张以来，贾宝祥日渐忙碌，深感人手不够，势单力薄，于是给老家寄去了盘缠，不久贾宝祥的父亲和兄弟也来到奇台。②

清宣统元年（1909），“祥泰成”经营规模有了很大的发展。从原来的经营土特产蔬菜之类，发展为百货、食品等多种经营。③贾宝祥又选中奇台汉城西门的一处大院，勤加修缮，引进技术，延请人才，扩大经营。铺面上主要销售从北山驼道上进来的津、晋商品，兼营当地土特产品。还运用关内的优良酿造技术，生产酱油、豆酱、面酱和陈醋。“祥泰和”达到了鼎盛时期。1929年，贾宝祥过

①魏大林：《经营有方的“春义和”商号》，《奇台文史》第2辑，第148页。
②贾殿元口述，冯万录整理：《“祥泰和”字号的兴衰》，《奇台文史》第5辑，第191页。
③贾殿元口述，冯万录整理：《“祥泰和”字号的兴衰》，《奇台文史》第5辑，第192页。

世，贾殿元接手经营。1933年，使用“祥泰和”的名称，除原有的醋酱加工业以外，新开了糕点加工，产品主要是锦八件、红、白、油货和酥类产品。[①]

餐饮副食行业。在伊犁，会芳园经营面积2012平方米，造型和布局是典型的中国古老形式，显得壮观。瓷器餐具从江西专制，分红、黄、兰底色，有花鸟和人物图像。小勺、小吃碟、环碟从北京、天津用碘铜制作的。筷子是乌木的，用白银镶包上下筷头。火锅和水鼓是铜的。会芳园价格昂贵的山珍海味如海参、鱼翅、燕窝、鱼唇、鲍鱼、蟹黄、蟹腿、鱿鱼、海米、淡菜等和动植物罐头都是购于天津、北京、江西、南京、云南、福建、两湖等地。采购人员一年四季来往上述地方采购。[②]清朝驻惠远的官员举行寿宴成风，几任将军的寿宴十分隆重而丰盛。张灯结彩，搭台唱戏。各种宴席是会芳园的主要收入来源，生意越来越兴旺，经营项目、资产不断增加。[③]

会芳园有严密的管理办法。对一天有一二百桌席，而又是几家同时在此宴请的场面，安排得周到细致，有条不乱。从业人员有九十六名，有时超过一百人。从天津等地聘请的高级厨房，按红、白、杂三大类分工掌案。对师傅以其烹饪专长，各负其责，相互配合。服务人员按每趟（四十桌）安排二十人负责端菜，即每人负责二桌。掌勺师傅按菜肴道数负责二十桌。菜肴的刀工、炮制等工艺各有专人负责。由于分工明确，一桌数十道不同的炒、煎、炸、爆、溜、烩、烧、炖、蒸、扣、文、烤等工法的菜肴，开宴在二个多时辰

①贾殿元口述，冯万录整理：《“祥泰和”字号的兴衰》，《奇台文史》第5辑，第193页。

②宫志刚：《会芳园史话》，《伊犁文史资料》第4辑，第118至120页。

③宫志刚：《会芳园史话》，《伊犁文史资料》第4辑，第120页。

就将菜上完了。[①]

会芳园从1893年到1933年是最发达兴旺的时期,名气和资产与日俱增,不仅经营饭店,还经营京货货物和八套牛车搞运输。还有为饭店服务的粉房、糕点、养猪羊及鸡鸭、菜园等业。1933年,遭遇致命打击,因而开始衰退,难以恢复。[②]

惠远羊肉馆楼是天津人范掌柜所开,他经营头脑灵活,买卖公平,以礼待人,讲求信用,生意兴隆。该馆白天以卖新鲜肉为主,夜间以卖各种卤制品为主。其卤制品色美味香,在惠远城有一定的知名度。[③]

惠远城的风味小吃丰富多样,主要分为5大类:天津风味、甘肃风味和新疆风味、两湖一蜀风味以及维吾尔和回族风味等。天津风味在惠远城占主要地位,经营者基本上来自河北和天津,他们的糯米小吃有:元宵、凉糕、豆馅包子、豆馅油炸糕、糯米红枣凉糕等。面食有:豆馅花糕、糖花糕、油炸芝麻豆腐烧饼、肉包子、糖皮油炸果、烧饼夹肉、馒头、锅贴、馅饼等。卤制品有:卤肉、卤肠、卤肝、卤心、卤鸡和卤鸭等。豆腐类有:鲜豆腐、冻豆腐、油炸豆腐块、豆腐皮、豆腐干等。[④]

乌鲁木齐的茶庄原本由山西人和湖南人开设。辛亥革命后,津帮八大家复泉涌和经营糕点业的集义生、北昌号等商店,购进天津正兴德的听装香片,正兴德的听庄香片就是用福建细茶加工包

---

①宫志刚:《会芳园史话》,《伊犁文史资料》第4辑,第120至121页。

②宫志刚:《会芳园史话》,《伊犁文史资料》第4辑,第122页。

③金琳口述,王刚整理:《上世纪二三十年代惠远街市拾零》,《伊犁文史资料》第18辑,第232至233页。

④金琳口述,王刚整理:《上世纪二三十年代惠远街市拾零》,《伊犁文史资料》第18辑,第234页。

装的，所以茶听商标上标有“清真”字样和穆斯林惯用的高座壶图形，所以正兴德的细茶，在乌鲁木齐茶叶市场上曾经显赫一时。20世纪30年代，津帮商号德聚堂委托湖南宁乡茶商廖毓吾办运湖南细茶，每年销量约一百担左右；与此同时，其他商帮积极改进业务，加以直接由产地运销，价格比正兴德同类茶叶便宜许多，所以逐渐取代了正兴德在乌鲁木齐的茶叶市场。[①]

以乌鲁木齐市来说，汉族人民的糕点技术和花样品种大部分是由内地传入的，在1886年有天津人周氏父子来新在大十字开设了复泉涌，聘请了几位师傅，专营糕点、海味、调料、醋酱。他时前店后厂，顾客不但随时可以买到新鲜的糕点，还可以买到别具风味的什锦酱菜。由于该店经营有方，业务不断发展，后来列为“八大家”之一。[②]

复泉涌开设于1886年，由天津杨柳青人杨润棠、杨春华兄弟俩开创经营。此店坐落在大十字以南，有五大间门市，坐东向西，后院有各类加工房。清宣统元年，杨家兄弟因年老返回故里，将铺面、货物、家具等折纹银万两，卖与天津杨柳青人周义臣，周的次子周宝定，字铸卿，继承父业，一直经营到1956年公私合营。复泉涌在20世纪30年代以前的老门面，设计别致，与众不同，前面是一排砖墙，正中有大方门，上面镌有“复泉涌酱园”五个字，进门后要通过约3米的露天过道才能进店堂。一进店堂首先闻到该店自制的什锦酱菜的香味，货价上陈列着各种海菜和面酱、芝麻酱、豆瓣酱、辣子酱、酱油、醋、小磨香油等调味品。店里还聘请名师，在后院加工房制作各种津味中式糕点，形成前店经营，后院加工，现做现卖

①尔昌：《茶叶市场漫话》，《乌鲁木齐文史资料》第6辑，第85页。
②杨梦九：《糕点与酱园》，《乌鲁木齐文史资料》第12辑，第55页。

的新格局,受到顾客的好评。[①]

复泉涌酱园老一代经理,在家乡是菜农,学会一套制作酱菜的技术。此店自制的酱菜,以品种多样、口味地道而闻名,是宴席上的调味佳品,也是日常生活的佐餐美味,具有"鲜、甜、脆、嫩"四大特点。尤其是该店制做的带皮酱笋子,别具特色,自成体系,享有很高声誉,还有独家经营的辣子酱,色泽红亮,香味浓郁,甜辣味美,细腻无渣,经久耐贮。此店处于大十字中心繁华地段,每日顾客盈门,逢年过节,生意更上一层楼。[②]复泉涌的糟子糕、大薄脆、蛋麻花、南糖;集义生绿豆糕、黑仿白;瑞记号的水晶饼,十分有名。该字号货真价实、名不虚传,即就是酱油和醋,也是全市闻名。[③]

以后相继开设的糕点铺有集义生,经理苗沛然曾担任过总商会会长,继美丰,早期经理是张瑞岳,后期是胥务志;永盛西,经理刘健周。以上几乎均开设在南大街,在东大街开设糕点商号的有瑞记号,经理郭广泰,还有冯希章糕点铺,玉华香甜食店,他们专营熟元宵和糕点,冷饮。西大街有北昌号,经理王镜山,也是一家糕点老号。解放后只有复泉涌和集义生两家参加了公司合营,其它各店早已转营他业。[④]

醋酱是人们日常生活中必不可少的调味品,既能增强人们的食欲,又能调剂菜肴滋味。解放前乌鲁木齐市酱醋业大都是个体生产经营者,有的也作批发,有的推车到大街小巷去叫卖,也有合

---

①刘荫楠著:《乌鲁木齐掌故(一)》,乌鲁木齐:新疆人民出版社2001年版,第124页。

②刘荫楠著:《乌鲁木齐掌故(一)》,乌鲁木齐:新疆人民出版社2001年版,第124—125页。

③高健飞:《十字街年景及其他》,《乌鲁木齐文史资料》第17辑,第256页。

④杨梦九:《糕点与酱园》,《乌鲁木齐文史资料》第12辑,第55至56页。

伙经营，雇佣少量的公认，复泉涌、集义生、北昌号除经营糕点外，还生产酱醋。此外，在小十字西侧韩某开设的益生永，在北门韩万益开设的广兴店，西河街的隆兴合，明德路一校对过的陈忠起，都是专门经营酱醋业的。①

在阿克苏，1911年，董家酱园正式定名为“义德泰醋酱园”，该酱园生产的酱菜及其它食品，对繁荣当地市场和满足人民生活需求起到了不可低估的作用。这个字号一直延续到1953年底停业为止。1912年到1940年，是“义泰德”的鼎盛时期，生意兴隆，城里有店铺，城外有店院。“义泰德醋酱园”生产的酱菜当时在南北疆很有名气，除供应阿克苏、温宿外，还远销喀什、巴楚、库车、轮台、焉耆、迪化等地，受到各族人民的喜爱。②

20世纪20年代初到40年代中期，永盛西点心铺开设在乌鲁木齐南大街，有五大间门市，坐东向西，由天津杨柳青人刘鉴周开创经营，在当时颇有一些名声。刘鉴周的父亲刘永平，早在1876年随清军左宗棠部队“赶大营”来到新疆，随后1908年刘鉴周由天津担小篓步行到乌鲁木齐，经过一番经营，才开了这家点心铺。永盛西点心铺早在30年代以前，是一个大型的综合商店，当时，该店除经营中式糕点外，还有京广杂货，各种海味、调料、醋酱、小磨香油等副食品，同时用两间门市专门经营上海、天津等地的绸缎、布匹，以及从苏联进口的各种布匹、俄德克酒、各种罐头、水果糖等。该店资金雄厚，批零兼营，当时流动资金3万两纹银，经理刘健周有“刘三万”之美称。40年代此店根据市场需求及货源，重点搞食品加工

①杨梦九:《糕点与酱园》,《乌鲁木齐文史资料》第12辑，第57页。

②董光成:《“董家酱园”的兴衰》,《阿克苏文史资料》第4辑，第126页。

生意。[①]

永盛西点心铺制作的中式糕点，在乌鲁木齐首屈一指。领班师傅刘文江，是正宗的天津手艺，在同行中技术超群。他制作糕点，讲究真材实料，配料得当，传统操作，品种齐全，除日销的"大八件"、"小八件"等家常点心外，尤以应时佳点而闻名。像端午节的什锦绿豆糕，夏季充分利用本地资源野薄荷制作的薄荷糕，是独家首创，中秋节的套馅月饼、枣泥月饼、翻毛月饼、提糖月饼等。冬季有闻名的"什锦南糖"，各式各样的糖蘸，还有芝麻糖片、酥糖、老虎肉，各种用模子做成的空心五彩糖人，既可吃，又是可供欣赏的精美工艺品。[②]

高万发不惜巨资，到处拜求名师，学会了熬糖的手艺。经过几年的实际操作，博采众长，并精心研究，熬糖的技艺竟精益求精，出类拔萃，达到了炉火纯青的地步。每逢过年过节，糖果品种更是丰富多彩，琳琅满目。除销售大量的香蕉糖、薄荷糖、酸梅糖外，还有黄色、白色、粉红色(娃娃脸)的梨糕糖和核桃蘸等多个品种。就连奇台等地的商贩也用骆驼运到当地销售。[③]还有位外号叫孙切糕的天津人，专卖切糕。他的切糕别有风味，质地是江米的，有葡萄面的，有红枣面的，有澄沙馅的。在家做好，推车上街叫卖。遇有买主，将各样糕食品切好装成一盘，再撒上白糖，吃起来凉爽，香甜，是夏季理想的糕食。[④]绥来的史喜堂，天津人，一生经营屠宰兼

---

①刘荫楠著:《乌鲁木齐掌故(一)》,乌鲁木齐:新疆人民出版社2001年版,第126页。

②刘荫楠著:《乌鲁木齐掌故(一)》,乌鲁木齐:新疆人民出版社2001年版,第126—127页。

③高健飞:《十字街年景及其他》,《乌鲁木齐文史资料》第17辑,第265至266页。

④柳浪:《新中国成立前奇台饮食业情况综述》,《奇台文史》第4辑,第136页。

制卤肉，在本县卤制品行业中首屈一指。[①]

在玛纳斯县中城街，有个坐南向北的"郭家点心铺"（1930年正式立名"瑞记号茶食店"），自1911年开业，直到1956年公私合营，经历了四十三年。这个经营多年的老店，在北疆一带颇有名气。店主人叫郭光瑞，天津杨柳青人。[②]玛纳斯，郭光瑞因为制作手艺高超，产品风味独特，深受顾客的欢迎，他就成了玛纳斯县知名的糕点师。"郭家点心铺"经营了四十三年，从无到有，从小到大，其兴衰大体经过下列五个不同的时期：1911年到1925年，郭广瑞出入新疆，以货郎担为生，不专业做糕点，所以甚不出名。1925年到1935年，租赁门店，专营食品糕点，维持全家六口人的生活。由于来玛纳斯的淘金客非常多，国家小店所售的月饼、芝麻饼等糕点携带方便，味道鲜美，且价格便宜，成为当时各种淘金客的重要食品，一时成了热门货。这时，到店里联系代销者和订货者络绎不绝，他家的糕点供不应求。只用了五年时间，就为食品店的发展打下了稳定的基础。1930年，他将原店增设为两间铺面，正式起名为"瑞记号茶食店"，开始招收徒工做帮手，自己的两个儿子和他一起做点心。1935到1945年这十年是维持阶段。盛世才上台统治新疆后，全省的食糖专由苏联进口，数量有限，供不应求，所以原料不足使点心加工业直接受到影响。那时郭家点心铺的糕点生产量大大下降，除年节供应一点外，他的店平时以经营香油、麻、杂货为主。1945年到1950年是衰败时期，1956年，公私合营。[③]

浴池业。孙富新祖上是天津杨柳青的生意人，几代都以小本

①郭建新：《绥来的著名小吃》，《昌吉文史资料选辑》第6辑，第67页。

②哲生：《"郭家点心铺"的始末》，《昌吉文史资料选辑》第10辑，第211页。

③哲生：《"郭家点心铺"的始末》，《昌吉文史资料选辑》第10辑，第213页。

经营谋生。其曾祖父随左宗棠大军进疆做生意,挑着货郎担到新疆奇台县落户。孙富新的父亲是理发匠,全家靠父亲理发维持一家六口生计[①]。早年,在乌鲁木齐居住的老一代人,把家乡的习俗也带到边城来了,像河北和天津杨柳青人,都爱洗大池子热水澡,觉得只有在热水池内泡泡才算过瘾。因此,当时城市人口虽然不多,但澡堂业的生意却非常兴旺,先后开业的有八家,人称"八大澡堂"。其中规模较大、设备较完善的要数玉清池、新盛泉、杨家澡堂。(这几家澡堂均由天津杨柳青人创办)当时,这些老经理虽文化不高,但个个都很有眼光,他们放着商家掌柜不当,偏看上了澡堂子的生意,并积极投资兴建澡堂,像当年新盛泉的经理就说过:"我这个澡堂子就是个聚宝盆!"后来,他也确实开澡堂子发了家。1947年前后新盛泉还跨行业跑行商,从西安、上海采购布匹、百货搞批发,不久新盛泉的后院便成了批发部。[②]

表3—1 津帮商人在乌鲁木齐开办浴池业一览

字号名称	创办人	创办人籍贯	创办时间	开设地点
玉清池	李养泉	天津杨柳青	1920年前后	衣铺街中段
新盛泉	张锡禄	天津杨柳青	1939年	现文化路
杨家澡堂	杨易斋	天津杨柳青	1940年	藩台巷子
黄家澡堂	黄王	天津杨柳青	1940年	藩台巷子
李家澡堂	李经理	天津杨柳青	1940年前后	西河街

中药业。1892年,天津人姚氏兄弟开设的"德聚堂"。[③]至1936

①孙富新口述,张静宇整理:《我与喀什外贸工作》,《喀什市文史资料》第4辑,第103页。
②刘荫楠著:《乌鲁木齐掌故(一)》,乌鲁木齐:新疆人民出版社2001年版,第119页。
③《乌鲁木齐市中药行业的社会主义改造》,《乌鲁木齐资本主义工商业社会主义改造(1949—1956)》,第349页。

年前后，当时乌鲁木齐的中药业已有一定规模，主要的店铺有十几家。其中南街有京津帮的德生堂(1892年开业)、德聚堂(1914年开业[①]。1938年王楚凤开设宝善堂，在解放前夕，德聚堂因股东闹意见分伙倒闭，出来的人先后设立了宏益药店、同力堂、绍源堂，后又有因不同情况而陆续开设的德顺堂、德盛堂、保和堂、济生堂、益仁[②]堂、广元堂、永和堂、忠兴堂、宝聚堂、育德堂、恒茂药店等[③]。

德聚堂，与德聚和绸缎庄是兄弟店，坐落在乌鲁木齐城南大街路东，有砖木结构的二层楼门市共四大间，开业于1921年，该店是股份制合资企业，天津杨柳青人姚希贤、任之山、赵坤山、杨绍全等使股东，也都是经理。此店在20世纪40年代中期停业[④]。

民生药房成立于1927年，开办人刘贵瀛，字云卿。他原籍天津杨柳青镇，祖业船夫，世代贫寒。他父刘永泰"赶大营"来新疆谋生，由祖父供养他读书，学过买卖，想改变穷苦状况，十七岁时和几个同伴挑上担子，带些零碎津货、丸散药品，用了一年的功夫徒步到了迪化，投靠给大商店当店员的父亲。在他父亲的资助下摆摊经商，后来开设了津货店，经营十几年，随后由于种种原因，生意逐年萧条。因亏空而告歇业。他用商人的眼光，观察结果，认定经营药行生意最稳当，并开始经营西医、西药行业。于是在商界亲朋的支持下，开办起民生药房。民生药房是以西成药为主的，也随带中药。

为了办好药房不但他自己而且教育两个儿子研读西药书籍。

①王楚凤:《乌鲁木齐五十年中药店简况》,《乌鲁木齐文史资料》第12辑,第84页。
②王楚凤:《乌鲁木齐五十年中药店简况》,《乌鲁木齐文史资料》第12辑,第86页。
③王楚凤:《乌鲁木齐五十年中药店简况》,《乌鲁木齐文史资料》第12辑,第87页。
④刘荫楠著:《乌鲁木齐掌故(一)》,乌鲁木齐:新疆人民出版社2001年版,第116页。

几年后，他们有了一定的医药水平。他还搜集验方配制几种成药在门市上销售，大都有效。

随军先手进疆的一位来自天津杨柳青的戴先生，不仅通晓药物知识，而且懂医术，会诊治疾病。戴先生目睹缺医少药的状况，心生行医售药之念，便在他经营酱醋作坊的基础上，与天津药材行沟通了药源，又开设了中药经营业务。由于他懂行，讲究地道药材，重视饮片质量，童叟无欺，赢得各族病家普遍好评。很快发展成为但是伊犁九城中药批发药材的中心药行——兴泰和商号①。

从天津来的谭宝和、郭相甫两位商人，在惠远新城先经营德兴隆杂货店，后觉中草药大有前途，便与郭耕畲、李春华、刘天成等人合伙集资在德兴隆同同一条街上买了一所房院，开设起了德心堂药庄。

几年后，由于经营范围的不断扩大，成药剂型在不断改进，资金的积累，德心堂大大超过了兴泰和，而且在天津设立了分庄，为伊犁组织货源，办理运输。为了在经济上得到更高的效益，他们特别重视药品质量。

在德心堂迁入伊宁之前，在伊宁经营中草药的商店有：德泰义、泰和堂、复庆和、玉泰厚和同志堂。这几家药店的创业者也是“赶大营”来伊宁的，开业时间不长，便因资金贫乏不能自存，相继改行，只有同志堂暂存下来。这个药店是由周恒春、李同和、杨志超三人合资开设的。还利用杂粮制酱、醋销售。他们的中药来源是通过德心堂驻天津药庄代办的，进货数量很少②。

金银首饰业。金银首饰业是一种兼商业、手工业及金融业的

①周宝林：《伊犁地区中医药发展过程琐记》，《伊犁文史资料》第3辑，第34页。

②周宝林：《伊犁地区中医药发展过程琐记》，《伊犁文史资料》第3辑，第34至37页。

特殊行业，宣统年间，津帮商人宋某在奇台首先开设一家金银首饰店—汇宝楼。经营不满十年，因东家前往乌鲁木齐，该店即转给同乡商人张春圃管理，于是改字号为春华楼①。

表3—2 津帮商人在乌鲁木齐开办银楼业一览表

字号	创办人	创办人籍贯	创办时间	坐落地点
振德银楼	陈振山	天津杨柳青	1895年前后	大十字以北
聚兴金店	肖少棠	天津杨柳青	1915年前后	大十字以东
泰昌金店	于岐山 于仲麟	天津杨柳青	1920年前后	大十字以东
裕兴金店	宋振福 宋振禄	天津杨柳青	1930年前后	北大街
华祥金店	张同礼	天津杨柳青	不详	南大街
福顺楼	阎福成	天津杨柳青	不详	北大街
永和银楼	杨永凯	天津杨柳青	不详	北大街
聚盛银楼	李恩	天津杨柳青	不详	西大街
同兴银楼	孙子坤	天津杨柳青	不详	南门附近

（资料来源：刘荫楠著《乌鲁木齐掌故（一）》，第117—118页。）

银楼，是加工金银首饰，买卖金银的商店。乌鲁木齐城里城外，约有20余家银楼，其中名闻遐迩的四大银楼，在同行业中较有权威和一定的代表性。②这四大银楼的共同特点是：规模较大，资金雄厚，业务范围广，经理一般是内行。四大银楼都有装饰得很漂亮的门脸，醒目的金字牌匾，宽敞的店堂，店内陈设古色古香，并悬挂着名人字画、书法条幅，黑色的柜台上放着老式天平。店堂里摆着茶桌和几把木制古式太师椅，专供顾客休息，顾客进店可边品

①孙志斌：《古城的金银首饰业》，《奇台文史》第3辑，第115页。
②刘荫楠著：《乌鲁木齐掌故（一）》，乌鲁木齐：新疆人民出版社2001年版，第117页。

茶,边看样品、边谈生意。后院有金银首饰加工房,由名师领班制作。这些银楼,在业务方面除经营金银首饰外,还买卖金、银、银元、羚羊角,并能加工金条和熔铸金银元宝①。

第二节 天津商帮与近代新疆农业、手工业和工业的发展

天津商帮不仅对新疆商业经济开发起到了推动作用,同时,对新疆地区的农业、手工业工业的发展,也起到了一定的作用。

农业经济。新疆土壤肥沃,非常适宜种植农业。据1918年的一份不完全统计表明,当时新疆的农业耕地仅1202000顷,而实际上,新疆可开垦的荒地2539039亩(还不包括未调查统计的地亩),新疆的"伊犁河流域、乌古伦河流域与额尔齐斯河流域,乌鲁木齐河及塔里木河流域,阿克苏河流域",沿河水土肥沃,气候温和,适合垦殖②。

天津商帮"又善耕地种菜,故就迪化而言,南郊一带,菜圃林立,备有暖房,四时不匮,获利颇厚,经营不数年,居然能置田地,开小铺,绰然有余。"③时人评论说:"津人较湘人勤奋肯苦,故南郊一带之菜圃,星罗棋布,均不数年间,咸称小康矣。"④

在新疆的有些地区"沿途多有水田,行九十里,十二时至第一

①刘荫楠著:《乌鲁木齐掌故(一)》,乌鲁木齐:新疆人民出版社2001年版,第117页。
②《开发新疆实业之管见》,《开发西北月刊》一卷一期,第26页。
③吴绍璘著:《新疆概观》,南京:仁声书局民国二十二年(1933)版,第182页。
④问天:《最近新疆迪化调查纪略》,《东方杂志》第二十六卷第三号,第88页。

站，有官设客栈，今已废颓不堪，有天津种田于此者，代设客栈，仅备茶水而已。据言山上放水，则田可收获。近来种田者众，水不足用，故收获亦较少矣，沿途绝无人烟。”[①]借助这样的条件和新疆的习俗，”迨津人至，教以园圃之艺，今则菜蔬名目繁多，凡内地所产者，莫不具备，而肥美硕大，且远胜内地之产品。”[②]

因而，新疆建省后，一批“赶大营”经商的河北人，加入了乌鲁木齐的菜农行列，新疆的蔬菜生产有了长足发展。从那时到1945年，乌鲁木齐的菜地从2.8万亩扩大到8.8万多亩。其中除远郊菜地外，城区周边也有很多有名的蔬菜园圃。这些园圃不仅种大畦菜，还种品质很好的百合、山药、韭菜等小畦菜[③]。

天津的一些果蔬，也在这一时期引入了新疆，如葱“为天津之输入种，汉人喜食之”[④]；韭菜，“叶宽而长大，南疆三月间即生，迪化则清明后始有卖者，夏令抽薹开花，人采卖以作蔬菜，其冬令用软白法培养者，名曰韭黄，天津河间之移住人，有培养之者。品质佳而获利广”[⑤]；芹菜，“亦为天津输入种，南疆产者早，北疆则生于清明之后，用软白法培养者，曰芹黄，亦直隶移住人擅其利，较内地产者尤为肥美。”[⑥]白菜，“此为直隶输入种，品质亦良好，但品种易恶变，不数年即须换种。”[⑦]番茄，“属茄科为天津输入种，园艺家种于

①马登瀛、贾树模：《新疆行程记》，《地学杂志》二年十五期，杂记第4页A。
②冯有真著：《新疆视察记》，上海：世界书局民国二十三年(1934)版，第30页。
③昝玉林：《乌鲁木齐往事漫记》，《乌鲁木齐文史资料》第16辑，第79页。
④贾树模：《新疆杂记(续)》，《地学杂志》八年六七合期，第39页。
⑤贾树模：《新疆杂记(续)》，《地学杂志》八年六七合期，第39页。
⑥贾树模：《新疆杂记(续)》，《地学杂志》八年六七合期，第39页。
⑦贾树模：《新疆杂记(续)》，《地学杂志》八年六七合期，第40页。

畦畔，卖作观赏品，而不知制造西洋酱油，殊为可惜。”[①]山楂“人喜用之，而绝无产地，皆仰给于津商人输入品。”[②]

乌鲁木齐的农田和菜圃，在历史上是同时出现的。当时，乌鲁木齐的菜圃分为大畦、小畦两种，小畦菜圃大都集中在城市周围，以种植早春菜和经济价值较贵的“细菜”，如山药、百合等为主；大畦菜圃以种植秋冬菜为主[③]。

乌鲁木齐的蔬菜生产比较发达，足供本地消费，主要产地是附近城区的东、西菜园子，以西菜园子最有名，位于小西门外到城隍行宫。那里田陌相连，菜畦成片，菜农以天津人为主，他们带来内地的生产技术，耕种精细，管理良善，蔬菜品种比较齐全。西菜园所种植的蔬菜，不但有北方人喜食的各种春夏蔬菜，也有南方人喜食的茼蒿、丝瓜、苦瓜等等。当奶奶所种植的百合、山药、红心萝卜等等[④]。

菜园的畦间有条条苇墙相隔，以低档西北风；菜田都是东西长条形，有利日照。早春时节，晚间盖上苇帘，到日出后卷起以增加地温。这样就创造了良好的小气候，有利于蔬菜生长。

东菜园子位于乌鲁木齐市体育馆以南地带，蔬菜品种，耕作技术与西菜园子相似，但上市较迟。这里的菜农还经营花卉，在田里种菊花，等重阳节前后坐盆上市，以增加收入[⑤]。

乌鲁木齐当地的韭菜和韭黄品质很好，只是因为气候关系，上

---

①贾树模：《新疆杂记（续）》，《地学杂志》八年六七合期，第40页。

②贾树模：《新疆杂记（续）》，《地学杂志》八年六七合期，第46页。

③朱光：《“屡丰堡”的新貌》，《乌鲁木齐文史资料》第5辑，第153页。

④刘荫桐：《乌鲁木齐农业史话》，《乌鲁木齐文史资料》第8辑，第99页。

⑤刘荫桐：《乌鲁木齐农业史话》，《乌鲁木齐文史资料》第8辑，第99至100页。

市较晚，最早上市韭菜是从吐鲁番运来的，每年三月下旬就来了，但在乌鲁木齐的销售期只有二十来天，等本地韭菜上市后就不来了。被动韭菜因为叶宽、白根长、鲜嫩，颇为人们所欢迎。在寒冬腊月十七，韭黄和芹黄就上市。韭黄是在入冬后把菜地用马粪和麦草厚厚覆盖，上面又有尺余积雪，所以菜地不冻，韭菜的新芽就在粪草底下生长。由于见不到阳光，虽然是黄白色的，但是粗壮鲜嫩，菜味浓香。[①]

家花上市最早的是“蝴蝶”花，盆中栽种，五月中旬就上市了。常年可见的海棠、月季、倒挂金钟，夹竹桃、晚香玉、绣球等等都有专业经营的。当年有位姓胡的花农是天津人，技艺高超很有名气，人称“花王”。他自己有所花园，精心培育各种花卉，每天他都挑担上市，也有人去他家选购。[②]

有的津帮人，擅长种菜，到其太后便发挥所长，在县城北门外种菜，并搞各种蔬菜的批发零售，冬夏不断。[③]1899年，奇台城西北菜园子的大部分菜农是河北人，有杨柳青的河间的，有南充等地的，他们迫于生计背井离乡，同时把家乡种菜的先进技术和优良品种带到了奇台，给落后粗放的奇台农业增加了一个新的门类，也直接丰富了古城比较发达的商业。奇台的商业繁荣，人口兴旺，许多作坊、商号、栈房、饭馆每天都需要大量的蔬菜。[④]

迪化蔬菜，品类繁多，一开始由湘军及其家属种植，后来“津人

①刘荫桐:《乌鲁木齐农业史话》,《乌鲁木齐文史资料》第8辑,第100页。

②刘荫桐:《乌鲁木齐农业史话》,《乌鲁木齐文史资料》第8辑,第104页。

③刘燕斌:《古城工商界的帮口》,《奇台文史》第3辑,第131页。

④贾殿元口述,冯万录整理:《“祥泰和”字号的兴衰》,《奇台文史》第5辑,第189至190页。

踵之，庸次比耦，阡陌相望，津人以艺唐花之法，冬月掘地为窟，播种其中，微火烘之，取苇杆密护四围，上覆芦箔，以御风雪，俟春融冻解，则移植畦间，故春初之菜，无不应时入市，且所治町畦，整洁有序。湘鄂之民，皆弗逮也。”①

在工业、手工业等领域，天津商人也取得了一定的进展。乌鲁木齐自新疆建省以后，缺少现代物质文明的气息，过着“报时听炮声，照明靠油灯”的城市生活，一直延续到20世纪三十年代初。1928年到1932年，乌鲁木齐才出现了无声原始电影和几盏星星点点的小电灯，尽管它们都不是普通平民所能享受到的“洋福”，但是自从有了它们，总算是为塞外边城增添了一丝现代化物质文明的气息。迪化（今乌鲁木齐）德元电业公司是乌鲁木齐电影和电灯的开创者，商人杨元富是这家私营公司的创办人。杨元富是天津杨柳青的串乡货郎。②

1932年，“德元”电影院放映了三场，就被警方勒令停业，停业后，杨元富为另谋生计，利用发电机试装电灯，但是没有电器材料，他们自己动手，用胶水和棉布制作皮线用木头旋制灯头、开关，不久就给大十字一带的商号装上电灯，每晚夜市，灯光灿烂，游街看灯的群众比元宵节的灯会还热闹。除为公署、商号安装电灯外，德元公司还为大十字一带装了路灯。③

杨元富在他经营的“德元电影公司”的基础上，于1934年从苏联购进二十四匹马力的锅炉一台，二十匹马力的直流发电机一台，开办了“德元电业公司”，使大十字一带又出现了星星点点的电灯

①谢彬著：《新疆游记》，上海：中华书局民国二十一年（1932）版，第124页。
②裕侠：《德元电业公司拾遗》，《乌鲁木齐文史资料》第2辑，第38页。
③裕侠：《德元电业公司拾遗》，《乌鲁木齐文史资料》第2辑，第40至41页。

光。钱少力薄的德元电业公司，勉强维持了一年，已趋焦头烂额、筋疲力尽的状态。杨元富为顾全公司“体面”，通过津帮商人周海东的斡旋，由总商会提出倡议，由吐尔逊巴巴牵头，募集开办“电话电灯公司”，募股办法为官股一半，商股一半。在一半商股中，德元的机器和吐尔逊巴巴的现金占百分之二十五，所余百分之二十五向工商界募集。办法报经省政府于1936年2月1日批准，任命吐尔逊巴巴为筹备处主任。公司地址选定后，即发生经费问题，虽经吐尔逊巴巴一再要求政府贷款，都未得解决。公司筹建人员只好因陋就简，以德元原有设备为基础，增添了部分新设备，于1937年5月11日宣布建成，正式定名为“新疆迪化新光电灯公司”，由省政府任命吐尔逊巴巴为总经理，后来，该公司由津帮商人周海东为总经理、杨元富为副经理，栋梁为第二副经理。1938年7月15日，他们三人联名，向银行贷款，由苏联购进五百马力新式蒸汽机一台，三百六十瓦特发电机一台，五十瓦特变压器三台，以及可装一万支灯头的各种电器材料。这批新设备投产后，供电情况虽有好转，但各用电单位拖欠电费情况严重，公司维持困难，1941年召开第一届股东大会，通过续募商股二十万元的议案。议案虽然通过，但工商界人士慑于盛世才的暴力镇压，人心惶惶，认股者寥寥无几。后来周海东被盛世才逮捕，继任副经理的韩君璧也被盛世才逮捕，公司处于惨淡经营的状态。[①]

杨元富“赶大营”来到乌鲁木齐以后，和他同来的嫡亲王静泉合伙做纸“翻花”生意，每逢春节，庙会或官府喜庆，可以赚些钱。几年以后他俩用“翻花”积蓄，在当时的北大街开设了一处杂货小

①昝玉林：《永丰·新光与万家灯火》，《乌鲁木齐文史资料》第12辑，第8至10页。

铺，字号为“德丰厚”商店。后来，杨元富的岳父承租王姓栈房营业；将杨元富招至栈内，主持业务，于是将“德丰厚”改为“德丰栈”。杨元富在主持“德丰栈”业务期间，因为通达中医推拿医术，经常有人求医，所以在治病时结识了一个伊犁客商马炳龄；马的父亲在十月革命后，从逃入中国的旧俄手中买到一套陈旧的电影机，并有十盘无声电影片和一部发电机，因为不会使用在伊犁闲置多年。马炳龄愿将这部电影机出售给杨元富，经双方议定，杨元富以省票五千两将全套几件买下。1932年，遂将“德丰栈”改为“迪化德元电业公司”。1932年6月，电影院设在原“德丰栈”院内，共二百多个座位。[①]德元公司先后放映了《昆仑盗》《孟姜女》和《小英雄》三部国产无声旧片，反映后颇受群众欢迎，并为配合抗日宣传又从内地租来《孤城烈士》《壮志凌云》几部国产有声影片，从此乌鲁木齐有了有声电影。1937年以后，大批共产党员来到新疆工作，领导“反帝会”开展抗日救国运动，从外国进口了一批新式电影机，“德元”的那部陈旧影机就被淘汰，“德元”也就结束了电影业务。[②]

1936年春，新疆伐木有限公司阜康火锯厂开始筹建，由迪化工商会会长石寅甫任公司董事长，郝治明为火锯厂经理。[③]从当年4月开始修建至10月完工，历时七个月。兴建办公室、宿舍十八间，修建工房约150平方米。这些建筑系砖木结构，为防止大雨淋蚀屋顶全用铁皮盖顶，厂内还有马车一辆，马25匹。机械设备全系苏联造，有锅炉蒸汽机，锯架、锯条、锯模、铁轨斗车等。产品主要是加五板、寸板、分板、方木，以适应不同需要。生产动力以蒸汽机带动

①裕侠：《德元电业公司拾遗》，《乌鲁木齐文史资料》第2辑，第40页。

②裕侠：《德元电业公司拾遗》，《乌鲁木齐文史资料》第2辑，第41页。

③何肇兴：《阜康火锯厂》，《昌吉文史资料选辑》第10辑，第138页。

锯盘。锅炉染料主要是板皮废料，不足附用少量原煤。[①]板材主要是运往迪化公司，由经销处经销，顾主多为厂商，零星用材很少。1937年，盛世才杀害了石寅甫，公司一时尚无力领导人，生产经营、业务渐趋混乱，生意萧条。[②]1940年关闭。

1941年，阜康九运街西门路南马秀才的大院内，新建烧酒坊一处，经理是王兴芳。[③]该地酿酒业十分发达，其“较著名于新疆，良田地产高粱，而小民生计维艰，酿酒为谋生之一途。”[④]其所产之酒，“西运于省城，东运古城，岁计行销二万余斛”[⑤]。

1921年王国玉在县城租赁铺面两间，开了各小铺，自己经营清油、食盐、酱醋等副食品。他坚持薄利多销，生意日渐红火。手中有了资金后，他在中大街购置地皮一处，修建铺面、油房、仓库等作坊设施，自己加工清油。前面卖油，后院生产，取商号“恒聚涌”，自任经理。[⑥]

第三节　津帮商人的资本积累与资金调动

在新疆建省之前，津帮商人以流动商贩的身份在新疆各地经商，通过这种方式，纷纷取得了最初的资本积累，为日后的转型奠定了基础。据大营客后裔回忆，“赶大营”第一人安文忠从1876年

①何肇兴：《阜康火锯厂》，《昌吉文史资料选辑》第10辑，第139页。
②何肇兴：《阜康火锯厂》，《昌吉文史资料选辑》第10辑，第140页。
③何肇兴：《阜康白酒的兴衰》，《新疆文史资料选辑》第20辑，第162至163页。
④《阜康县乡土志》，“物产”，第6页。
⑤《阜康县乡土志》，“商务”，第6页。
⑥邵照熙：《民国时期孚远县商绅王国玉》，《昌吉文史资料》第16辑，第220页。

开始经商，到了1882年，就已经积累了白银二千两[①]。当年的报纸上的消息显示，虽然后续的津帮商人没有安文忠积累的资金多，但数年之间，积累一定程度的资金还是非常容易的。同样于1876年"赶大营"的杨柳青王某，两年后给家中邮寄了十五两白银[②]；同样来自杨柳青的高葆元，"以乡人多"赶大营"，高亦摒挡长行，日积月累，得二三百金，去冬挟资而归。"[③]以高葆元去"赶大营"的时间上限定在1876年，1878年返回乡里，两年的时间，积累二三百两白银，积累的资金不算少。因而时人曾就杨柳青人"赶大营"评析道："问关万里贸迁于嘉峪关外者，腰缠十万，满载而归"[④]。而那时，距离安文忠"赶大营"不过才十余年。

津帮商人取得最初资金积累后，一部分人回到了故乡杨柳青，大部分人依然留在新疆经商，并且开始了新的资金和资本调动的方式。津帮盛时有八大家之称，八大家是永裕德、同盛和、公聚成、德恒泰、中立样、聚兴永、复泉涌、升聚水。此外，还有合玉成、庆春和等几家营业也很盛。伊犁文丰泰是结交伊犁将军署中各官吏而获得发展的。津帮兴起后，因亲及亲，因友及友，原籍杨柳青人络绎出关，或为行商，或为坐商，大小商号，遍及全疆。

新疆建省后，清政府每年要向新疆提供办公经费（即协饷）48万两。据统计："这笔庞大的现金实体，如加上'镖箱'总共重量足有四万市斤，领取一次需用运输镖车40辆，马80匹；帐篷、行李、粮

---

①王鸿逵、于焕文、谢玉明：《天津商帮"赶大营"始末》，《津西古今采珍》，天津：百花文艺出版社1993年版，第15页。

②《杀嫂》，《申报》1878年1月11日，第2版。

③《昵妓成仇》，《申报》1879年7月2日，第2版。

④《云津秋报》，《申报》1888年8月21日，第2版。

秣大车20辆，马40匹；尚需护送马步军卒500人及押运官、随员等数十人，往返时间一年，全部护送费用需要万两白银。”[①]这样运送协饷不仅时间长，而且道途远，很容易出现被劫的情况，为此，护理新疆巡抚魏光焘建议，由商人代领这笔款项，运回新疆之前可以购办货物，运回新疆后要限期交归新疆省库。这么做不仅节省运费，而且一旦出了问题，可以由商人赔付。为限制商人的行动，魏光焘提出，要几家大的殷实商户联保，才能办理此事。当时的津帮商人已是乌鲁木齐商界“翘楚”，几家津商联保显然能够办好此事。于是，代办新疆协饷的任务就落在了乌鲁木齐“老八大家”的头上。1892年，津商开始利用协商在京津地区购置货物，手中可供调动的资金丰富了，加强了津商的资金积累。仅仅过了四年，乌鲁木齐老八大家利用协饷积累了丰厚的资金，获取了丰厚的利润。因此，时任新疆巡抚的饶应琪就提议，有津商代办协饷的商户先向省库垫付一半协饷，待货物由京津地区运到新疆后一个月内，将剩下的一半补齐。如一时周转不灵，则由省官钱局代为支付，按照津商交款的时间计算一定的利息。这么做，不仅可以让新疆地方官府能够迅速得到“协饷”，而且利用这笔协饷，还可以产生新的经费。而津商则充分利用这样的条件，在京津地区购置商品，到新疆销售，扩大了资金来源。而在新疆八大家中，在协饷问题上获利最为丰厚的当属同盛和。该号经理人杨绍周建议将自存的黄金数百两一并带到京津地区，置办货物后，率先将协饷归还省库，因而获得官府的信任，同盛和也因而可以优先使用协饷，许多官员存款或是汇兑都通过同盛和，到了光绪末年，同盛和的财力猛增，竟与首屈一指

①王鸿逵、于焕文、谢玉明：《天津商帮“赶大营”始末》，《津西古今采珍》，天津：百花文艺出版社1993年版，第31页。

的文丰泰齐名。[1]

除了通过代办协饷的方式调动资金外，津帮商人还经过地方当局批准，充分利用当地的金融市场来发行钱帖。时人对此评论说："京货庄如文丰泰、同盛和均操纸币发行之利，且办汇兑而得利尤多，故绅之饶于财及官饱私囊者，率存款该号。"[2]

津帮"八大家"中的同盛和、永裕德在1901年前后，经过地方当局批准，发行商号"本票"，可以兑换官方铸造的"红钱"硬币，也可以在市面撒谎那个流通，如果在本店买东西，还可以八折优待[3]。同泰兴，由于财东比较殷实，在"新疆帮"内颇有声望，并与天津的银行、钞庄往来频繁，还可得到优厚的"透支"贷款。同时，还与一些商号建立了赊销关系，赊进的货物可以延至三节清账（即五月节、八月节、春节），业务经营呈现一派兴旺景象[4]。而身为伊犁官钱局总办的文丰泰号东安文忠，发现新疆的铜价波动很大，与内地相差很多，因而，就派人在天津地区收购铜元，运回新疆，投放到当地的金融市场，不仅缓和了银钱比价，还促使各家商号回收发行的钱帖，稳定了金融市场。当然，也通过这种金融的信誉，提升了文丰泰在市场上的知名度。

新疆设省初期，津帮商人的售货对象主要是满汉族，满汉族中主要顾客是官吏、地主。于是他们运来官场所需的公文、纸张、笔墨、朝服靴鞋以及宴客所需的各种海味。在封建时代，商人地位很

①王鸿逵、于焕文、谢玉明：《天津商帮"赶大营"始末》，《津西古今采珍》，天津：百花文艺出版社1993年版，第33页。

②李廷玉著：《新伊调查报告意见书》，北京：财政部印书局民国六年（1917）版，第7页。

③李富：《津帮八大家的变迁》，《乌鲁木齐文史资料》第6辑，第108页。

④杨梦九：《盛世才查封同泰兴等三家商号经过》，《乌鲁木齐文史资料》第6辑，第92页。

低,不能与在任官吏平起平坐,交接不易。清朝晚期,有捐功名之例,即科举之外,可以出钱买官做,也可以买五品以下的功牌,取得空头衔。一些殷实津商,托人在京用钱买一张功牌,填上姓名,籍贯和三代,就可按功牌品级在红缨帽上加个顶子。他们穿上马蹄袖的袍褂,戴上七品的金顶,或五品的水晶顶,出入衙署,与官场中人往来。逢年逢节给抚台、藩台、臬台和迪化府、县赠送礼物,极力应酬。因此,他们在推销货物和其他方面都能得到当时官场的特别照顾。同时他们代办省外在任官员在省城向省库解交或领取公款,并吸收交卸后满载而归的官僚私款,存入号中扩大他们的资金。①

当时通用的货币,除纹银外,有红钱(是用红铜铸的,每文约重二厘五,圆形,中有方孔,二面有满汉文"光绪通宝"字样,规定一串为四百文,抵纹银一两),津帮中如永裕德、同盛和等号,在清光绪二十七年(1901)前后,得到官方许可,用木板印行兑换红钱四白文的油布票,流行市面,可在本号兑换红钱或购买货物。这种钱票携带方便,颇为居民乐用,因而流通很广。津商藉此扩大了他们的营业。如存有一百两现钱,即可发行一千或二千两的布票,等于增加了一、二十倍资本,既扩大了业务又加速了资金的周转。其他较大的津商,也纷纷发行本号布票,津帮的业务因而蒸蒸日上,突出于晋帮和其他商帮之上。由于发行布票获利很厚,家家想发行,有些津商准备红钱不足,也大量发行布票。清宣统二年(1910),王高升在迪化放火,焚毁大部津帮商号后,官方即禁止津商发行布票。光绪三十四年(1908)"藩司发行纸币,并整顿迪化官钱局,在阿克苏、

①潘祖焕:《新疆解放前商业概况》,《新疆文史资料选辑》第1辑,第155页。

喀什、伊犁、三道各设大局一处,各府、州、厅、县除浦犁(塔什库尔干)、若羌、新平(尉犁)、霍尔果斯外,都设分局,办现放款和汇兑业务。据说公聚成经理王锦堂和永裕德经理杨绍周先后被派主持迪化官钱大局业务。近水楼台,津帮各商号在资金周转方面,由于王、杨的关系,而得到优先的便利。”①

进入民国时期,天津商帮还通过包办进疆货物税,来调剂官府与商人之间的关系。杨增新主政新疆时期,发现进疆货物应收税收与实际税收竟然差价达到680余万,偷税漏税的现象非常严重。为此,杨增新召集新疆商会讨论由商家包办货税,并确定包税额在30万元,最后由津帮11家联合组成进疆货税稽征所,以奇台为重点,进行征税。尽管此项业务,津帮基本上没有太多的盈利,但津商此举也为减轻苛捐打下了基础。②

新疆建省之前,天津商人追随左宗棠出兵新疆的路线经商,这一阶段,是津帮商人以行商为主的阶段。小商小贩随军经商,积累进一步发展所需要的经费。新疆建省前后,天津商帮开始在乌鲁木齐、奇台和伊犁等地修筑房屋,成为坐贾,同时,一些大的商家字号广设分庄。而后续来到新疆的津帮商人,依旧以行商为主,初步形成了大的坐贾与小的行商相互依托,互为表里的局面,通过这种方式,将商品销售网络覆盖了全疆。

广设分号。津帮商人在转为坐贾后,根据商业市场的变化和自身的经济实力,纷纷开设分号,有的字号还开到了上海和天津、北京等地,以便于商品买卖贩运,进一步推动了津商在疆的发展。

---

①潘祖焕:《新疆解放前商业概况》,《新疆文史资料选辑》第1辑,第155至156页。

②王鸿逵、于焕文、谢玉明:《天津商帮“赶大营”始末》,《津西古今采珍》,天津:百花文艺出版社1993年版,第35页。

多年致力于“赶大营”研究的谢玉明老人曾经向作者提供了这样一份天津商帮店铺情况调查表，在表中详细列出了津商开设分支机构的情况，兹陈述如下：

同盛和京货店，总号设于乌鲁木齐，分店开设在伊犁、奇台、吐鲁番、喀什、和田、北京、天津、上海、归化、香港、武汉和广州。这是作者目前所见开设分号遍及全国重要城市的一家字号，其在新疆的分号也遍及全疆。

复泉涌酱园，总号设立于乌鲁木齐，分号在伊犁、绥定；永裕德京货店总号设于乌鲁木齐，分号设立于伊犁、喀什、天津；德恒泰京货店，总号设于乌鲁木齐，分号设于古城子；文义厚货栈，总号设于乌鲁木齐，分号设于天津；春茂和京货店，总号设于乌鲁木齐，分号设于古城子（奇台）、酒泉、呼和浩特、北京、天津；宝聚成京货店，总号设于乌鲁木齐，原号设于焉耆；宝顺城五金店，总号设于乌鲁木齐，分号设于伊犁；瑞记号点心铺，设于乌鲁木齐，曾于玛纳斯经商四十年；天迪商行，总号设于乌鲁木齐，分号设于天津估衣街归贾胡同；文丰泰，总号设于伊犁，分号设立于伊宁、惠远、额敏、塔城、阿山、布尔津、奇台及天津；振丰恒京货店，总号设于伊犁，分号设于古城子（奇台）；利顺成京货店，总店设于额敏，分号设于惠远；明盛和京货店，总号设于惠远，分号设于额敏、塔城；德聚公京货店，总号在乌鲁木齐，分号设于阿克苏。[①]

津帮大的字号在新疆省外开设分号和分庄的目的，主要有以下几个方面考虑：一是便于从京津沪等地更加廉价地购买紧俏商品，组织货源，并向新疆发货；二是可以在这些分庄接收、推销来自

---

①谢玉明撰：《杨柳青镇志》第七编，赶大营，2003年油印本，附录。

新疆的商品；三是与驻地的工商业更加紧密地沟通，掌握各种商品的行情，为新疆的商业企业提供各种信息。其中，津帮商人在天津设立的分庄最为庞大，常年在此的津帮商人有20多家。

津帮商人在新疆各地设立分号的目的，也无外乎以下几个方面：一是，可以通过古城子、乌鲁木齐等地为中心地，除了通过批发的形式，向小商小贩提供商品外，还可以根据自身的实际需求，在重要的原料产地和商品销售地更加便捷地获取原料和推销商品；二是，可以降低总号在一地的风险，如有异常变动，其分号或总号，可以有回旋的余地。

天津商帮在新疆经商过程中，还非常注重同乡之谊，同舟共济，为构建覆盖全疆的商品流通网络打下了坚实的基础。

津帮商人在发展过程中，最大的一个特点是，先到新疆的商号，通过同乡或是同业组织，帮助晚去新疆的津帮商人，这一点，连其他商帮也佩服不已。当乌鲁木齐津帮八大家实力雄厚之际，正值“赶大营”再成热点之时。此时，那些肩背担挑的小商贩，一般都会从这些富商大贾那里进货，然后，再去南疆或是北疆贩卖，以赚取差额利润，维持生计。

贾宝祥的“祥泰和”生意越来越大，于是就在广泉子（今吉木萨尔县大有乡）开了一处买卖，字号名曰“祥泰成”，委托贾宝善经营。又在吐鲁番开了一个铺面，由贾宝祥的父亲照应。广泉子山高路远，为偏村僻壤；吐鲁番与古城天山相隔，常路断人稀。这两个地方有“黑”货和“白”货生意可做。黑货是鸦片，白货是棉花。广泉子远离省城，地广人稀，不怕官府查禁，黑货可以偷运四方。贾宝祥在广泉子除了种植五亩地的鸦片以外，还开了油坊、磨坊、碾坊，进行粮油加工和小商品买卖。吐鲁番则是盛产芝麻、棉花和干鲜果品的地方。贾宝祥的字号在这里实际上时经营一种收购转运的买卖，同时还利用地产芝麻为原料加工小磨香油，销路很好。[①]

当时，玛纳斯县各商号大部分是从迪化“八大家”进货的，也有雇佣骆驼从关内直接进货的。这些店铺经销京广杂货、花椒、姜皮、布匹绸缎，也有兼营药材和鸦片的。商人进货时也特别重视少数民族生活用品。如从关内进米心茶、茯茶、黑砖茶、呢绒绸缎等，从苏联进花样布、白沙糖、皮鞋、皮靴等，从南疆进褡裢、大布、地毯、干果等。他们在与少数民族交易时，既尊重其习俗，又能用民族语谈话，不但疏通了感情，增强了团结，又能使生意越做越活[②]。董云发1930年安排三兄董光甲去迪化一家天津人开设的“复泉涌”点心铺学习做糕点手艺三年，于1933年回到阿克苏后，又增加了做糕点。[③]新疆各大商号，比起关内的百贷商店，规模没有那么大，而比杂货铺，又不尽相同。各帮大商号的业务，无所不包，应有尽有，贵重的如珠宝首饰、呢绒绸缎，细微的如黄表、针线、膏丹丸散，都在经营之列。即营批发，又兼零售，这是新疆商业的特点[④]。同泰兴商号开业后，由于不断从内地来货，店内商品繁多，花色齐全，如绸缎呢绒、针纺织品、日用百货、文具五金、各种罐头、钟表眼镜、戏服和乐器等，应有尽有。每天一开门营业，顾客盈门，络绎不绝，所以生意越来越兴旺，可与当时的老津帮商号同盛和、德兴合并驾齐驱[⑤]。

---

①贾殿元口述，冯万录整理：《“祥泰和”字号的兴衰》，《奇台文史》第5辑，第191至192页。

②董兆凯：《玛纳斯的天津杨柳青人》，《玛纳斯文史资料》第3辑，第145页。

③董光成：《“董家酱园”的兴衰》，《阿克苏市文史资料》第4辑，第123页。

④潘祖焕：《新疆解放前商业概况》，《新疆文史资料选辑》第1辑，第156页。

⑤杨梦九：《盛世才查封同泰兴等三家商号经过》，《乌鲁木齐文史资料》第6辑，第93页。

第四章

天津商帮与近代新疆商会组织的构建

近代中国商会发轫于1902年成立的上海总商会,1904年后,随着清政府颁布相关的法令,在全国主要的商业城镇,商会开始陆续出现。其主要的职能是沟通商情,协调政府与商人之间的利益关系等等。各地商会的发起者和主要领导者一般多为当地具有实力的商人,当然也有官府直接任命的情况发生。早在二十世纪初年,在天津教育家温世霖的建议下,乌鲁木齐总商会在新疆率先成立,而首任会长即为天津商人杨绍周。作为新疆八大商帮之首,天津商帮掌握着新疆主要的商业城镇的商会组织。除乌鲁木齐、奇台和伊犁外,有的地区的津帮商人成为当然的商会会长,如阿克苏、喀什和塔城等地,这些地区商业经济较之上述三个城市要逊色不少,因而,商会成立之时,基本上实力稍强的津帮商人主导着该地的商会组织。要深入分析津帮商人与近代商会组织的构建,显然,以乌鲁木齐、奇台和伊犁三个地区为主,即可对津帮商人利用这一近代的商人组织情况作出较为可观的分析,由于史料的限制,伊犁地区商会组织的情况,很难分析。因而,本章拟以乌鲁木齐和奇台两地的商会为个案,对津帮商人与近代新疆商会组织的构建,以及依托商会开展的各项活动做一述评。同时,对两地津帮在各自地区商会中所占的比重、参加商会津商的行业等情况作一简要对比,希冀对津帮商人与近代新疆商会这一专题提出一管之见,供学界批评。

第一节　乌鲁木齐总商会及其活动

近代新疆的重要商业城镇，也是津帮商人最为活跃的地区为乌鲁木齐、伊犁和古城(奇台)。迪化总商会成立于1911年四月，第一任会长是津帮“八大家”之一的永裕德百货商店经理杨绍周。当时，省城迪化共有工商业户1134家(其中商店764家，手工业作坊370家)，但当时加入商会的只有97家，基本上都是经官府动员参加的商业户，就连会长杨绍周也是由官府指派的。[①]此后，担任乌鲁木齐总商会会长的分别是郑子澄(津帮，永裕德)、刘云卿(津帮裕昌厚)、董树棠(津帮，德聚公)、石寅甫(津帮，福泰城)、苗沛然(不详)、董光錞(津帮，复昌隆)、周耀亭(津帮，同盛和)、周海东(津帮，复泉涌)、崔海昌(津帮，德昌源)。[②]

由于资料的匮乏，作者目前掌握的乌鲁木齐总商会职员表是三份，时间从1921年到1923年，这段时间，是津帮商人开办字号最多的阶段，也是津帮商人在近代新疆商业最为发达的阶段之一。因而，从下列三份表格中，我们可以对津帮商人在乌鲁木齐商会中的地位和作用进一步进行分析和解读。

表4—1　新疆省城总商会职员表[③]

(民国十年四月)

职别	姓名	商号职业	籍贯	年龄	被选年月
会长	杨维新	永裕德京货	直隶天津	59	民国十年四月

①昝玉林：《迪化总商会的成立与活动》，《乌鲁木齐文史资料》第6辑，第67页。

②王鸿逵、于焕文、谢玉明：《天津商帮“赶大营”始末》，《津西古今采珍》第40页。

③《新疆省城总商会职员表(民国十年四月)》，奇台县档案馆馆藏商会档案：全宗号12。

续表

职别	姓名	商号职业	籍贯	年龄	被选年月
副会长	苗淇发	集义甡海味	山西平定	39	民国十年四月
特别会董	刘文龙	殖边银行	湖南岳阳	52	民国十年四月
特别会董	张鹤龄	春和昌水磨	陕西富平	33	民国十年四月
特别会董	张瑞元	继美丰杂货	山西	37	民国十年四月
特别会董	周宝荣	同盛和京货	直隶天津	39	民国十年四月
特别会董	王之钺	蔚丰银行	山西平遥	45	民国十年四月
特别会董	李廷珍	文义厚京货	直隶天津	57	民国十年四月
特别会董	韩幕颜	怡和永京货	直隶天津	34	民国十年四月
特别会董	阎学仁	德兴合绸缎	京兆宝坻	51	民国十年四月
特别会董	孙益连	久大号南货	湖南宁乡	58	民国十年四月
特别会董	杨之树	义顺成绸缎	直隶天津	40	民国十年四月
特别会董	张保和	乾和制革厂	奉天沈阳	54	民国十年四月
会董	戴荣堂	宝聚成京货	直隶天津	58	民国十年四月
会董	柳生春	同盛和京货	新疆迪化	42	民国十年四月
会董	王辅臣	乾和制革厂	甘肃张掖	36	民国十年四月
会董	李学曾	元亨正杂货	山西荣河	34	民国十年四月
会董	张兆源	怡和永京货	直隶天津	30	民国十年四月
会董	王鸿元	恒泰昌京货	直隶天津	30	民国十年四月
会董	邓笃光	裕通和衣庄	湖南湘乡	55	民国十年四月
会董	连瑶	大德长杂货	山西忻县	42	民国十年四月
会董	范文焕	天义福杂货	山西新绛	55	民国十年四月
会董	王杰	大顺玉杂货	山西忻县	41	民国十年四月
会董	闫学贤	德盛堂药材	京兆宝坻	41	民国十年四月
会董	韩全盛	庆记杂货	直隶静海	31	民国十年四月
会董	张维礼	世元昌京货	甘肃武威	41	民国十年四月
会董	萧万选	瑞胜祥京货	直隶天津	44	民国十年四月
会董	吴言忠	德聚昌京货	直隶天津	32	民国十年四月
会董	石文澄	昇聚永京货	直隶天津	32	民国十年四月
会董	周乾泰	锦丰祥京货	直隶天津	55	民国十年四月

续表

职别	姓名	商号职业	籍贯	年龄	被选年月
会董	薛国弼	德义厚京货	直隶天津	40	民国十年四月
会董	王振纲	慎义永洋货	直隶天津	47	民国十年四月
会董	赵作柱	义盛合杂货	山西忻县	35	民国十年四月
会董	郭士俊	永裕德京货	直隶静海	40	民国十年四月
会董	周恒仁	复泉涌海味	直隶天津	52	民国十年四月
会董	丁富文	义顺和绸缎	直隶天津	60	民国十年四月
会董	阎振清	瑞甡祥京货	直隶天津	38	民国十年四月
会董	李辛明	益寿堂药材	湖南湘潭	42	民国十年四月
会董	王德轩	中庆成京货	直隶天津	40	民国十年四月
会董	杨之浚	宜德堂绸缎	直隶天津	37	民国十年四月
会董	李绍棠	福泰城京货	直隶天津	49	民国十年四月
会董	王可耘	文茂源洋货	直隶天津	45	民国十年四月
会董	姚同喜	同盛公杂货	直隶天津	40	民国十年四月
会董	周恒文	春茂和布庄	直隶天津	38	民国十年四月
会董	高金声	信成号洋货	直隶天津	52	民国十年四月
会董	刘贵瀛	裕昌厚洋货	直隶天津	37	民国十年四月
会董	王集贤	永盛生杂货	新疆昌吉	40	民国十年四月
会董	孙新发	同新永杂货	山西汾城	42	民国十年四月
会董	徐庆霖	公合成洋货	直隶天津	35	民国十年四月
会董	萧利庸	义顺成绸缎	直隶天津	52	民国十年四月
会董	潘恩泽	庆春和绸缎	直隶天津	43	民国十年四月
会董	赵养功	德聚昌京货	直隶天津	30	民国十年四月
会董	白耀增	和玉成京货	直隶天津	54	民国十年四月
会董	萧连荫	聚兴永京货	直隶天津	40	民国十年四月
会董	于涌平	玉兴隆京货	直隶天津	40	民国十年四月
会董	牛振声	振丰源杂货	直隶天津	43	民国十年四月
会董	吴凤来	集义和杂货	陕西渭南	34	民国十年四月

表4—2 新疆省城总商会职员表①

（民国十年九月）

职别	姓名	商号职业	籍贯	年龄	被选年月
会长	周宝荣	同盛和京货	直隶天津	39	民国十年九月
副会长	苗淇发	集义牲海味	山西平定	39	民国十年九月
特别会董	张鹤龄	春和昌水磨	陕西富平	33	民国十年九月
特别会董	张瑞元	维美丰杂货	山西	37	民国十年九月
特别会董	邓笃光	裕通和衣庄	湖南湘乡	55	民国十年九月
特别会董	阎学仁	德兴合绸缎	京兆宝坻	51	民国十年九月
特别会董	刘贵瀛	裕昌厚洋货	直隶天津	37	民国十年九月
特别会董	王杰	大顺玉杂货	山西忻县	41	民国十年九月
特别会董	范文焕	天义福杂货	山西新绛	55	民国十年九月
特别会董	杨之浚	宣德堂绸缎	直隶天津	37	民国十年九月
会董	王集贤	永盛生杂货	新疆昌吉	40	民国十年九月
会董	萧万选	瑞胜祥京货	直隶天津	44	民国十年九月
会董	韩全盛	庆记洋货	直隶静海	31	民国十年九月
会董	张维礼	世元昌京货	甘肃武威	41	民国十年九月
会董	王之钺	蔚丰银行	山西平遥	45	民国十年九月
会董	李廷珍	文义厚京货	直隶天津	57	民国十年九月
会董	王鸿元	恒泰昌京货	直隶天津	30	民国十年九月
会董	张兆源	怡和永京货	直隶天津	30	民国十年九月
会董	李学曾	元亨正杂货	山西荣河	34	民国十年九月
会董	王辅臣	乾和制革厂	甘肃张掖	36	民国十年九月
会董	丁富文	义顺和绸缎	直隶天津	60	民国十年九月
会董	周恒仁	复泉涌海味	直隶天津	52	民国十年九月
会董	赵作柱	义盛和杂货	山西忻县	35	民国十年九月
会董	王振纲	慎义永洋货	直隶天津	47	民国十年九月
会董	薛国弼	德义厚京货	直隶天津	40	民国十年九月
会董	周乾泰	锦丰祥	直隶天津	55	民国十年九月

①《新疆省城总商会职员表(民国十年九月)》,奇台县档案馆馆藏奇台商会档案:全宗号12。

续表

职别	姓名	商号职业	籍贯	年龄	被选年月
会董	石文澄	昇聚永京货	直隶天津	32	民国十年九月
会董	吴言忠	德聚昌京货	直隶天津	32	民国十年九月
会董	高金声	信成丰洋货	直隶天津	52	民国十年九月
会董	周恒文	春茂和布庄	直隶天津	38	民国十年九月
会董	姚同喜	同盛公杂货	直隶天津	40	民国十年九月
会董	王可耘	文茂源洋货	直隶天津	45	民国十年九月
会董	李绍棠	福泰城京货	直隶天津	49	民国十年九月
会董	王德轩	中庆成京货	直隶天津	40	民国十年九月
会董	李辛明	益寿堂药材	湖南湘潭	42	民国十年九月
会董	阎振清	瑞甡祥京货	直隶天津	38	民国十年九月
会董	吴凤来	集义和杂货	陕西渭南	34	民国十年九月
会董	牛振声	振丰源杂货	直隶天津	43	民国十年九月
会董	于涌平	玉兴隆京货	直隶天津	40	民国十年九月
会董	赵养功	德聚昌京货	直隶天津	30	民国十年九月
会董	潘恩泽	庆丰和绸缎	直隶天津	43	民国十年九月
会董	萧和庸	义顺成绸缎	直隶天津	35	民国十年九月
会董	徐庆霖	公合成洋货	直隶天津	35	民国十年九月
会董	沈德寿	和盛公杂货	新疆迪化	36	民国十年九月
会董	贾兆恩	振丰恒京货	直隶天津	38	民国十年九月
会董	王义文	双盛裕杂货	山西人	42	民国十年九月
会董	许德文	继美丰杂货	山西	35	民国十年九月
会董	孙有顺	文义厚京货	直隶天津	47	民国十年九月
会董	赵鸿宾	义顺和京货	直隶天津	43	民国十年九月
会董	冯德墉	德泰裕京货	直隶天津	41	民国十年九月
会董	徐天态	庆太祥京货	直隶天津	40	民国十年九月
会董	李向春	永顺和杂货	山西忻县	43	民国十年九月
会董	段子务	全德兴杂货	甘肃高台县	45	民国十年九月
会董	张保和	乾和制革厂	奉天沈阳	54	民国十年九月
会董	姚希贤	德聚和药铺	直隶天津	42	民国十年九月

表4—3 新疆省城总商会第五届会长会董履历表①

（民国十二年五月造）

职别	姓名	商号职业	籍贯	年龄	被选年月
会长	苗淇发	集义牲海货铺	山西平定人	41	民国十二年五月
副会长	刘贵瀛	裕昌厚京货铺	直隶天津人	39	民国十二年五月
特别会董	张鹤龄	和顺祥杂货铺	陕西富平人	35	民国十二年五月
特别会董	徐庆霖	公合成洋货铺	直隶天津人	37	民国十二年五月
特别会董	于桂林	德生堂药材铺	京兆宝坻人	42	民国十二年五月
特别会董	王鸿元	石油公司	直隶天津人	32	民国十二年五月
特别会董	杨宝森	春茂和京货铺	直隶天津人	42	民国十二年五月
特别会董	吴翔斋	集义和杂货铺	陕西渭南人	36	民国十二年五月
特别会董	许宝树	文义永京货铺	直隶天津人	48	民国十二年五月
特别会董	林宝钧	广兴和洋货铺	直隶天津人	47	民国十二年五月
会董	柳生春	同盛和京货铺	新疆迪化人	44	民国十二年五月
会董	刘树德	聚兴隆京货铺	直隶天津人	48	民国十二年五月
会董	张芳龄	惠远永当行	湖北人	30	民国十二年五月
会董	韩豫分	恒泰昌京货铺	直隶天津人	36	民国十二年五月
会董	许德文	继美丰杂货铺	直隶天津人	39	民国十二年五月
会董	翟隽海	振丰恒京货铺	直隶天津人	39	民国十二年五月
会董	张学圣	永盛生杂货铺	山西人	58	民国十二年五月
会董	孙有顺	文义厚京货铺	直隶天津人	52	民国十二年五月
会董	牛培榛	元泰堂药材铺	陕西华阴人	39	民国十二年五月
会董	阎克昌	德兴合绸缎	京兆宝坻人	31	民国十二年五月
会董	王沂	大顺玉杂货铺	山西忻州人	50	民国十二年五月
会董	潘绍坡	庆春和京货铺	直隶天津人	46	民国十二年五月
会董	吴瑞麟	复兴昶杂货铺	甘肃凉州人	53	民国十二年五月
会董	高学廉	福泰城京货铺	直隶天津人	38	民国十二年五月
会董	刘吉康	天义福杂货铺	陕西渭南人	38	民国十二年五月
会董	周恒泉	复泉涌海货铺	直隶天津人	66	民国十二年五月
会董	孙益连	久大号杂货铺	湖南宁乡人	60	民国十二年五月

①《新疆省城总商会第五届会长会董履历表》，奇台县档案馆馆藏奇台商会档案，全宗号12。

续表

职别	姓名	商号职业	籍贯	年龄	被选年月
会董	关立伦	德聚堂药材铺	甘肃高台人	36	民国十二年五月
会董	常庆林	德庆永京货铺	直隶南皮人	38	民国十二年五月
会董	李楹	义源长杂货铺	山西忻州人	41	民国十二年五月
会董	周宝琳	庆记号京货铺	直隶天津人	53	民国十二年五月
会董	程德荣	元亨正杂货铺	山西绛县人	42	民国十二年五月
会董	戴荣堂	宝聚成京货铺	直隶天津人	61	民国十二年五月
会董	沈德寿	和盛公京货铺	新疆迪化人	44	民国十二年五月
会董	邹伯周	德庆福杂货铺	山西人	36	民国十二年五月
会董	高学广	广立成京货铺	直隶天津人	31	民国十二年五月
会董	吴永庆	天玉当	甘肃甘州人	51	民国十二年五月
会董	郝学清	同顺玉杂货铺	陕西富平人	32	民国十二年五月
会董	张保和	乾和制革厂	奉天人	58	民国十二年五月
会董	王荟清	晋川通杂货铺	新疆迪化人	42	民国十二年五月
会董	孙新发	同新永海味铺	山西太平人	42	民国十二年五月
会董	唐多赠	德盛昌杂货铺	甘肃镇番人	50	民国十二年五月
会董	石云	元顺西杂货铺	陕西华阴人	38	民国十二年五月
会董	董继诚	和顺当	陕西大荔人	57	民国十二年五月
会董	崔德昌	德昌源京货铺	直隶天津人	33	民国十二年五月
会董	杨永昌	丰泰兴杂货铺	山西富平人	36	民国十二年五月
会董	李树堂	振丰源京货铺	直隶天津人	54	民国十二年五月
会董	孙万寿	义生德杂货铺	陕西富平人	37	民国十二年五月
会董	杨之浚	宜德堂绸缎	直隶天津人	39	民国十二年五月
会董	李树旺	福泰德杂货铺	陕西渭南人	33	民国十二年五月
会董	周乾亭	经昌美书铺	直隶天津人	51	民国十二年五月
会董	陈景福	天盛铭杂货铺	文水县人	33	民国十二年五月
会董	姚同喜	同盛公京货铺	直隶天津人	42	民国十二年五月
会董	龚世初	杏林春药铺	湖南湘乡人	33	民国十二年五月
会董	路振河	同新当	河南南阳人	52	民国十二年五月
会董	阿不都拉	洪泰客栈	直隶天津人	58	民国十二年五月
会董	帕子八依	大布铺	新疆和阗人	50	民国十二年五月
会董	阿木提阿吉	大布铺	新疆喀什人	55	民国十二年五月

在表4—1中，本届乌鲁木齐总商会共有会长、副会长、特别会董、会董57人，其中来自天津（包括静海、宝坻等地）的商人以及来自津帮商号的经理人共有38人，津帮商人在本届乌鲁木齐商会中，所占比例为66.67%；排在第二位的晋商仅有9人，所占比例为15.79%；其他各地商帮占17.54%。津帮商人在本届商会组织中，是其他各地商帮的两倍多。因而，也可以看出津帮商人在乌鲁木齐工商经济界中的地位。其中，永裕德、同盛和、文义厚、怡和永等京货都有两位当选为会董，津帮商人开设的京货中在本届商会非常多，分别是永裕德京货、同盛和京货、文义厚京货、怡和永京货、恒泰昌京货、瑞胜祥京货、德聚昌京货、昇聚永京货、锦丰祥京货、德义厚京货、瑞甡祥京货、中庆成京货、德聚昌京货、和玉成京货、玉兴隆京货；洋货庄有慎义永洋货、信成号洋货、公合成洋货、文茂源洋货、裕昌厚洋货；其他的则有绸缎庄义顺和绸缎、宜德堂绸缎、义顺和绸缎、庆春和绸缎等四家；杂货庄有同盛公杂货、振丰源杂货等2家；此外，还有复泉涌海味、德盛堂药材两家字号。

表4—2中，本届乌鲁木齐总商会会长、副会长、特别会董和会董由55人组成，其中来自天津的商人有36人，占65.45%，与上届商会相比，津帮商人的绝对数量和相对数值相差无几，来自静海和宝坻的商人数量下降。来自天津杨柳青的商人数量不仅没有下降，反而有所上升。本届商会中天津商帮字号依然以京货庄为主，分别为同盛和京货、瑞胜祥京货、文义厚京货、恒泰昌京货、怡和永京货、德义厚京货、锦丰祥、昇聚永京货、德聚昌京货、福泰城京货、中庆成京货、瑞甡祥京货、玉兴隆京货、德聚昌京货、振丰恒京货、振丰恒京货、文义厚京货、义顺和京货、德泰裕京货、庆太祥京货等京货庄。洋货庄为裕昌厚洋货、慎义永洋货、信成丰洋货、文茂源洋

货、公合成洋货等5家，没有变化。绸缎庄有德兴合绸缎、宜德堂绸缎、义顺和绸缎、庆丰和绸缎、义顺成绸缎等5家，其中德兴合首次进入商会会董行列。药铺和海味庄依然是德聚和药铺、复泉涌海味。杂货庄和布庄增加了春茂和布庄、和盛公杂货两家，同盛公杂货、振丰源杂货依旧入围商会会董行列。

表4—3中，本届乌鲁木齐总商会会长人选发生了变化，为山西人苗淇发（据津商后裔回忆，该商号亦为津帮商人联合创办的字号。），总计本届商会会长、副会长、特别会董和会董共有59人，其中津帮商人和来自津帮字号的共29人，占49.15%。本届商会中，津帮商人所占的绝对数量和相对数量都有所下降，但依旧保持着半数左右。值得注意的是，在本届商会的会董和特别会董中，津帮商人以往占优势地位的京货庄、绸缎庄、海味庄和药行、杂货庄外，还有一些新的行业加入到了乌鲁木齐总商会中，如经昌美书铺、洪泰客栈和石油公司等，其他的如京货庄依旧保持着强大的优势，本届入围商会会董的京货庄有裕昌厚京货铺、春茂和京货铺、文义永京货铺、同盛和京货铺、聚兴隆京货铺、恒泰昌京货铺、振丰恒京货铺、文义厚京货铺、庆春和京货铺、福泰城京货铺、庆记号京货铺、宝聚成京货铺、和盛公京货铺、广立成京货铺、德昌源京货铺、振丰源京货铺、同盛公京货铺等字号。与此同时，进入到商会中的洋货铺和杂货铺的数量在降低，洋货铺和杂货铺中仅公合成洋货铺、广兴和洋货铺、继美丰杂货铺进入商会中，绸缎庄也只有宜德堂绸缎一家进入，而德生堂药材铺和复泉涌海货铺则依旧是商会会董。

从上述三届商会的组成人员来看，津帮商人在京货铺行业保持着强大的生命力，并且依旧占据着主导地位，尽管津帮商人所占的比例有所变化，但基本上维持在半数以上，多的时候达到了三分之二的比例，这也说明，在乌鲁木齐的工商业中，津帮商人处于了优势地位。而不同行业进入商会铺数的多寡，则反映了津帮商人产业结构的变动。特别是新兴行业的商人进入商会组织，更说明了以津帮商人为主导的乌鲁木齐总商会的开放性和包容性。

自乌鲁木齐总商会成立后，在津帮商人的主导下，该总商会在以下方面开展大量卓有成效的工作。这一点，在津帮商人和津帮商人后裔的回忆性文章中，可以看到大量的记载。兹就乌鲁木齐总商会开展的各项活动，简要叙述如下：

挽救利权。当时有十几家外国洋行开设在乌鲁木齐，新疆珍贵的土特产，都由洋行廉价收购，为保护农牧民的经济利益，迪化总商会多次要求新疆政府规定合理的收购价格，但当局置若罔闻。1919年，迪化总商会自行规定土特产的合理价格，"鼓励本国商民收购经营"，先后由安辅臣、赵润田等人分别开设土产公司，以收购土特产品为主要业务，就地加工后，运往天津出口。这样，就限制和打击了外国"洋行"的非法掠夺。①

投资地方开发建设。清末乌鲁木齐开办石油公司，由于提炼技术低劣，在洋油的冲击下，大有夭折的危险。1915年，经迪化总商会由天津聘请炼油技师，迅速提高了炼油质量，"因使该厂得以维持十年之久，基本上满足了地方人民的照明用油。"1923年，由商会会长杨绍周等人倡议修建乌鲁木齐鉴湖公园，并利用杨增新为其修园建祠的机会，从天津购来一套蒸汽纺织机，设立阜民纺织公司，"在乌鲁木齐发出了近代机械纺织的第一声。"

1937年9月，"新光电灯公司"基本上是由乌鲁木齐工商界投资

---

①昝玉林：《迪化总商会的成立与活动》，《乌鲁木齐文史资料》第6辑，第72页。

建设,其正副经理也都是由工商会推荐任命的。1940年,工商会以新疆币三五五千元从苏联购进全套锯木机,在乌鲁木齐林区开设了新疆第一个机械化锯木厂,有力地支援了当时的基本建设和民用木材。1939年,新疆省银行改组为官商合营的新疆商业银行时,官股为九百万元,商股为五百八十万元,其中乌鲁木齐工商界所投入的股金,占全部商股的百分之二十七。1941年发行的新疆建设公债,共发行六百六十五万元,其中乌鲁木齐工商界所认购的约占发行总数的百分之二十五。

推动戏曲传入新疆。1919年开始,迪化总商会就在乌鲁木齐创建戏剧团体,由津帮商号资助,先后组织起"吉利班""天利班",并由商会出面,从京津购来精致剧服,接来一批新演员,推动了乌鲁木齐戏剧艺术的发展。

为保护博格达山上的名胜古庙,由商会会长刘云卿、苗沛然、董树棠及社会知名人士杨飞霞等人发起,于1923年募集经费,进行修缮。这次活动得到了工商界的积极支持,一、二月内疚募集经费数万银元。

除了在地方建设上发挥作用外,迪化总商会还积极举办社会公益事业。1911年,迪化总商会成立之初,就筹办民间消防组织"清平水会"(俗称"水龙局",)商会为促使这一社会公益组织早日实现,历届会长都亲自出面筹集经费、购置器械。商会副会长韩乐长将自己经营的怡和百货商店的全部财产捐献出来,为"清平水会"修建会址,购置设备。1917年开始开展消防活动,水会扑灭了几百起严重水灾。津帮八大家之一的永裕昌从天津买来一套简易消防机,接着,各大商店都置备了"太平水桶"。1910年王高升纵火案后,新疆布政使拨付巨款,对受灾商民表示"抚恤",1911年4月,迪化总商会成立后，由怡和永商号经理韩乐常积极倡议，联络当时的津帮八大家及各族各界热心地方公益的人士，筹款集资，创办民间的效仿组织。在迪化总商会成立的同时，迪化“清平水会”宣告成立，因为“清平水会”是专业消防组织，所以人们称作“水龙局”。组织成立后，专门从天津购到效仿器械，即大型水龙十八台，花了四个多月的时间，用骆驼从草地长途一步步地驼运到来。建构严密的组织，并召集二百多人义务成为灭火队员。这个群众性组织能够在当时发挥这么大作用，第一，它虽然是以津帮商人为主体组建成立的，但它不同于其它省的会馆，没有地域观念，不保守，不排外，因此它获得各族各界人士的支持和爱戴。第二，清平水会的主事人都是公众推选热心地方公益事业的人士，如商会会长杨绍周、刘云卿等人。由他们所联系的广大的会员，都把维护人民的生命财产视为自己应尽的神圣职责和光荣义务。第三，清平水会虽然是一个民办的公益团体，但因管理健全，经济公开，在群众中具有较高的威信。①

1932年至1933年，马仲英与金树仁争夺新疆政权，战火纷飞，各地百姓流离失所。迪化总商会联合当时的各有关团体，组织慈善会，赈济各地难民，仅省城迪化就开设了四处施粥厂，每天有一千多人就食。②

杨绍周，别号杨维新，是永裕德商店的创办人。1911年4月，迪化总商会成立时，曾任第一任会长，杨增新统治新疆时期，杨绍周继续为商会会长，杨绍周热心公益，与苗沛然等人筹建鉴湖公园，联合商界人士筹设阜民纺织公司，与刘云卿等人发动工商界筹集

①韩毓麟：《火神庙与清平水会》，《乌鲁木齐文史资料》第4辑，第17至19页。

②昝玉林：《迪化总商会的成立与活动》，《乌鲁木齐文史资料》第6辑，第73至77页。

资金，帮助杨飞霞整修博格达山古庙名胜。曹余三，抗日战争时期任商会会长，对宣传抗日，支援抗战前线等活动表现积极。[①]

迪化总商会投资地方经济建设，以新币四万元从苏联购进全套锯木机，在阜康县林区筹建机械化锯木厂，除了迪化南山的机械化锯木厂外，它在新疆也算是个大厂了。[②]

与此同时，乌鲁木齐总商会还充分利用新疆省首府的特殊地位，与新疆各地的商会建立了紧密的联系，这对于推动新疆经济社会的发展，起到了积极的作用。

第二节　奇台商会及其主要活动

从清光绪初年兴盛起来的奇台商业，由于历年战乱和俄商侵入，以及商人们的散漫无组织、又无商学知识，“同利则相倾，同害不相授”等原因，清末时便出现衰落趋势。这种情形在新疆的其他商市，如绥定、哈密等地同样存在。新疆先于1907年批准乌鲁木齐成立商务总局，接着又发资本100万金分布各县。古城商会就是这种形势下的产物。自1912年古城商会成立，到1949年9月自行解体。

1912年，根据《商会法》成立新疆奇台商务分会，由商人文庆等18人发起，知县郑有叙等5人赞成成立。[③]此后，商会名称先后几次变更，前后分别叫古城商务分会、古城商务总会、新疆古城商会、新

①李富：《津帮八大家的变迁》，《乌鲁木齐文史资料》第6辑，第112页。
②何肇兴：《忆阜康火锯厂》，《阜康文史》第1辑，第34页。
③周海山：《古城商业史话》，《奇台文史》第1辑，第101页。

疆奇台县商会、奇台县工商联合会、奇台县商会等不同的名称。①

1912年,《新疆古城商会试办便宜章程》第2款第2条规定,古城商会人员组成的宗旨是:“部定简章:分会举总理一员,不举协理。古城情形与他处不同,向有八帮商总之名目,本帮内容非本帮不能尽知。若仅举总理1人,深恐呼应不灵,转多窒碍。”②“至公举会董一事尤为紧要。古城商场向少专一之行业,因无专业之行董。查有八帮会首颇具董事之资格,其人既为各帮推重之人,以之举为会董全体自必公认。如人数不足,再于会众内公议推选。所有会董职名,由总、协理报总会达部备查。”③

1918年,制定《新疆古城商会章程》时,对商会人员组成又作了新的具体规定,《章程》第一章第五条称:“本商会依法举会长1人,副会长1人,会董30人,特别会董2人(特别会董日后或有增添之时,至多不得过6人)。”该《章程》第二章第六条称:“本商会选举依本法第十八条至二十二条规定,并依法选举,以得票多者为当选,票数同者抽签定之”。《章程》第二章第八条称:“倘受当选通知后,逾期尚未就任,得以票次多者递补。”④

奇台县档案馆馆藏的商会档案中,保存着从1912年到1931年,奇台商会职员名表,这些职员名表对于我们分析津帮商人在奇台的活动情况,大有裨益。本节,作者以下列表格为主,对天津商人在奇台商会的地位做一评价和分析。

①周海山:《古城商业史话》,《奇台文史》第1辑,第102页。

②周海山:《古城商业史话》,《奇台文史》第1辑,第102页。

③周海山:《古城商业史话》,《奇台文史》第1辑,第102至103页。

④周海山:《古城商业史话》,《奇台文史》第1辑,第103页。

4—4 新疆古城商务分会职员表[①]

（设奇台县城内东街 民国二年三月成立）

职别	姓名及别号	商号及职业	籍贯	年龄	被选年月
总理	乔长福（如山）	德泰成公记发货栈东 前清翰林院待诏	直隶天津县人	62	民国二年三月
协理	向光荣（位三）	义盛合京广杂货浦东 前清同知	湖南平江县人	42	民国二年三月
文牍	魏禧（元直）	前清附贡生	安徽武进县人	55	民国二年三月
书记	协理兼任				民国二年三月
会计	会董轮值				民国二年三月
庶务	会董轮值				民国二年三月
评事	梁汝明（敬斋）	复顺玉京广杂货铺	陕西蒲城县人	62	民国二年三月
评事	刘连科（捷三）	德泰昌面坊	直隶天津县人	63	民国二年三月
评事	张瑞林（阑坡）	品隆当铺	直隶天津县人	50	民国二年三月
评事	潘克己（仁甫）	大亨当铺	河南孟津县人	50	民国二年三月
评事	李国钧（惠青）	乾益升官茶号	湖南长沙人	43	民国二年三月
评事	刘广义（心斋）	广顺圣药铺	甘肃镇番县人	57	民国二年三月
评事	邹人杰（鸿恩）	湖北会馆首士	湖北黄坡县人	70	民国二年三月
评事	薛佐舟（涌泉）	复兴成粉坊	陕西乾县人	55	民国二年三月
会董	安文庆（锦亭）	文丰泰京广杂货铺东 前清同知	直隶天津县人	50	民国二年三月
会董	鲁明春（汉臣）	德聚成木厂	陕西商南县人	57	民国二年三月
会董	张成业（建侯）	义盛合京广杂货铺执事	山西忻州县人	50	民国二年三月
会董	刘永泉（浚川）	德兴隆烧坊	直隶武清人	53	民国二年三月
会董	曹俊杰（文卿）	玉合泉烧坊	陕西郃阳县人	42	民国二年三月
会董	宋锡纯（原辅）	义成厚杂货铺	直隶天津县人	58	民国二年三月
会董	张玉田（蓝萱）	成利顺杂货铺东 二等奖章	直隶天津县人	36	民国二年三月
会董	王振衔（品一）	成利顺杂货铺执事 二等奖章	直隶天津县人	55	民国二年三月
会董	刘元溥（锦波）	瑞甡祥杂货铺	直隶天津县人	40	民国二年三月

①《新疆古城商务分会职员表》，奇台县档案馆馆藏：奇台商务总会档案，全宗号：12。

续表

职别	姓名及别号	商号及职业	籍贯	年龄	被选年月
会董	罗昌旺(俊臣)	新通台车公司	山西祁县人	51	民国二年三月
会董	赵九如(鸿宾)	福兴泰杂货铺	河南洛阳县人	46	民国二年三月
会董	张富栐(润生)	德泰成公记杂货铺执事	直隶天津县人	38	民国二年三月
会董	陈玉兴(子祥)	有益昌杂货铺	四川重庆县人	45	民国二年三月
会董	宁瑞亭(清莱)	宁源兴屠坊	湖北黄麻县人	37	民国二年三月
会董	穆春第(种田)	文义厚杂货庄	直隶天津县人	42	民国二年三月
会董	王承铭(奉勋)	春义和京广杂货铺前清同知	直隶高阳县人	37	民国二年三月
会董	王万全(君策)	福聚栈兼磨坊	山西大同县人	38	民国二年三月
会董	柳桂芝(阑亭)	日星功京广杂货铺	山西祁县人	39	民国二年三月

表4—5　新疆古城商会职员名表[①]

(中华民国八年八月十七日)

职别	姓名	商号职业	籍贯	年龄	被选年月
会长	乔长福	德泰成股东	直隶天津	66	民国七年六月
副会长	向光荣	义盛合股东	湖南平江	48	民国七年六月
副会长	安文庆	文丰泰股东	直隶天津	55	民国八年八月
特别会董	焦如山	义盛合股东	山西忻县	47	民国八年八月
特别会董	罗昌旺	台车公司	山西祁县	56	民国七年六月
特别会董	贾宝祥	祥泰和杂货	直隶天津	54	民国七年六月
会董	安文庆	文丰泰京货	直隶天津	55	民国七年六月
会董	刘连科	德泰昌面粉	直隶天津	68	民国七年六月
会董	梁集鸿	复顺玉杂货	山西蒲城	37	民国七年六月
会董	宋锡纯	义成厚京货	直隶天津	63	民国七年六月
会董	鲁明春	德聚成木厂	陕西商南	62	民国七年六月

①《民国八年新疆古城商会职员名表》,奇台县档案馆馆藏:奇台商务总会档案,全宗号:12。

续表

职别	姓名	商号职业	籍贯	年龄	被选年月
会董	王承铭	春义和京货	直隶高阳	42	民国七年六月
会董	刘滨	义盛合杂货	山西汾阳	38	民国七年六月
会董	张富枟	德泰成京货	直隶天津	43	民国七年六月
会董	李德和	同盛和京货	直隶天津	56	民国七年六月
会董	宁瑞亭	宝源兴肉铺	湖北黄陂	42	民国七年六月
会董	周国定	聚成永油坊	新疆奇台	48	民国七年六月
会董	刘广义	广顺堂药材	甘肃镇番	59	民国七年六月
会董	张瑞林	品隆当业	直隶天津	55	民国七年六月
会董	孟清泰	得胜源药材	山西代县	57	民国七年六月
会董	王恩科	德泰裕京货	直隶天津	43	民国七年六月
会董	谢魁元	天元药材	山西左云	39	民国七年六月
会董	曹俊杰	玉合泉烧坊	陕西郃阳	47	民国七年六月
会董	张永兴	福胜兴杂货	山西代县	35	民国七年六月
会董	焦如山	义盛和杂货	山西忻县	47	民国七年六月
会董	曹海	西成海杂货	陕西凤翔	46	民国七年六月
会董	潘作云	天兴德炮铺	河南洛阳	48	民国七年六月
会董	许永崇	复源泰杂货	四川遂宁	38	民国七年六月
会董	徐德寿	复泰当业	河南洛阳	51	民国七年六月
会董	陈枝荣	万泉涌杂货	山西孝义	59	民国七年六月
会董	王义财	天成涌烧坊	新疆奇台	55	民国七年六月
会董	董光熙	文丰泰京货	直隶天津	51	民国八年二月
会董	崔大巍	天元成杂货	山西文水	41	民国八年二月
会董	曹永盛	文义厚京货	直隶天津	58	民国八年二月
会董	王铢西	得胜源药材	山西代县	39	民国八年二月
会董	李湖	德兴隆烧坊	京兆武清	59	民国八年二月
会董	张立寿	义盛和杂货	山西忻县	48	民国八年八月
会董	张铭功	义成祥杂货	山西忻县	51	民国八年八月
会董	郜招	永顺和杂货	山西忻县	48	民国八年八月
会董	李树瀛	大顺玉杂货	山西忻县	48	民国八年八月

表4—6 新疆古城商会第四届职员一览表①

（民国十四年六月份）

职别	姓名	次章	年岁	籍贯	某号	职业	得票数目
正会长	王铢	星五	四十五	山西代县	得胜源	药庄	四十八票
副会长	刘文运	筱三	三十七	直隶天津	义昌裕	京货庄	四十六票
特别会董	范家琪	瑶卿	四十二	山西祁县	日星功	京货庄	十票
特别会董	祝山山	西山	四十七	直隶通州	永盛合	参茸庄	连任
会董	文承宣	丕卿	四十一	西安三水	春义和	京货庄	连任
会董	张瑞林	阑坡	六十一	直隶天津	大亨当	当行	连任
会董	田壤	击三	三十二	山西代县	德义和	牛皮庄	五票
会董	王维新	子周	三十七	直隶天津	同盛和	货庄	连任
会董	梁清玉	冰如	三十	西安蒲城	复顺玉	货庄	连任
会董	张永兴	子恒	四十四	山西代县	福盛兴	生庄	连任
会董	李天德	惠卿	四十八	山西代县	德泰和	牛皮庄	连任
会董	曹俊杰	文卿	五十	西安	玉合泉	酒店	连任
会董	焦如山	峻峰	五十四	山西忻县	义盛和	货庄	连任
会董	安庆长	有田	五十一	直隶天津	义善长	货庄	连任
会董	张富栐	润生	五十三	直隶天津	德泰成	行栈	连任
会董	齐中镜	鉴三	三十一	直隶天津	瑞甡祥	京货庄	五票
会董	郜斋执	止敬	三十一	直隶天津	瑞甡祥	京货庄	五票
会董	武祥寿	子瑞	三十九	山西祁县	天元新	货庄	四票
会董	张燕长	乐亭	四十六	杀虎口	天荣栈	行栈	四票
会董	孙广仁	静山	五十一	山西汾阳	恒泰源	面庄	连任
会董	李富恒	月三	四十	山西定襄	永盛生	货庄	连任
会董	曹永盛	仲三	五十二	直隶天津	文义厚	货庄	连任
会董	李逢源	仙槎	四十五	山西忻县	义成祥	货庄	五票
会董	马鸿清	振声	五十九	山西忻县	永顺和	杂货庄	五票
会董	刘顺朝	佐亭	三十六	直隶武清	德兴隆	油酒店	五票

①《新疆古城商会第四届职员一览表》，奇台县档案馆馆藏：奇台商会档案，全宗号12。

续表

职别	姓名	次章	年岁	籍贯	某号	职业	得票数目
会董	马兆麟	瑞庭	四十一	新疆奇台	复兴隆	杂货庄	连任
会董	卢登元	仲三	四十五	直隶河间	祥泰和	杂货庄	连任
会董	蔚相文	子铭	五十二	山西汾阳	义兴隆	面庄	五票
会董	渠傅恭	子敬	三十二	山西祁县	东盛昌	茶货庄	四票
会董	周文茂	耀章	三十五	山西忻县	天元盛	杂货庄	四票
会董	刘广义	心斋	六十	甘肃镇番	广顺和	杂货庄	四票
会董	郭成龙	云五	四十四	山西代县	张醋铺	面庄	六票
会董	刘德全	子仁	三十六	杀虎口	益昌兴	皮毛庄	六票
会董	董钦	图玺	三十四	山西忻县	义成永	杂货庄	五票
会董	郭兆仁	子瑞	三十九	山西孝义	兴泰隆	面庄	六票
会董	刘宾	佐卿	四十一	山西汾阳	德兴通	杂货庄	五票
会董	申梦蛟	凌霄	四十一	山西祁县	鼎盛兴	洋货庄	六票
会董	魏其浚	心源	三十九	山西汾阳	双舜全	杂货庄	五票
会董	常食俊	子裕	四十	山西徐沟	裕盛和	杂货庄	四票
会董	张金锡	永祚	四十一	河南	德义楼	首饰庄	四票
会董	冯天锡	纯斋	四十二	河南	同兴永	银行	四票
会董	陈德亮	子明	五十七	归绥	会丰轩	饭庄	五票
会董	孟大义	清山	四十二	山西大同	大义诚	细皮行	四票
会董	杨登纪	培元	三十五	新疆奇台	同聚成	杂货庄	四票
会董	武学龚	印文	三十九	山西清源	太和昌	药庄	六票
会董	李致祥	增荣	四十六	山西忻县	魁顺台	杂货庄	五票
会董	高沛	御之	三十八	山西忻县	魁顺祥	杂货庄	五票
会董	孙雪峰	秀岩	三十二	直隶天津	文泰昌	京货庄	四票
会董	穆春荣	景华	四十	直隶天津	春和祥	货庄	五票
会董	武正三	建邦	三十八	山西祁县	永盛和	货庄	五票
会董	哈德恒	润山	四十五	山西代县	福兴隆	杂货庄	四票

表4—7 新疆古城商会第五届选举职员一览表①

（民国十六年九月份）

职别	姓名	次章	年岁	籍贯	某号经理	职业	得票数目
正会长	刘文运	筱三	四十	直隶天津	义昌裕	京货庄	四十三票
副会长	刘铮	凤翔	四十一	山西代县	德义和	生皮庄	三十五票
特别会董	周顺	景隆	三十二	绥远	日星功	京货庄	公推
特别会董	王明轩	星斋	三十二	直隶束鹿	永盛合	参茸庄	公推
会董	梁集鸿	宝卿	四十四	陕西	复顺玉	杂货庄	五票
会董	王维新	子周	三十九	直隶天津	同盛和	京货庄	四票
会董	张永兴	子恒	四十六	山西代县	福胜兴	生皮庄	连任
会董	李天德	惠卿	四十二	山西代县	恩义德	货庄	连任
会董	安庆长	有田	五十三	直隶天津	义善长	货庄	连任
会董	郭效仪	子凤	四十	山西太谷	天元成	货庄	五票
会董	张富柼	润生	五十五	直隶天津	德泰成	行栈	连任
会董	傅登咸	逸公	四十三	山西忻县	天申恒	货庄	四票
会董	王鸾	子翔	五十四	山西太谷	天元新	货庄	四票
会董	张燕长	乐亭	四十八	杀虎口	天荣栈	行栈	连任
会董	康汝槐	子清	四十七	山西汾阳	恒泰源	面庄	三票
会董	李富恒	月三	四十二	山西定襄	永盛生	货庄	连任
会董	曹广才	艺如	三十四	直隶天津	文义厚	货庄	四票
会董	于达观	止庵	四十六	山西忻县	义成祥	货庄	四票
会董	马鸣清	振声	六十一	山西忻县	永顺和	杂货庄	连任
会董	马兆麒	瑞庭	四十三	新疆奇台	复兴隆	杂货庄	连任
会董	贾宝祥	瑞轩	六十二	直隶天津	祥泰和	南果铺	四票
会董	殷立德	永林	五十二	山西汾阳	义兴隆	面庄	三票
会董	王茂林	竹轩	四十七	山西哼县	东盛昌	茶货庄	五票
会董	周文茂	耀章	三十七	山西忻县	天元盛	杂货庄	连任
会董	刘纯	子明	五十二	山西代县	张醋铺	面庄	四票
会董	王培乾	启元	二十八	山西忻县	益昌兴	皮毛庄	三票

①《新疆古城商会第五届职员一览表》，奇台县档案馆馆藏：奇台商会档案，全宗号12。

续表

职别	姓名	次章	年岁	籍贯	某号经理	职业	得票数目
会董	董钦	国玺	三十六	山西忻县	义成永	杂货庄	连任
会董	杨树旺	枝荣	四十二	山西祁县	德盛永	货庄	四票
会董	屈通声	振铎	四十五	山西汾阳	双舜全	杂货庄	五票
会董	武学龚	印文	四十一	山西清源	太和昌	药庄	连任
会董	张维光	子山	四十五	山西忻县	魁顺和	杂货庄	三票
会董	穆春荣	景峰	四十二	直隶天津	春和祥	货庄	连任
会董	武建邦	正三	四十	山西祁县	永盛和	货庄	连任
会董	于佑	定山	四十九	山西代县	福兴隆	杂货庄	四票

表4—8 新疆古城商会第六届选举职员一览表①

（民国十八年三月份）

职别	姓名	次章	年岁	籍贯	某号经理	职业	得票数目
正会长	周顺	景隆	三十四	归绥	日星功	京货庄	四十二票
副会长	王维新	子周	四十二	河北天津	同盛和	京货庄	四十票
特别会董	李连源	仙槎	四十九	山西忻县	义成祥	货庄	公推
特别会董	戴文禄	星斋	三十八	河北天津	裕泰昌	京货庄	公推
会董	梁集鸿	宝卿	四十七	陕西	复顺玉	杂货庄	四票
会董	王恩科	紫封	五十三	河北天津	义昌裕	京货庄	五票
会董	渠传恭	子敬	三十六	山西祁县	东盛昌	茶货庄	四票
会董	张永兴	子恒	四十八	山西代县	福胜兴	生皮庄	五票
会董	安庆长	有田	五十五	河北天津	义善长	京货庄	四票
会董	郭效仪	子凤	四十二	山西太谷	天元成	京货庄	五票
会董	张富桧	润生	五十七	河北天津	德泰成	行栈	五票
会董	李天德	惠卿	四十四	山西代县	恩义德	货庄	四票
会董	傅登咸	逸公	四十五	山西忻县	天申恒	货庄	五票
会董	王鸾	子翔	五十六	山西太谷	天元新	货庄	四票
会董	阑立志	于道	四十八	山西足襄	永盛生	货庄	四票

①《新疆古城商会第六届职员一览表》,奇台县档案馆馆藏:奇台商会档案,全宗号:12。

续表

职别	姓名	次章	年岁	籍贯	某号经理	职业	得票数目
会董	孙广仁	静山	五十六	山西汾阳	恒泰源	面庄	五票
会董	马兆麟	瑞庭	四十五	新疆奇台	复兴隆	货庄	五票
会董	曹广才	艺如	三十六	河北天津	文义厚	京货庄	三票
会董	卢登元	仲三	五十	河北天津	祥泰和	南果铺	三票
会董	郜招	伯祥	五十七	山西忻县	永顺和	货庄	四票
会董	殷立德	永林	五十四	山西汾阳	义兴隆	面庄	三票
会董	董钦	国玺	三十八	山西忻县	义成永	茶货庄	五票
会董	阐俊	章民	四十一	山西哼县	天元盛	货庄	三票
会董	王莲春	清蒲	二十七	河北武清	永盛和	参茸庄	四票
会董	苑梅生	西超	二十八	河北饶阳	元生和	京货庄	四票
会董	韩凤鸣	筱园	三十八	河北天津	德元厚	京货庄	五票
会董	李忠信	孝臣	四十三	河北天津	信泰厚	京货庄	四票
会董	王培乾	启元	三十	山西忻县	益昌兴	皮毛庄	三票
会董	杜建贵	子壁	三十三	山西阳曲	德盛永	茶货庄	四票
会董	穆春荣	景华	四十三	河北天津	春和祥	京货庄	五票
会董	于佑	定山	五十一	山西代县	福兴隆	杂货庄	五票
会董	张维光	子山	四十七	山西忻县	魁顺和	茶货庄	三票
会董	张云峰	光严	三十五	河北天津	雷昌祥	京货庄	五票
会董	刘纯	子明	五十六	山西代县	张醋铺	面庄	四票

表4—9 新疆省奇台县商会新选职员一览表[①]

（民国二十年五月份）

职别	姓名	次章	年岁	籍贯	某号经理	职业	住址	选别
常务委员	周顺	景隆	三十六	绥远归化县	日星功	京货庄	中大街	公推
常务委员	王维新	子周	四十四	河北天津	同盛和	京货庄	中大街	公推
常务委员	李逢源	仙槎	五十一	山西忻县	义成祥	货业	东大街	公推
执行委员	渠传恭	子敬	三十八	山西祁县	东盛昌	茶货业	北斗宫	公推

①《新疆省奇台县商会新选职员一览表》，奇台县档案馆馆藏：奇台商会档案，全宗号12。

续表

职别	姓名	次章	年岁	籍贯	某号经理	职业	住址	选别
执行委员	高士元	超群	三十五	山西文水县	天元成	京货庄	东大街	公推
执行委员	阐俊	章民	四十三	山西啍县	天元盛	茶货业	中大街	公推
执行委员	李忠全	尽臣	五十二	河北天津	义善长	京货业	中大街	公推
执行委员	部止敬	执斋	三十七	山西忻县	天申恒	茶货业	东大街	公推
监察委员	李向春	欣堂	五十三	山西忻县	永顺和	茶货业	东大街	公推
监察委员	卢登元	仲三	五十二	河北天津	祥泰和	南果业	西大街	公推
监察委员	马兆麒	瑞庭	四十七	新疆奇台县	复兴隆	杂货业	西关	公推
会员	杨利仁	子贞	四十四	山西忻县	大顺玉	杂货业	东大街	公推
会员	白洁清	静泉	二十七	北平	德兴合	京货业	中大街	公推
会员	武祥寿	子瑞	四十五	山西祁县	天元新	茶货业	中大街	公推
会员	穆春荣	景华	四十五	河北天津	春和祥	京货业	中大街	公推
会员	张富枟	润生	五十九	河北天津	德泰成	行栈业	中大街	公推
会员	刘耀文	郁亭	三十七	山西代县	福胜兴	生皮业	东大街	公推
会员	李增荣	仁臣	五十二	山西忻县	魁顺和	杂货业	东大街	公推
会员	李忠信	孝臣	四十五	河北天津	信泰厚	京货业	中大街	公推
会员	李恩科	惠臣	三十五	河北天津	裕泰昌	京货业	中大街	公推
会员	刘文运	筱三	四十五	河北天津	义昌裕	京货业	中大街	公推
会员	杜建贵	子璧	三十五	山西阳曲	德盛永	茶货业	中大街	公推
会员	李肇基	鼎臣	三十四	山西代县	德义和	生皮业	中大街	公推
会员	阐立志	于道	五十	山西定襄	永盛生	杂货业	中大街	公推
会员	成庞	翁亭	四十三	山西忻县	通顺长	茶货业	北斗宫	公推
会员	王连春	青浦	二十九	北平	永盛合	参茸业	北斗宫	公推
会员	薛桂清	兆祥	三十九	北平	元生永	京货业	北斗宫	公推
会员	穆春圃	泽田	四十九	河北天津	春盛祥	京货业	中大街	公推
会员	姚芳	秀林	四十三	山西忻县	德和庆	杂货业	东大街	公推
会员	巨川	济堂	四十八	山西忻县	乾生祥	杂货业	东大街	公推
会员	李彬	文宾	五十二	山西忻县	魁顺祥	杂货业	东大街	公推
会员	孙广仁	静山	五十二	山西忻县	恒泰源	面行业	东大街	公推
会员	焦亮功	建侯	三十六	山西忻县	裕祥厚	茶货业	东大街	公推

续表

职别	姓名	次章	年岁	籍贯	某号经理	职业	住址	选别
会员	杜安堂	名亭	四十八	山西忻县	得胜源	药行业	中大街	公推
会员	郭成龙	云立	五十	山西代县	张醋铺	面行业	中大街	公推
会员	武学龚	印文	四十四	山西忻县	太和昌	药行业	中大街	公推
会员	陈德明	子亮	四十九	绥远归绥县	会丰轩	饭行业	中大街	公推
会员	魏凤鸣	岐山	三十二	新疆奇台县	云昌祥	京货业	西大街	公推
会员	高敬孝	青山	五十三	山西孝义县	义兴隆	京货业	西大街	公推
会员	李孝廉	子方	三十八	山西忻县	义成永	茶货业	北斗宫	公推
会员	田义	子宜	四十五	山西阳曲	永盛和	茶货业	北斗宫	公推
会员	曹瑞	玉亭	四十七	绥远	德厚堂	皮毛业	北斗宫	公推
会员	牛尔		五十五	新疆奇台县	西益公	洋货业	黄渠堰	公推
会员	若墨卖提		四十五	新疆奇台县	德兴永	洋货业	黄渠堰	公推
会员	以民尖		四十九	新疆奇台县	不详	洋货业	黄渠堰	公推
会员	司马义		五十二	新疆省奇台县	益兴宜	洋货业	黄渠堰	公推

下面，按照商会组成人员变化的顺序，根据“表4—4”到“表4—9”所提供的内容，就津帮商人在奇台商会的情况，做一简要分析：

表4—4表明，奇台商会第一届商会会长、副会长、评事和会董共计28人，商会会长为乔长福出自津帮，总计来自津帮字号的商会职员为11人，占39.29%，分别来自于德泰成公记发货栈、德泰昌面坊、品隆当铺、文丰泰京广杂货铺、义成厚杂货铺、成利顺杂货铺、瑞甡祥杂货铺、德泰成公记杂货铺、文义厚杂货庄和春义和京广杂货庄。

表4—5为奇台商会第二届商会职员表，会长、副会长、评事和会董共计38人，会长乔长福，副会长安文庆出自津帮，总计来自津帮字号的商会职员为13人，占34.22%，分别来自德泰成公记发货栈、文丰泰京广杂货铺、祥泰和杂货铺、德泰昌面粉坊、义成厚京货庄、春义和京货庄、德泰成京货庄、同盛和京货庄、品隆当业、德泰

裕京货庄、文义厚京货庄和德兴隆烧坊。与第一届商会职员相比，津帮商人除占据会长位置外，增选了一位副会长，尽管津帮商人在商会中的绝对数量增加，但由于商会组成人数增加了10人，因而，津帮商人在本届商会中所占的相对数值有所下降，但仍保持在三分之一以上。

表4—6为奇台第四届商会职员表，会长、副会长、评事和会董共计53人，会长为山西人，副会长刘文运为天津商人，来自津帮的商人依旧为13人，占24.53%。本届商会中，天津商帮的人数没有增减，但商会总人数增幅较大，因而，津帮商人所占的比重大大降低，分别来自义昌裕京货庄、大亨当、同盛和货庄、义善长货庄、德泰成行栈、瑞甡祥京货庄、文义厚货庄、德兴隆油酒店、祥泰和杂货庄、文泰昌京货庄和春和祥货庄。

表4—7为奇台第五届商会职员表，会长、副会长、评事和会董共计34人，会长刘文运为津帮商人，来自津帮字号的商人数为7人，占20.59%，本届商会来自津帮商人的数量降低。分别来自义昌裕京货庄、同盛和京货庄、义善长货庄、德泰成行栈、文义厚货庄、祥泰和南果铺和春和祥货庄。

表4—8为奇台第六届商会职员表，会长、副会长、评事和会董总计34人，会长周顺来自绥远，副会长王维新出自津商，津帮商号的商会成员人数为12人，占35.29%，本届津帮商人人数增多，相对比重有所提升，分别来自：同盛和京货庄、裕泰昌京货庄、义昌裕京货庄、义善长京货庄、德泰成行栈、文义厚京货庄、祥泰和南果铺、永盛和参茸庄、德元厚京货庄、信泰厚京货庄、春和祥京货庄和雷昌祥京货庄。

表4—9为奇台第七届商会职员表，常务委员、执行委员、监

察委员和会员总计47人，常务委员分别为周顺来自绥远、王维新出自津商、李逢源出自晋商，津帮商号的商会成员人数为9人，占19.15%，本届津帮人数下降，比重也有大幅下降，分别来自：同盛和京货庄、义善长京货庄、祥泰和南果铺、春和祥京货庄、德泰成行栈、信泰厚京货庄、裕泰昌京货庄、义昌裕京货庄、春盛祥京货庄。

在奇台总商会的职员表中，我们可以看出，津帮商人在这一地区所从事的行业和相关行业的竞争力与与乌鲁木齐相比有很大的不同。首先，乌鲁木齐的京货庄实力非常雄厚，虽然奇台的京货庄也在商会中出现，但整体上不如在乌鲁木齐的津商实力强。其次，从商会职员表中，我们还可以看出，奇台津帮商人进入商会组织的行业较为丰富，既有京货庄、杂货铺，也有当行、行栈、南果铺和参茸庄等行业。乌鲁木齐与之不同的是，大的津帮绸缎庄进入商会的很多，而奇台则没有这样的津帮商家进入商会组织。第三，乌鲁木齐商会中，津帮占有绝对的优势，无论是绝对数量还是相对比重都是这样。而奇台则不同，商会早期的领导人为津商，到了中期则开始为山西人和归绥商人所占据，在商会组织中，津帮商人比山西商人的数量要少，甚至在几届商会中，晋商占有绝对的优势。

由于档案文献仅仅显示出五届商会职员情况，津帮商人周海生先生曾就古城商会历届职员做过一个情况表，如下：

表4—10 古城商会各届职员情况表①

届次	选举年限	会长姓名	总理人数	协理人数	评事人数	会董人数
首届	1913年	乔长福	1人	1人	8人	18人
二届	1919年	乔长福	1人	1人	2人	34人
三届						
四届	1925年	王铢	1人	1人	2人	49人
五届	1927年	刘文运	1人	1人	2人	30人
六届	1929年	周顺	1人	1人	2人	30人
七届	1931年	周顺	3人	5人	3人	36人
八届	1933年	苏云昌	3人	5人	3人	19人
九届	1935年	武学龚	3人	6人	4人	38人
十届	1936年	周顺	3人	5人	3人	28人
十一届	1940年	周顺	5人	15人	7人	——
十二届	1941年	李萍	5人	15人	7人	——
十三届	1942年	李萍	5人	14人	7人	——
十四届	1943年	郭效仪	5人	15人	7人	——
十五届	1944年	张鸿仪	5人	15人	7人	——
十六届	1945年	郭效仪	3人	7人	5人	36人
十七届	1946年	冯子律	1人	2人	1人	50人

在古城商会组成人员中，虽然号称八大帮，但其中以天津商帮和晋商实力最为雄厚，经营有方，因而，从参与议事人员的分布上，就可以清晰地看出这一点：

年别	议事员总数	京津帮	山西帮	两湖帮	陕西帮	新疆帮	甘肃帮	河南帮	四川帮
1919	38	14	12	2	4	2	2	2	1
1929	34	13	18	——	1	1	——	——	1
1940	27	7	11	——	——	8	——	1	——
1944	15	4	4	——	——	5	1	1	——
合计	114	38	44	2	5	16	3	4	2

①周海山:《古城商业史话》,《奇台文史》第1辑，第103页。

此外，作为商人的组织，奇台商会从其成立之初，也非常明确自身的定位，并曾经做过一些较为明确的规定，如在1912年的《试办便宜章程》中，明确提出要“与迪化、伊犁各商会联为一气，名曰古城商务分会”。①因而，我们在档案文献中，能够看到奇台、伊犁与乌鲁木齐各地商会之间往来的函件，以及几家商会互相通报组织运行或其他商事裁判等诸多问题。如伊犁总商会的会长，津帮商人张润田就曾致函奇台商会会长、津帮商人乔如山：

伊犁商务总会为咨行事，照得本会现因商界交涉迭出，事务纷繁，亟应续举公断处长一职，以资佐理，而专责成。兹奉副都统衔、伊犁镇守使杨饬开，为人赫连魁禄为本会名誉公断处长。现已遵饬任职，除分行外，相应咨行贵分会照知可也。

此咨古城商会分会总理乔

伊犁商务总会总理张松龄

中华民国四年一月三十日②

除了与其他商会的互动往来外，奇台商会还从当地的实际出发，围绕《商会法》的各项，开设有下列的附属机构。在津帮商人的主导下，根据1903年清政府农商部颁布的《商会法》中各地商会“得设立商品陈列所、工商学校及其他关于工商之公共事业”的规定，古城商会从成立到解体的30多你那中先后成立的附属机构有：

皮毛公司：1915年8月30日成立，由奇台德厚堂商号禀请试办，目的是：奇台出产皮毛为大宗，牧户贫寒，不能输存待价，商资复薄，又不能趸买囤贩，恐被外人贱价收去和由羊户、杂色人等私

①周海山：《古城商业史话》，《奇台文史》第1辑，第105页。

②《伊犁商务总会为公断处长任职事咨行奇台商务分会总理》，奇台县档案馆馆藏：奇台商务总会档案，全宗号：12。

行售买，规定从公司的利润中，每两抽6分交奇台县地方财政，4分作公司人工费用。第一期商团：1921年1月9日成立，由商会直接创办，因为1919年俄兵在古城暴动，办商团目的在于保卫地方，维持商业。选举团长、司务长、稽查等共18员，派有合格操生160名。第二期商团：1932年9月5日成立，原因，当时田禾、鸦片收割清完不久，时交冬令，地面闲乱混杂，"为稽查匪类，保卫治安"。兵员从各商号抽派，每号两名，资格16岁至40岁以内者。商务中俄初级小学：1932年3月创办，旨在培植商人人才。共1班，校址在商会，经费由诸生等家凑集。校长、教员由县政府呈教育厅委派。商业培训班：1939年12月成立，旨在增进商人营业技术。组织课程及教材由反帝总会拟订。学校设班长、教务员，班长由会长兼任。课程有6门，即：商业常识、簿记学、政府政策、国际常识、帝国主义侵略中国史、抗日民族统一战线。

同业公会：1930年5月成立，旨在健全工商会内部组织，配合本县实际情形。常务代表由全县工商业成立的24行是布匹、杂货、面粉、药材、摊贩、旅店、饭庄、粮行、肉行、油行、酒行、粉行、醋酱、木行、铁行、靴鞋、皮作坊、纸坊、毡坊、洋铁、金银、皮衣、理发、经纪。平价委员会：1940年10月26日成立，旨在遵照指示并参考实际情形对物价详细报告解释，分别讨论规定。工商夜校：1943年12月成立，经费由工商会和汉文会担负，成立初期先由工商会提拨200元。①

①周海山：《古城商业史话》，《奇台文史》第1辑，第110至111页。

结　语

“赶大营”是天津杨柳青人的伟大创举，他们成功地利用了随军队西征经商这条艰苦的路径，在新疆形成了经济实力雄厚的天津商帮，为近代新疆的农业开发、商业发展、文化建设做出了不可磨灭的贡献，早在二十世纪初年就已经位列新疆各帮商人之首。在促进民族大团结、维护祖国西北边陲的经济稳定方面起到了至关重要的作用。

天津商帮全面进入新疆之时，正是新疆百业待兴之时，由于天津商帮注重民族团结，很快地在天山南北打开了局面，因此，当近代新型经济组织商会成立之初，新疆的伊犁、古城、乌鲁木齐等的商业重镇的首任商会会长均为天津杨柳青人。他们大多为“赶大营”的第一代人。由于文献资料的零散，长期以来，关于天津商帮在新疆的具体经济活动，未能得到学术界的充分重视，实际上，天津商帮在民族大团结方面也起到了积极的作用。天津商帮尊重少数民族的习惯，与新疆各民族同胞一起促进了祖国西北边陲的发展至今，在新疆仍有为数众多的“赶大营”后裔在各自的领域为新疆的建设贡献力量。

天津商帮与近代新疆经济开发这一课题,蕴含着丰富的内容,从新疆天津商帮的形成与发展,天津商帮在近代新疆的区域分布、天津商帮杂近代新疆行业分布、天津商帮与近代新疆的商会组织建设等等。而津帮商人参与近代新疆经济建设,至少给我们如下几点启示:

天津商帮为平定阿古柏叛乱提供了强大的军需保证。在左宗棠进兵新疆时,天津商帮用脚步丈量出关山万里路,通过肩背担挑,为西征大军提供各种军需物品,确保了军队的物资供应。为左宗棠能够在短时间内,从阿古柏等侵略者手中重新夺回新疆贡献了力量。军事后勤供应得力,也为天津商帮赢得了未来发展的机遇;军事供应得力,更为保卫西北边陲提供了保证。

天津商帮是近代新疆经济的建设者,而非"淘金客"。毋庸讳言,天津商帮崛起之初,一批贫苦的杨柳青人长途跋涉到新疆随军经商,其起点并不高,其出发点也是为谋生起见。但我们更应该看到的是,当天津商帮在新疆商业经济上取得一定的成就后,不仅在维护新疆的金融秩序上,在推动新疆的商业经济发展上继续发挥着作用;同时,天津商帮还充分地变废为宝,为新疆的一些农牧产品的外销铺平了道路。同时,天津商帮还将近代文明源源不断地引入新疆,使得新疆很多地区都出现了前所未有的新鲜事物。

天津商帮推动了西北内地与沿海地区的经贸交流。无论是把京津地区的商品运送到西北,还是把西北便睡的土特产贩运到京津地区,对于两个区域的经济发展,都起到了推动作用。天津商帮用脚步构建了京津与西北地区的经贸桥梁。在保证了西北地区物资供应的同时,也为京津地区的相关行业发展提供了坚实的物质基础,从天津口岸出口的羊毛、羊肠等货物基本上由天津商帮开辟的商路从西北运至天津,同时也为西北地区农牧业的商品化发展开辟了全新的路径。

附录一

赶大营史料索引

一、文史资料类

阿克苏文史资料

佳木:《阿克苏之商业》,中国人民政治协商会议新疆阿克苏市委员会文史资料委员会编:《阿克苏市文史资料》第2辑。

董光成:《"董家酱园"的兴衰》,中国人民政治协商会议新疆阿克苏市委员会文史资料委员会编:《阿克苏文史资料》第4辑。

昌吉文史资料选辑

郭建新:《绥来的著名小吃》,中国人民政治协商会议昌吉回族自治州委员会文史资料研究委员会编:《昌吉文史资料选辑》第6辑。

何肇兴:《阜康火锯厂》,中国人民政治协商会议昌吉回族自治州委员会文史资料研究委员会编:《昌吉文史资料选辑》(昌吉经济发展史资料)第10辑。

邵照熙:《民国时期孚远县商绅王国玉》,《昌吉文史资料》第16辑。

哲生:《"郭家点心铺"的始末》,中国人民政治协商会议昌吉回族自治州委员会文史资料研究委员会编:《昌吉文史资料选辑》(昌吉经济发展史资料)第10辑。

呼图壁县文史资料

杨德新:《忆解放前后呼图壁县的工商业》,中国人民政治协商会议呼图壁县委员会编:《呼图壁县文史资料》第3辑。

霍城文史资料

宫志刚:《会芳园史话》,中国人民政治协商会议霍城县委员会编:《霍城文史资料》第1辑。

喀什文史资料

孙富新口述,张静宇整理:《我与喀什外贸工作》,中国人民政治协商会议喀什市委员会编:《喀什市文史资料》第4辑。

王时祥:《喀什噶尔商贸发展史略》,中国人民政治协商会议喀什市委员会编:《喀什市文史资料》第7辑。

玛纳斯文史资料

董兆凯:《玛纳斯的天津杨柳青人》,中国人民政治协商会议新疆维吾尔自治区玛纳斯县委员会文史资料委员会编:《玛纳斯文史资料》第3辑。

哲生:《同乡会馆考记》,中国人民政治协商会议新疆维吾尔自治区玛纳斯县委员会文史资料委员会编:《玛纳斯文史资料》第3辑。

天山区文史资料

王子纯:《礼门公所的性质及大乘佛堂》,中国人民政治协商会议乌鲁木齐市天山区委员会编:《天山区文史》第52期。

杨梦九:《迪化糕点生产经营》,中国人民政治协商会议乌鲁木齐市天山区委员会编:《天山区文史资料》第5辑。

张成质:《大营客故乡杨柳青访问记》,中国人民政治协商会议乌鲁木齐市天山区委员会编:《天山区文史资料》第6辑。

张成质:《绥远——迪化驼运轶事》,中国人民政治协商会议乌鲁木齐市天山区委员会编:《天山区文史资料》第6辑。

奇台文史

戴良佐:《古城的驼运和驼道》,中国人民政治协商会议新疆维吾尔自治区奇台县委员会文史资料委员会编:《奇台文史》第3辑。

冯万录:《祥泰和"字号的兴衰》,中国人民政治协商会议新疆维吾尔自治区奇台县委员会文史资料委员会编:《奇台文史》第5辑。

贾殿元口述,冯万录整理:《"祥泰和"字号的兴衰》,中国人民政治协商会议新疆维吾尔自治区奇台县委员会文史资料委员会编:《奇台文史》第5辑。

刘燕斌:《古城工商界的帮口》,中国人民政治协商会议新疆维吾尔自治区奇台县委员会文史资料委员会编:《奇台文史》第3辑。

柳浪:《新中国成立前奇台饮食业情况综述》,中国人民政治协商会议新疆维吾尔自治区奇台县委员会文史资料委员会编:《奇台文史》第4辑。

潘湃:《奇台纵横》,中国人民政治协商会议新疆维吾尔自治区奇台县委员会文史资料委员会编:《奇台文史》第1辑。

苏槐年口述,周海山整理:《天元成兴衰及其它》,中国人民政治协商会议新疆维吾尔自治区奇台县委员会文史资料委员会编:

《奇台文史》第2辑。

孙志斌:《古城的金银首饰业》,中国人民政治协商会议新疆维吾尔自治区奇台县委员会文史资料委员会编:《奇台文史》第3辑。

赵学仁:《古城“津帮”史话》,中国人民政治协商会议新疆维吾尔自治区奇台县委员会文史资料委员会编:《古城文史》第15、16辑。

周海山:《古城商业史话》,中国人民政治协商会议新疆维吾尔自治区奇台县委员会文史资料委员会编:《奇台文史》第1辑。

魏大林:《经营有方的“春义和”商号》,中国人民政治协商会议新疆维吾尔自治区奇台县委员会文史资料委员会编:《奇台文史》第2辑。

塔城文史资料

安绳武:《塔城市最早民族定居和风俗习惯简述》,中国人民政治协商会议新疆维吾尔自治区塔城委员会编:《塔城文史资料》第2辑。

白连成:《沧桑变迁话塔城》,中国人民政治协商会议新疆维吾尔自治区塔城委员会编:《塔城文史资料》第1辑。

邢志平:《简述塔城建国前工商业发展的概况》,中国人民政治协商会议新疆维吾尔自治区塔城委员会编:《塔城文史资料》第3辑。

天津文史资料选辑

王鑫岗等:《天津帮经营西大营贸易概述》,中国人民政治协商会议天津市委员会文史资料委员会编:《天津文史资料选辑》第24

辑，天津：天津人民出版社1983年版。

乌鲁木齐文史资料

尔昌：《茶叶市场漫话》，中国人民政治协商会议乌鲁木齐市委员会文史资料研究委员会编：《乌鲁木齐文史资料》第6辑，乌鲁木齐：新疆青年出版社1983年版。

高健飞：《十字街年景及其他》，《乌鲁木齐文史资料》第17辑。

谷梦麟：《新绥公司与迪化邮政》，中国人民政治协商会议乌鲁木齐市委员会文史资料研究委员会编：《乌鲁木齐文史资料》第6辑，乌鲁木齐：新疆青年出版社1983年版。

韩士元：《驼运业的兴衰》，中国人民政治协商会议乌鲁木齐市委员会文史资料研究委员会编：《乌鲁木齐文史资料》第2辑，乌鲁木齐：新疆青年出版社1982年版。

韩毓麟：《火神庙与清平水会》，中国人民政治协商会议新疆维吾尔自治区委员会文史资料研究委员会编：《乌鲁木齐文史资料》第4辑。

金国珍：《忠义馆起家漫谈》，中国人民政治协商会议乌鲁木齐市委员会文史资料研究委员会编：《乌鲁木齐文史资料》第8辑，乌鲁木齐：新疆青年出版社1984年版。

李富：《银幕春秋》，中国人民政治协商会议新疆维吾尔自治区委员会文史资料研究委员会编：《乌鲁木齐文史资料》第5辑。

李富：《津帮八大家的变迁》，中国人民政治协商会议乌鲁木齐市委员会文史资料研究委员会编：《乌鲁木齐文史资料》第6辑，乌鲁木齐：新疆青年出版社1983年版。

李富：《乌鲁木齐的货栈业》，《乌鲁木齐文史资料》第12辑。

刘德贺:《解放前新疆的交通运输》,中国人民政治协商会议乌鲁木齐市委员会文史资料研究委员会编:《乌鲁木齐文史资料》第6辑,乌鲁木齐:新疆青年出版社1983年版。

刘德贺:《经商起家的刘文龙》,中国人民政治协商会议乌鲁木齐市委员会文史资料研究委员会编:《乌鲁木齐文史资料》第6辑,乌鲁木齐:新疆青年出版社1983年版。

刘竹溪:《"赶大营"兴起的百货业》,中国人民政治协商会议新疆维吾尔自治区委员会文史资料研究委员会编:《乌鲁木齐文史资料》第12辑。

刘荫桐、韩宝荣:《乌鲁木齐农业史话》,中国人民政治协商会议新疆维吾尔自治区委员会文史资料研究委员会编:《乌鲁木齐文史资料》第8辑。

潘祖焕:《新疆解放前商业概况》,中国人民政治协商会议新疆维吾尔自治区委员会文史资料研究委员会编:《新疆文史资料选辑》第1辑。

王楚凤:《乌鲁木齐五十年中药店简况》,中国人民政治协商会议新疆维吾尔自治区委员会文史资料研究委员会编:《乌鲁木齐文史资料》第12辑。

王德瑜:《乌鲁木齐的冶铸业》,中国人民政治协商会议乌鲁木齐市委员会文史资料研究委员会编:《乌鲁木齐文史资料》第6辑,乌鲁木齐:新疆青年出版社1983年版。

阎光照:《凝德堂店史》,中国人民政治协商会议乌鲁木齐市委员会文史资料研究委员会编:《乌鲁木齐文史资料》第6辑,乌鲁木齐:新疆青年出版社1983年版。

杨梦九:《盛世才查封同兴泰等三家商号经过》,中国人民政治协商会议新疆维吾尔自治区委员会文史资料研究委员会编:《乌鲁木齐文史资料》第6辑,乌鲁木齐:新疆青年出版社1983年版。

杨梦九:《商界各族是一家》,中国人民政治协商会议新疆维吾尔自治区委员会文史资料研究委员会编:《乌鲁木齐文史资料》第10辑。

杨梦九:《糕点与酱园》,中国人民政治协商会议新疆维吾尔自治区委员会文史资料研究委员会编:《乌鲁木齐文史资料》第12辑。

易耀:《民生药房开设前后》,中国人民政治协商会议新疆维吾尔自治区委员会文史资料研究委员会编:《乌鲁木齐文史资料》第12辑。

裕侠:《德元电业公司拾遗》,中国人民政治协商会议乌鲁木齐市委员会文史资料研究委员会编:《乌鲁木齐文史资料》第2辑,乌鲁木齐:新疆青年出版社1982年版。

昝玉林:《王高升放火轶闻》,中国人民政治协商会议乌鲁木齐市委员会文史资料研究委员会编:《乌鲁木齐文史资料》第7辑。

昝玉林:《迪化总商会的成立与活动》,中国人民政治协商会议乌鲁木齐市委员会文史资料研究委员会编:《乌鲁木齐文史资料》第6辑,乌鲁木齐:新疆青年出版社1983年版。

昝玉林:《会馆漫记》,中国人民政治协商会议乌鲁木齐市委员会文史资料研究委员会编:《乌鲁木齐文史资料》第8辑,乌鲁木齐:新疆青年出版社1984年版。

昝玉林:《永丰·新光与万家灯火》,中国人民政治协商会议新疆维吾尔自治区委员会文史资料研究委员会编:《乌鲁木齐文史资料》第12辑。

昝玉林:《乌鲁木齐往事漫记》,中国人民政治协商会议新疆维吾尔自治区委员会文史资料研究委员会编:《乌鲁木齐文史资料》第16辑。

昝玉林:《“赶大营”与“八大家”》,《乌鲁木齐史话》,乌鲁木齐:新疆人民出版社1983年版。

张德祥:《从福盛炉院到利民铁工厂》,中国人民政治协商会议乌鲁木齐市委员会文史资料研究委员会编:《乌鲁木齐文史资料》第6辑,乌鲁木齐:新疆青年出版社1983年版。

郑体方:《关于“八大家”补遗》,中国人民政治协商会议新疆维吾尔自治区委员会文史资料研究委员会编:《乌鲁木齐文史资料》第9辑,该委员会1985年版。

朱光:《“屡丰堡”的新貌》,中国人民政治协商会议新疆维吾尔自治区委员会文史资料研究委员会编:《乌鲁木齐文史资料》第5辑。

乌苏县文史资料

汪德滨:《解放前后乌苏县私营工商业概况》,中国人民政治协商会议新疆维吾尔自治区乌苏县委员会编:《乌苏县文史资料》第1辑。

西青文史(津西文史资料选编)

王新舫口述、王鸿逵整理:《三赶“西大营”》,天津市西青区政协文史资料研究委员会编:《西青文史》第1册,该委员会1987年10月初版,2002年2月再版,原名为《津西文史资料选编》。该文曾收入天津市政协文史资料研究委员会、天津西青区政协文史资料研究委员会编:《津西古今采珍》,天津:百花文艺出版社1993

年版。

王新舫口述，晚晴整理：《“赶大营”的安文忠生平》，天津市西青区政协文史资料研究委员会编：《西青文史》第2册，该委员会1988年10月初版，2002年2月再版，原名为《津西文史资料选编》。该文改名《“赶大营”的首创者安文忠》后收入天津市政协文史资料研究委员会、天津西青区政协文史资料研究委员会编：《津西古今采珍》，天津：百花文艺出版社1993年版。

王鸿逵、于焕文、谢玉明：《天津商帮“赶大营”始末》，天津市西青区政协文史资料研究委员会编：《西青文史》第2册，该委员会1989年12月初版，2002年2月再版，原名为《津西文史资料选编》。该文曾收入天津市政协文史资料研究委员会、天津西青区政协文史资料研究委员会编：《津西古今采珍》，天津：百花文艺出版社1993年版。

宋义民：《我所知道的“大营客”贾永丰》，天津市西青区政协文史资料研究委员会编：《西青文史》第5册，该委员会1991年12月初版，2002年2月再版，原名为《津西文史资料选编》。

石丽莹：《新疆历史上的“津帮八大家”》，天津市西青区政协文史资料研究委员会编：《西青文史》第8册。

宋义民：《新疆帮“天迪商行”轶事》，天津市西青区政协文史资料研究委员会编：《西青文史》第8册。

啸然：《杨柳青安家大院》，天津市西青区政协文化文史委员会编：《西青文史》第10册。

尔洪琪：《尔姓家族“赶大营”》，天津市西青区政协文化文史委员会编：《西青文史》第11辑。

郭秉忠：《先辈们的“赶大营”》，天津市西青区政协文化文史委员会编:《西青文史》第11辑。

贾殿元口述、冯万录整理:《"祥泰和"字号的兴衰》,天津市西青区政协文化文史委员会编:《西青文史》第11辑。

李铭:《大营客的艰辛和痛苦》,天津市西青区政协文化文史委员会编:《西青文史》第11辑。

刘体洪:《喀什追梦》,天津市西青区政协文化文史委员会编:《西青文史》第11辑。

刘体洪:《难忘那一驴蹄子》,天津市西青区政协文化文史委员会编:《西青文史》第11辑。

孙国法、孙国光:《新疆历史上受各族人民称赞的一代廉吏》,天津市西青区政协文化文史委员会编:《西青文史》第11辑。

王桂萍:《"赶大营"的杨柳青人在阿克苏》,天津市西青区政协文化文史委员会编:《西青文史》第11辑。

夏雷鸣:《新疆奇台的理教和理门公所》,天津市西青区政协文化文史委员会编:《西青文史》第11辑。

晏海发:《惠远新城的杨柳青人》,天津市西青区政协文化文史委员会编:《西青文史》第11辑。

杨月萍:《津帮后代在哈密》,天津市西青区政协文化文史委员会编:《西青文史》第11辑。

新疆文史资料选辑

柴恒森:《清末到解放前夕新疆戏剧活动概况》,中国人民政治协商会议新疆维吾尔自治区委员会文史资料研究委员会编:《新疆文史资料选辑》第11辑,乌鲁木齐:新疆人民出版社1982年版。

何肇兴:《阜康白酒的兴衰》,中国人民政治协商会议新疆维吾尔自治区委员会文史资料研究委员会编:《新疆文史资料选辑》第20辑。

吉六:《七十年前新疆手工业概况》,中国人民政治协商会议新疆维吾尔自治区委员会文史资料研究委员会编:《新疆文史资料选辑》第10辑,乌鲁木齐:新疆人民出版社1982年版。

刘德贺:《新疆近代的寺庙、会馆、义园》,中国人民政治协商会议新疆维吾尔自治区委员会文史资料研究委员会编:《新疆文史资料选辑》第14辑,乌鲁木齐:新疆人民出版社1985年版。

潘祖焕:《新疆解放前商业概况》,中国人民政治协商会议新疆维吾尔自治区委员会文史资料研究委员会编:《新疆文史资料选辑》第1辑,乌鲁木齐:新疆人民出版社1979年版。

潘祖焕:《清末王高升在迪化放火的所见所闻》,中国人民政治协商会议新疆维吾尔自治区委员会文史资料研究委员会编:《新疆文史资料选辑》第4辑,乌鲁木齐:新疆人民出版社1979年版。

石元璞:《绥新汽车公司的内幕》,中国人民政治协商会议新疆维吾尔自治区委员会文史资料研究委员会编:《新疆文史资料选辑》第2辑,乌鲁木齐:新疆人民出版社1979年版。

张文忠:《乌鲁木齐戏曲发展史略》,中国人民政治协商会议新疆维吾尔自治区委员会文史资料研究委员会编:《新疆文史资料选辑》第20辑,乌鲁木齐:新疆人民出版社1986年版。

伊犁文史资料

宫志刚:《会芳园史话》,中国人民政治协商会议新疆维吾尔自治区伊犁哈萨克自治州委员会编:《伊犁文史资料》第4辑。

金琳口述,王刚整理:《上世纪二三十年代惠远街市拾零》,中国人民政治协商会议新疆维吾尔自治区伊犁哈萨克自治州委员会编:《伊犁文史资料》第18辑。

佚名:《伊宁商业史简编》,中国人民政治协商会议新疆维吾尔自治区伊宁市委员会编:《伊宁市文史资料》第3辑。

周宝林:《伊犁地区中医药发展过程琐记》,中国人民政治协商会议新疆维吾尔自治区伊犁哈萨克自治州委员会编:《伊犁文史资料》第3辑。

焉耆文史资料

志人:《清代至民国时期的焉耆城》,中国人民政治协商会议新疆维吾尔自治区焉耆县委员会编:《焉耆文史资料》第1辑。

二、当代报纸类

今晚报

赵宝起、王振良:《安家原是"大营客"》,《今晚报》2002年9月21日。

赵宝起、王振良:《追寻"赶大营"》,《今晚报》2002年9月22日。

赵宝起、王振良:《酒泉:"大营客"最初集结地》,《今晚报》2002年9月23日。

赵宝起、王振良:《杨柳青永远是我的根》,《今晚报》2002年9月24日。

孙玉松:《安氏在津后人找到了》,《今晚报》2002年9月25日。

赵宝起、王振良:《新疆"大营客"货物集散中心:古城子》,《今晚报》2002年9月25日。

赵宝起、王振良:《变不了的家乡味儿——访奇台的“杨柳青村”》,《今晚报》2002年9月26日。

赵宝起、王振良:《永远的“杨柳青清结”》,《今晚报》2002年9月27日。

赵宝起、王振良:《“赶大营”寻踪轰动乌市》,《今晚报》2002年9月28日。

赵宝起、王振良:《今晚“为媒”叔侄喜相认》,《今晚报》2002年9月28日。

赵宝起、王振良:《追寻“小杨柳青”》,《今晚报》2002年9月29日。

赵宝起、王振良:《从杨柳青到新疆》,《今晚报》2002年9月30日。

赵宝起、王振良:《“长桥饮马”寄相思》,《今晚报》2002年10月1日。

赵宝起、王振良:《乌市“津帮八大家”》,《今晚报》2002年10月2日。

孙玉松:《老照片上看“赶大营”》,《今晚报》2002年10月3日。

赵宝起、王振良:《杨柳青人寻根热》,《今晚报》2002年10月3日。

赵宝起、王振良:《“赶大营”第一人:安文忠》,《今晚报》2002年10月3日。

赵宝起、王振良:《新疆小天津》,《今晚报》2002年10月4日。

赵宝起、王振良:《乡音畅叙“赶大营”》,《今晚报》2002年10月7日。

赵宝起、王振良:《走近伊宁“汉人街”》,《今晚报》2002年10月9日。

赵宝起、王振良:《“汉城”的杨柳青人》,《今晚报》2002年10月11日。

赵宝起、王振良:《杨柳青青翰墨香》,《今晚报》2002年10月12日。

赵宝起、王振良:《留住历史的瞬间》,《今晚报》2002年10月18日。

赵宝起、王振良:《石家大院“大营客”》,《今晚报》2002年10月24日。

赵宝起、王振良:《“赶大营”:天津地方史的大事》,《今晚报》2002年10月28日。

赵宝起、王振良:《大营客:触摸历史的心灵》,《今晚报》2002年10月29日。

谢玉明:《“赶大营”——天津的骄傲》,《今晚报》2002年11月1日。

天津日报

张博:《品读“赶大营”》,《天津日报》2010年8月5日,第6版。

甄光俊:《津门戏曲唱响天山南北》,《天津日报》2010年8月9日,第10版。

张博:《温世霖:西出阳关有故人》,《天津日报》2010年8月16日,第11版(理论·文史)。

潘柏林:《记忆中的“天津年”》,《天津日报》2010年8月16日,第11版(理论·文史)。

晨曲:《诚信津商有颗“勇敢的心”》,《天津日报》2010年8月23日,第10版。

张博:《游兴频发此 津商景致鲜》,《天津日报》2010年8月30日,第11版(理论·文史)。

崔庆吉:《勤劳爱国的大营客》,《天津日报》2010年8月30日,第11版(理论·文史)。

张博:《开发大西北 津商勇为先》,《天津日报》2010年9月6日,第10版(理论·文史)。

甄光俊:《前人笔下的津帮大营客》,《天津日报》2010年9月6日,第10版(理论·文史)。

张博:《百卷珍贵档案印证津商辉煌》,《天津日报》2010年9月13日,第23版(理论·文史)。

张长海:《"赶大营"历史与现实影响》,《天津日报》2010年9月13日,第23版(理论·文史)。

张博、张洪伟:《风雨兼程六万里 津报新闻闪亮点》,《天津日报》2010年10月12日,第10版。

张博:《重温津商"赶大营" 传承百年援疆情》,《天津日报》2010年7月30日,第1版。

韩晓波:《本报联手社科院"赶大营"活动反响强烈》,《天津日报》2010年8月3日,第1版。

张立平:《重走"大营路"叫响"津商"牌》,《天津日报》2010年8月6日,第2版。

张洪伟:《天津的投资环境助新疆企业成长》,《天津日报》2010年8月7日,第2版。

韩晓波:《重走"赶大营"之路全媒体记者整装待发》,《天津日报》2010年8月13日,第2版。

于春洋:《〈昆仑旅行日记〉是"赶大营"的历史见证》,《天津日报》2010年8月16日，第11版。

张洪伟、于春沣：《赴北线采访记者今启程》，《天津日报》2010年8月17日，第1版。

于春沣：《老车站旧貌犹存》，《天津日报》2010年8月18日，第2版。

于春沣：《艰难路难挡津商脚步》，《天津日报》2010年8月20日，第2版。

韩晓波：《“赶大营”中线采访团今启程》，《天津日报》2010年8月21日，第2版。

韩晓波：《大营客从这里出发》，《天津日报》2010年8月22日，第2版。

于春沣：《“水陆空”三路进天山》，《天津日报》2010年8月23日，第2版。

张洪伟：《张家口有个赶大营“物流中心”》，《天津日报》2010年8月23日，第2版。

张洪伟：《津商呼市“弯弓射雕”》，《天津日报》2010年8月24日，第2版。

于春沣：《“大小十字”鉴沧桑》，《天津日报》2010年8月25日，第2版。

张洪伟：《穿鞋就穿“津九侠”》，《天津日报》2010年8月26日，第2版。

于春沣：《寻访乌市尚存百年津店》，《天津日报》2010年8月26日，第2版。

张洪伟：《百岁糕点模子现身武威》，《天津日报》2010年8月30日，第2版。

于春洋:《昔日八大家津帮占其五》,《天津日报》2010年9月3日,第2版。

张洪伟:《天津小吃闻名奇台》,《天津日报》2010年9月5日,第2版。

于春洋:《塔城大营客 印痕处处留》,《天津日报》2010年9月5日,第2版。

张洪伟:《天津美酒醉伊犁》,《天津日报》2010年9月13日,第2版。

张洪伟:《惠远,当年就是“小天津”》,《天津日报》2010年9月13日,第2版。

张洪伟:《四大药铺享誉乌市》,《天津日报》2010年9月18日,第2版。

韩晓波:《“津报赶大营”采访团凯旋》,《天津日报》2010年9月20日,第2版。

三、民国期刊类

安徽建设月刊

佚名:《开发西北之整个计划》,《安徽建设月刊》三卷一期

北方公论

黎天才:《罗文干氏赴新疆与西北问题》,《北方公论》四十九期

边铎月刊

斯坦因:《新疆南路探访记》,《边铎月刊》一卷三期至二卷一

期;《天山月刊》一卷一期至六期

夏益赞:《新疆农村建设问题之研讨》,《边铎半月刊》一卷一期

夏益赞:《新疆自然富源之检视及其开发》,《边铎半月刊》一卷二期

郭维屏:《开发西北与陇海交通》,《边铎半月刊》一卷二,三期

高长柱:《青海玉树西藏于南疆问题》,《边铎半月刊》一卷二,三期

易敌无:《到新疆去》,《边铎半月刊》一卷二,三期

夏益赞:《新疆民族之分析》,《边铎半月刊》一卷四期

易敌无:《新疆之分析》,《边铎半月刊》一卷四,至二卷二期

方骏:《左文襄治理新疆政策之研究》,《边铎半月刊》二卷一期

叶庭辉:《内蒙古之经济概况及其展望》,《边铎半月刊》二卷一,二期

谢世毫:《新疆危机及其挽救之策》,《边铎半月刊》二卷二期

王天觉:《新疆资源与苏俄经济之关系》,《边铎半月刊》一卷四期

王钟羽:《建设新疆的首要问题》,《边铎半月刊》二卷一期

边疆半月刊

国松久弥著,陈一中译:《日人眼中之新疆》,《边疆半月刊》创刊号

林鹏侠:《西北行》,《边疆半月刊》创刊号

胡善恒:《一年来之西北概况》,《边疆半月刊》二卷一期

边疆论衡

相臣:《西行交通与西北边防》,《边疆论衡》十二期

边事研究

张觉人:《新疆对外贸易研究》,《边事研究》一卷一期

郭曙南:《从开发西北说到西南国防》,《边事研究》一卷一期

张建勋:《西土铁路对于新疆之影响及今后自保之策略》,《边事研究》一卷一期

刘湛恩:《土西铁路与我国西北之关系》,《边事研究》一卷一期

江铎:《左文襄之边功及急救新疆之管见》,《边事研究》一卷二期

何又涵译:《我国西北边疆之资源》,《边事研究》一卷二期

江昌绪:《新疆之危机》,《边事研究》一卷二期

警中:《由包头至平凉之一瞥》,《边事研究》一卷三期

张觉人:《俄国对新疆政策的考察》,《边事研究》一卷四期

叶乐群:《苏俄对新疆关系之严重性与我国开发新疆之前途》,《边事研究》一卷四期

叶乐群:《苏俄对新疆经济关系之严重性与我国开发新疆之前途》,《边事研究》一卷四期

邱怀谨:《中国边疆之经济的透视》,《边事研究》一卷五期

刘熙:《建设新疆之先决问题》,《边事研究》一卷五期

迈斯式德:《伊犁近况》,《边事研究》二卷三期

张觉人:《中国西部边境的英帝国主义》,《边事研究》二卷三期

王慕宁:《由民族上观察之新疆》,《边事研究》二卷五期

易海阳:《新疆之地文与人文及其经济状况》,《边事研究》二

卷六期

边事月刊

张觉人:《新疆之交通》,《边事月刊》一卷二期

边政公论

周三立:《西北的地理环境与经济建设的途径》,《边政公论》一卷七八期

察哈尔建设月刊

郭东藩:《建设新西北之商榷》,《察哈尔建设月刊》一期

长城季刊

乔介林 :《新疆之概况》,《长城季刊》一卷一期

李廷枚:《中国过去和现在之农村经济状况说到将来发展西北农村的方法》,《长城季刊》一卷二期

地理教学

刘慎误:《中国西北之植物地理(新疆之部)》,《地理教学》一卷五六期合刊

地理杂志

沈思瑛:《西北边陲气候一瞥》,《地理杂志》二卷三期

耿兆栋:《伊犁旅行记》,《地理杂志》一年七期

地学季刊

洪懋熙:《中国西北之天然富源》,《地学季刊》一卷一期

洪懋熙:《中国西北之种种发现》,《地学季刊》一卷三期

地学杂志

洪懋熙:《中国西北之天然富源》,《地学杂志》一卷一期

温继峤:《蒙古与张家口之关系》,《地学杂志》一年一期

佚名:《中国西北部游记》,《地学杂志》一年一期

啸华:《西北风俗志》,《地学杂志》一年六期

耐道人:《阿尔泰山附近情形》,《地学杂志》一年二期

耿兆栋:《伊犁旅行记》,《地学杂志》一年七期

马登瀛:《新疆行程记》,《地学杂志》二年十一,十二,十五期

佚名:《中国之藩部探视》,《地学杂志》二年十八期

贾树模:《新疆归途记》,《地学杂志》三年五六期,四年二,七期

佚名:《新疆礼俗志》,《地学杂志》三年七至十期

槐亭:《杨柳青泛舟记》,《地学杂志》三年九,十期

朱仕清:《新疆备考》,《地学杂志》四年一至四期

佚名:《西北科学考察团徐近之通讯》,《地学杂志》五卷一至五期

贾树模:《新疆杂记》,《地学杂志》八年一期至九年三期

阎毓善:《开拓新疆利源之意见书》,《地学杂志》九年一期

如柏:《塔尔巴哈台调查录》,《地学杂志》九年十一期

林竞:《新疆交通纪略》,《地学杂志》十年一期

佚名:《阿尔泰风土纪闻》,《地学杂志》十年七,八期

佚名:《新疆之外患》,《地学杂志》十年九,十期

魏继祖:《京兰旅行记》,《地学杂志》十卷十期至十一卷六期

谢彬:《新疆游记》,《地学杂志》十二年八期至十期,十三年一至三期

贾伸:《中国北部六省物产录》,《地学杂志》十二年十一,十二期

钱之万:《到新疆去》,《地学杂志》十三年六,七期

佚名:《新疆异物志》,《地学杂志》十三年六,七期

林竞:《哈密迪化之现状及其交通》,《地学杂志》十三年六,七期

李书春:《安得思蒙疆考古记》,《地学杂志》十七年二期

孙光先:《亚洲腹部之地理及历史之影响》,《地学杂志》十七年二期至十八年二期

田嘉绩:《亚洲腹地之商路》,《地学杂志》十八年一,二期

开支:《塔里木盆地之气候情形》,《地学杂志》十九年二期

王钧衡:《天山中三次探险记》,《地学杂志》二十年一,二期

张印堂:《内蒙经济地理辑要》,《地学杂志》二十年三期

李舍予:《羌海探秘记》,《地学杂志》二十年二,三期,二十一年四期

勒哥克:《中国土耳其斯坦地下的宝藏》,《地学杂志》二十年四期至二十二年一期

丁道衡:《新疆铁矿志略》,《地学杂志》二十年四期

颜滋:《唐古忒的市场和准格尔的商路》,《地学杂志》二十四年三期

东北文化月刊(东北文化月报)

彭道义:《西北商业记》,《东北文化月刊》二卷七号

西山荣久:《中国西北部之富》,《东北文化月报》五卷十一号

东方杂志

佚名:《论甘肃新疆与中国之关系》,《东方杂志》二卷十号

佚名:《筹新疆形势策》,《东方杂志》三卷二号

蛤笑:《论移民实边之不可缓》,《东方杂志》四卷七号

影蓉:《徙民实边私议》,《东方杂志》五卷一期

佚名:《变通迁民实边法之刍言》,《东方杂志》五卷三号

佚名:《国家今日急宜经营西北说》,《东方杂志》五卷六号

佚名:《库恰铁路互士原委考》,《东方杂志》五卷十号

佚名:《新疆省旅行谈》,《东方杂志》五卷十二号

愈之:《中国之毡业》,《东方杂志》十四卷九号

罗罗:《论中国棉业之发现》,《东方杂志》十五卷四号

胡先:《中国西部植物志》,《东方杂志》十五卷八号,《科学》三卷十号

何式业:《新疆纪闻》,《东方杂志》十六卷十一号

佚名:《中国皮革之调查》,《东方杂志》十六卷三号

佚名:《中国之羊毛》,《东方杂志》十六卷五号

张亚权:《西部中国的经济状况》,《东方杂志》二十卷二十四号

彭家元:《中国边地之现况与移民》,《东方杂志》二十二卷六号

保衡:《西北旅行杂记》,《东方杂志》二十四卷三号

问天:《最近新疆迪化调查纪略》,《东方杂志》二十六卷三号

佚名:《新疆与蒙古》,《东方杂志》二十八卷五号

李国干:《新疆经济状况》,《东方杂志》二十八卷十号

张粱任:《移民问题与中国》,《东方杂志》二十八卷十三号

黎各句:《中国棉业问题》,《东方杂志》二十八卷十七号

吴其玉:《新疆问题的分析》,《东方杂志》三十一卷七号

东省经济月刊

沈光沛:《中俄贸易之检讨》,《东省经济月刊》三卷十号

佚名:《上海之地毡业》,《东省经济月刊》四卷七号

佚名:《新疆之对俄贸易》,《东省经济月刊》五卷六号

佚名:《西北大富源》,《东省经济月刊》六卷二号

佚名:《西北出入口货物调查》,《东省经济月刊》六卷二号

二戈:《到新疆去》,《东省经济月刊》六卷六,七号

铁君:《国有平绥铁路刍议》,《东省经济月刊》六卷八号

唐懋:《平绥铁路之概况》,《东省经济月刊》七卷一,二号

佚名:《蒙疆探险生涯》,《东省经济月刊》七卷一,二号

佚名:《新疆与蒙古》,《东省经济月刊》七卷二号

方志月刊

翁文灏:《如何开发西北》,《方志月刊》六卷八期

工　程

吴屏:《开发西北应注意几个问题》,《工程》十卷一号

工商半月刊

佚名:《天津之地毯业》,《工商半月刊》一卷八期

佚名:《津市棉花之分析》,《工商半月刊》一卷十八期

佚名:《中国制革业概况》,《工商半月刊》二卷六期

佚名:《新疆开筑汽车道》,《工商半月刊》二卷十三期

佚名:《天津驼毛贸易概况》,《工商半月刊》三卷二期

徐尚:《西北面粉工业初步计划》,《工商半月刊》三卷八期

佚名:《天津胎羊皮对外畅销》,《工商半月刊》三卷八期

佚名:《欧亚航空公司筹辟西北航线》,《工商半月刊》三卷十九期

佚名:《北平新疆航空计划》,《工商半月刊》三卷二十期

佚名:《欧西航空公司拟开西北航线》,《工商半月刊》三卷二十一期

佚名:《吾国地毯业概况》,《工商半月刊》三卷二十三,二十四期

佚名:《中国皮革工业》,《工商半月刊》四卷二至四期

佚名:《西安商业状况》,《工商半月刊》四卷十八期

佚名:《中国棉产之新发现》,《工商半月刊》四卷二十二期

佚名:《归绥手工业制品》,《工商半月刊》四卷二十四期

佚名:《西北航空正式通航》,《工商半月刊》五卷二期

佚名:《西安商业概况》,《工商半月刊》五卷二期

佚名:《中俄复交贸易逐渐恢复》,《工商半月刊》五卷七期

佚名:《我国羊毛生产现状及其改良方法》,《工商半月刊》六卷十号

吴雄飞:《中国之羊毛业》,《工商半月刊》十卷二十三号

国粹学报

刘光汉:《西域道路古今不同》,《国粹学报》一年十一期

国际贸易导报

黄鹤清:《中国棉花之生产状况及其产地之分布》,《国际贸易导报》一卷二号

黄鹤清:《中国棉花之生产消费及其交易习惯》,《国际贸易导报》一卷三号

罗清生:《上海之肠衣业》,《国际贸易导报》一卷三号

国闻周报

柳风译:《罗斯福中亚行猎记》,《国闻周报》六卷二十七,二十八期

国学季刊

黄文弼:《蒙新旅行之经过及发现》,《国学季刊》二卷三号

河北工程师协会月刊

韦若:《西北踏查日记》,《河北工程师协会月刊》二卷三,四期

河北建设公报

佚名:《开发西北关键》,《河北建设公报》二卷十期

河南政治月刊

葛定华:《西北考察记》,《河南政治月刊》四卷九至十一期

交通杂志

郭则诚:《整理平绥铁路刍议》,《交通杂志》一卷六,七期

建设公报

周镇伦:《西北水利初步计划》,《建设公报》十一期
陈方济:《西北土壤调查初步计划》,《建设公报》十一期
竺可桢:《西北气候调查所初步计划》,《建设公报》十一期
叶华:《西北风俗说》,《建设公报》十一期
洪绅:《西北交通初步计划》,《建设公报》十一期
余兆麟:《西北经济概况》,《建设公报》十一期
霍宝树:《开发西北概论》,《建设公报》十一期
曾养甫:《建设西北为本党今后重要问题》,《建设公报》十一期
李积新:《发展西北农业初步计划》,《建设公报》十一期
陈大受:《西北各省重要矿产概述》,《建设公报》十一期
陈大受:《开发西北煤油初步计划》,《建设公报》十一期
张范村:《发展西北牧业初步计划》,《建设公报》十一期

开发西北

绥新汽车公司:《津新贸易调查》,《开发西北》一卷五期

开发西北月刊

杨赞绪:《开发新疆实业管见》,《开发西北月刊》一卷一期

褚民谊:《新疆视察记》,《开发西北特刊》一卷一期

邵元冲:《开发西北之重要》,《开发西北特刊》一期

周颂尧:《西北之垦殖》,《开发西北特刊》一卷一期

吴山:《西北屯垦进行概要书》,《开发西北特刊》一卷一期

林竞:《环海倚松楼西北日记》,《开发西北月刊》一卷一、二期

张继:《开发西北问题》,《开发西北月刊》一卷一期

马鹤天:《开发西北的几个先决问题》,《开发西北月刊》一卷一期

罗文干:《开辟新省交通计划》,《开发西北月刊》一卷一期;《道路月刊》四十三卷一期;《河北建设公报》六卷五期

马鹤天:《最近西北之危机与交通之急要》,《开发西北月刊》一卷二期

葛预夫:《陕甘纪行》,《开发西北月刊》一卷二期

王文萱:《新疆之经济概况》,《开发西北月刊》一卷二期

佚名:《西北公路建设》,《开发西北月刊》一卷二期

佚名:《新疆最近实况》,《开发西北月刊》一卷三期

蒙民:《开发西北牧畜》,《开发西北月刊》一卷三期

杨生彬:《开发西北垦殖问题》,《开发西北月刊》一卷三期

蒙民:《开发西北与牧畜》,《开发西北月刊》一卷三期

王文萱:《开发西北与技术问题》,《开发西北月刊》一卷四期

洪瑞涛:《开辟新疆交通计划之商讨》,《开发西北月刊》一卷四期

时伯斋:《开发西北与设计问题》,《开发西北月刊》一卷五期

风光:《西北行》,《开发西北月刊》一卷五期

新绥汽车公司:《新绥长途汽车路沿线情况及津绥新贸易调查》,《开发西北月刊》一卷五期

虞振镛:《开发西北之我见》,《开发西北月刊》二卷四期

罗麟藻:《毛业与西北》,《开发西北月刊》二卷五期
陈志良:《新疆各民族之研究》,《开发西北月刊》二卷六期
夏益赞:《新疆建省的总检视》,《开发西北月刊》二卷六期
佚名:《甘肃工业之概况》,《开发西北月刊》四卷一,二期
张若渠:《新疆与土西铁路》,《开发西北月刊》四卷一,二期
文萱:《西北今日》,《开发西北月刊》四卷三,四期
中良:《新疆问题之剖视》,《开发西北月刊》四卷六期
王文萱:《新疆经济概观》,《开发西北月刊》四卷五期
马少云:《新疆问题与西北边防》,《开发西北月刊》四卷五期
王文萱:《新疆之对外贸易》,《开发西北月刊》四卷六期
林东海:《新疆与西藏》,《开发西北月刊》四卷六期

康藏前锋

仲馥:《开发西北的先决问题》,《康藏前锋》一卷五期
遗:《新疆之政治建设》,《康藏前锋》三卷三期

科　学

君达:《甘肃青海之新调查》,《科学》八卷五号
海定:《中央亚细亚地理及历史的发现》,《科学》八卷十一号

科学的中国

侠冷:《我国地毯工业》,《科学的中国》四卷六期

矿业周报

佚名:《新疆南部发现煤层石油及铁矿》,《矿业周报》190号

柴矿:《新疆矿产概述》,《矿业周报》338期

力　行

傅安华:《西北畜牧概况》,《力行》二卷六期

吴启诚:《西北羊毛及他类特产贸易情形》,《力行》二卷六期

旅行杂志

秦理齐:《亚陆通车记》,《旅行杂志》七卷一至三号

卞文鉴:《西北考察记》,《旅行杂志》七卷五号

舒永康:《西行日记》,《旅行杂志》七卷九至十一号

方山:《塞外漫游随笔》,《旅游杂志》八卷十一号

张恨水:《西游小记》,《旅行杂志》九卷七号

蒙藏旬刊

刘永福:《西北商业衰颓与中俄复交》,《蒙藏旬刊》二十二期

邵麟:《改良边陲牧畜之我见》,《蒙藏旬刊》二十四至二十六期

渡边万次郎:《西北形势与气候》,《蒙藏旬刊》三十三期

邵力子:《西北之开发与建设》,《蒙藏旬刊》七十七期

佚名:《康藏蒙新之严重危机》,《蒙藏旬刊》八十二期

佚名:《西陲危机之延扩》,《蒙藏旬刊》八十三期

佚名:《康藏与新疆》,《康藏旬刊》八十四期

佚名:《新疆物产出超之一斑》,《蒙藏旬刊》八十四期

佚名:《西北边防与开发》,《蒙藏旬刊》八十五期

戴季陶:《视察西北之情形》,《蒙藏旬刊》八十六期
宋子文:《论西北建设》,《蒙藏旬刊》八十七期
江枫:《英俄两国在新疆省内之冲突》,《蒙藏旬刊》八十八至九十期
革心九:《开发西北与新疆各民族之特性》,《蒙藏旬刊》九十至九十二期
杨讃绪:《新疆概况及其危机》,《康藏前锋》十二期,《蒙藏旬刊》九十六期
马鸿逵:《西北之两大问题》,《西北问题季刊》一卷一期,《蒙藏旬刊》九十八期
张斐然:《视察西北建设报告》,《蒙藏旬刊》108期
佚名:《新疆之状况》,《蒙藏旬刊》108期
佚名:《新疆公路调查》,《蒙藏旬刊》108期

民 意

张曙:《西北建设运动刍议》,《民意》159期

民族杂志

侯厚吉:《新疆之对俄贸易与我国之对策》,《民族杂志》二卷一期
吴闻天:《论南北混乱中之新疆》,《民族杂志》二卷三期
吴闻天:《论南北混乱中之新疆》,《民族杂志》二卷三期

农业推广通讯

李国桢:《西北垦殖与自然环境》,《农业推广通讯》二卷八期

农业周报

中:《开发西北增益生产议》,《农业周报》四卷十三期

平等杂志

郝坦然:《西北水利》,《平等杂志》一卷一至五期,八期

吴永詹:《新疆经济状况》,《平等杂志》一卷九,十期

求实月刊

民生:《西北在中国建设上之重要性》,《求实月刊》二卷十一,二合刊

人文月刊

白焦:《殖边问题之检讨》,《人文月刊》四卷七期

塞外人语

自究:《西北与牧畜》,《塞外人语》一卷三期

刘宇清:《龙烟铁矿之概况与开发西北》,《塞外人语》一卷四期

山东建设月刊

李培基:《开发西北计划书》,《山东建设月刊》一卷一期

李景怀:《西北试航成功之经过》,《山东建设月刊》二卷一期

佚名:《论西北建设》,《山东建设月刊》二卷四期

戴季陶:《建设西北》,《山东建设月刊》二卷九期

生七月刊

王越俭:《新疆之危机》,《生七月刊》创刊号

时代公论

冼荣熙:《如何去考察西北》,《时代公论》二十号

时事月报

吴承洛:《中俄贸易与西北商务》,《时事月报》八卷五号

冯有真:《新疆与新疆事变》,《时事月报》十卷二期

实业杂志

西耕:《建设西北之今昔观》,《实业杂志》193期

宋子文:《西北考察报告》,《实业杂志》195期

王瀛因:《中国兽毛贸易与产毛之兽类》,《实业杂志》195号

史地杂志

李海晨:《西北诸省之农产区域》,《史地杂志》创刊号

四川经济月刊

佚名:《甘省工商业调查记》,《四川经济月刊》四卷三期

四存月刊

吴廷燮:《论新疆迪化形势》,《四存月刊》一期

吴廷燮:《论新疆伊犁形势》,《四存月刊》八期

吴廷燮:《论疏勒形势》,《四存月刊》十期

吴廷燮:《论焉耆形势》,《四存月刊》十五,十六期

绥远建设季刊

佚名:《绥远省各县局手工业制造品调查》,《绥远建设季刊》十期

天山月刊

张觉人:《新疆与苏俄之贸易》,《天山月刊》一卷一期

杨振民:《西北铁路计划与挽救新疆》,《天山月刊》一卷一期

艾沙:《新疆之经济现状》,《天山月刊》一卷二期

赵瑞生:《新疆之危机》,《天山月刊》一卷二期

郭家英:《新疆问题的观察》,《天山月刊》一卷二期

孙荣元:《新疆问题与英俄帝国主义》,《天山月刊》一卷三期

傅筑天:《新疆民族问题》,《天山月刊》一卷三期

郭维屏:《新疆之河流湖泊》,《天山月刊》一卷三期

雨生:《新疆旅行记》,《天山月刊》一卷四期

佐藤回山:《伊犁闻见录》,《天山月刊》一卷四期

雪飞:《汉商口中之新疆现状(绥远通信)》,《天山月刊》一卷五期

汪江一:《新疆省农村经济》,《天山月刊》一卷五期

褚民谊:《建设西北之要点》,《天山月刊》一卷五期

铁路杂志

谢冰心:《平绥沿线旅行记》,《铁路杂志》一卷一至四期

拓荒月刊

白杨:《西北交通之新供献》,《拓荒》一卷二期

郭柏:《由西北文化交通的衰落到完成陇海路的重要》,《拓荒》一卷二期

罗浔:《开发西北计划》,《迈进月刊》一卷四期

米志中:《举世注视之西北》,《拓荒》二卷二期

槐三:《开发西北的检讨》,《拓荒》二卷三期

马少云:《西北之两大问题》,《拓荒》二卷四,五期

李洽:《新疆通讯》,《拓荒月刊》二卷四,五期

剑夫:《新疆对苏联贸易之趋势》,《拓荒》二卷四,五,六期

王智:《中国西北部的慢性自杀》,《拓荒》二卷六期

鲁珑:《开发西北与警政》,《拓荒》二卷六,七期

外交月报

宇眉:《消弭外患之新疆建设》,《外交月报》六卷四期

文化建设月刊

王少明:《西北自愿调查及其开发》,《文化建设月刊》一卷六,七期

西北半月刊

声然:《西北交通建设之我见》,《西北半月刊》创刊号

西北丛刊

松介:《西北农垦调查记》,《西北丛刊》一卷一期

宫廷璋:《西北移垦事业之影响于中国》,《西北丛刊》一卷四期
唐启宇:《西北屯垦计划私议》,《西北丛刊》一卷五,六期
之鉴:《银行制度之研究与西北产业开发》,《西北丛刊》一卷八期
竟存:《西北畜牧与国家贸易》,《西北丛刊》一卷十二,十三期
佚名:《西北交通事业与世界》,《西北丛刊》一卷十六期

西北春秋

洪渹:《巩固西北边疆管见》,《西北春秋》五期
碧笙:《西北建设的两个体系》,《西北春秋》五,六期
武夺魁:《蒙古与新疆的地理概况》,《西北春秋》九期
紫庄:《新疆问题的重要性》,《西北春秋》九期
王制五:《西北纪行》,《西北春秋》十至十三期
郝公玉:《西北目前的危机》,《西北春秋》十一期
碧笙:《国际情势与西北》,《西北春秋》十四期
蕉雨:《平绥正太陇海乘车印象》,《西北春秋》十五期
碧笙:《对内封锁之新疆》,《西北春秋》十七期
马步周:《救济西北急应重视之四大工业》,《西北春秋》十八期
高惜水:《新疆省政概况》,《西北春秋》二十二期

西北公论

直夫:《开发西北的先决条件》,《西北公论》三期
直夫:《开发西北与交通》,《西北公论》五期
敬武:《关于开发西北的几点意见》,《西北公论》六期
雷伯豪:《一九三六年与西北》,《西北公论》六,七期

直夫:《伊犁见闻一斑》,《西北公论》十四,十五期
伯筠:《西北资源之材料搜辑》,《西北公论》十六至十九期
林一恒:《西北国防第一线的新疆近况》,《西北公论》二十期

西北汇报

松介:《西北垦殖调查记》,《西北汇报》一卷一期

西北汇刊

宫廷璋《西北垦殖事业之影响于中国》,《西北汇刊》一卷四期
洪绅:《西北交通事业与世界》,《西北汇刊》一卷十六期

西北论衡

葛承绪:《中国民族与西北》,《西北论衡》一期
王俊奎:《西北素描》,《西北论衡》一期
张碧笙:《西北之外患与内忧》,《西北论衡》一期
流连公:《西北行》,《西北论衡》四,五期
赵沐恺:《西北问题之认识与现阶段下开发西北之困难》,《西北论衡》五期
赵沐恺:《西北问题之认识与现阶段下开发西北之困难》,《西北论衡》五期
许元照:《新疆几种特产调查》,《西北论衡》六期
承绪:《新绥通车与新疆商业之复兴》,《西北论衡》八期
相臣:《西北交通与西北边防》,《西北论衡》十二期
李固荣:《西北建设的先决问题》,《西北论衡》十二,十三期
东流:《日人眼中的西北问题》,《西北论衡》十八期

冀中:《新疆问题的分析》,《西北论衡》二十期

启迪:《西北与蒙古》,《西北论衡》二十期

李方晨:《抗战建国中西北工业的发展》,《西北论衡》七卷四五期

史念海:《发展西北交通与建设西北农村》,《西北论衡》七卷十二期

莫外:《发展西北交通的重要性》,《西北论衡》七卷十四期

姚福泽:《西北垦殖问题商榷》,《西北论衡》八卷二期

刘晨:《西北物产志略》,《西北论衡》八卷六至九期

刘晨:《西北的陆路交通》,《西北论衡》八卷十四十五期

伊犁里克:《返新杂记》,《西北论衡》八卷十六期

寿彭:《西北建设漫谈》,《西北论衡》八卷十七、十八期

周介康:《甘青宁新地理概述》,《西北论衡》八卷二十一期

李方晨:《西北动力资源》,《西北论衡》八卷二十二期

李方晨:《西北资源概况》,《西北论衡》八卷二十二期

查树基:《改进西北畜产事业之检讨》,《西北论衡》九卷四期

傅振伦:《哈密三日记》,《西北论衡》九卷七期

周介康:《西北垦收问题》,《西北论衡》九卷十一期

张中衡:《西北气候概论》,《西北论衡》十卷一期

尹仁甫:《西北调查工作计划纲要》,《西北论衡》十卷一、二、五期

西北问题季刊

吴山:《修筑西北道路为开发西北之前途》,《西北问题季刊》创刊号

冼荣熙:《如何考察西北》,《西北问题季刊》创刊号

薛桂轮:《西北矿产问题》,《西北问题季刊》创刊号

王应榆:《视察西北感言》,《西北问题季刊》一卷一期

李大超:《开发西北与繁荣上海》,《西北问题季刊》一卷一期

孙辉智:《开发西北要略》,《西北问题季刊》一卷一期

郭维屏:《南疆事变与帝国主义侵略新疆之分析》,《西北问题季刊》一卷一期

潘景昌:《张库通商与开发西北》,《西北问题季刊》一卷二期

西北研究

微弱:《开发西北之重要性与如何开发及将来之西北》,《西北杂志》创刊号

槐三:《日人眼光下之新疆国际关系及其前途》,《西北杂志》创刊号

无生:《筹边刍议(论阿拉善)》,《西北杂志》一期

佚名:《新疆筑路计划》,《西北研究》一期

向波:《新疆经济价值之观察》,《西北研究》一期

宋斐然:《开发西北农业的基本理论》,《西北研究》一期

振之:《开发西北矿产之我见》,《西北研究》一期

徐叔直:《西北牧畜业事业概观》,《西北研究》一期

佚名:《绥远之工业》,《西北研究》一期

刘镇华:《开发西北计划书》,《西北研究》一,二期

曲直生:《西北农业开发应注意的几个问题》,《西北研究》二期

黄文弼:《新疆气候与水利》,《西北研究》二期

曾父:《陕甘新三省石油矿产》,《西北研究》三期

佚名:《迪长汽车通车成功》,《西北研究》三期

王翰芳:《西北农村经济之凋敝及其救济政策》,《西北研究》三期

姚新安:《清末新疆政策底史的发现》,《西北研究》三期

毕桂芳:《塔巴哈台调查录》,《西北杂志》三期

佚名:《由上海到迪化西北试航》,《西北研究》三期

袁文治:《蒙新甘的商业中心》,《西北研究》三期

宋斐如:《从东北事变谈到西北的开发》,《西北研究》四期

长君:《新疆状况纪要》,《西北研究》五期

佚名:《天山南路吐鲁番之发现》,《西北研究》五期

杨堃:《新疆的婚姻》,《西北研究》五期

典雅:《外蒙古的经济状况》,《西北研究》五期

典雅:《外蒙古的经济状况》,《西北研究》五期

天祐:《新疆天山北路概况》,《西北研究》六期

寇田:《新疆之实况与其开发》,《西北研究》六期

胡求真:《绥远之经济价值》,《西北研究》六期

袁文治:《蒙新甘的天然富源》,《西北研究》六期

薛祥绥:《开发西北之先决问题》,《西北研究》七期

赵管侯:《发展西北之具体方案》,《西北研究》七期

培之:《西北牧畜业之研究》,《西北研究》七期

周钧:《包头工业概况》,《西北研究》七期

李卓吾:《西北皮毛产销概况》,《西北研究》三卷二期

王竞:《西北驿运建设的马车客运建设》,《西北研究》三卷二期

西北月刊

陈仲武:《一年来之新疆》,《西北月刊》四卷二、三期

佚名:《正确认识西北经济建设问题》,《新西北月刊》一卷五六期

佚名:《西北之畜牧分区》,《新西北月刊》第二辑

王化南:《西北毛业之鸟瞰》,《新西北月刊》第二辑

彭芳草:《西北建设与国际关系》,《新西北月刊》一卷一期

淦克超:《西北经济建设之途径》,《新西北月刊》一卷五、六期

赵善详:《改进甘新公路刍议》,《新西北月刊》一卷五、六期

寿昌:《西北经济发展的可能性》,《新西北月刊》二卷特刊

宋希尚:《西北公路建设概况》,《新西北月刊》四卷四期

王化南:《抗战建国中西北养羊事业之重要性》,《新西北月刊》八卷三、四期

西北杂志

槐三:《日人眼光下之新疆国际关系及其前途》,《西北杂志》创刊号

佚名:《论阿尔泰之关系》,《西北杂志》一期

佚名:《库伦之交通述略》,《西北杂志》二期

高得善:《荒徼漫游录》,《西北杂志》三,四期

高得善:《紫塞从戎》,《西北杂志》三期

高尔嘉:《报告新疆情形书》,《西北杂志》三期

西北资源

李亦人:《西北资源论》,《西北资源》一卷一期

宫廷璋:《西北经济的展望》,《西北资源》一卷二期
殷祖英:《西北资源问题基本的认识》,《西北资源》一卷四期
佚名:《西北经济建设近况》,《西北资源》一卷五期

西北资源半月刊

佚名:《西北经济资料》,《西北资源半月刊》一卷五期
傅安华:《西北交通概况》,《西北资源半月刊》一卷三期、五期

新经济

刘行骥:《西北畜牧事业之新展望》,《新经济》四卷三期

新青海

田生阑:《开发西北与青海的蒙藏民族问题》,《新青海》三期
岚新:《从东北到西北》,《新青海》五期
褚民谊:《新疆事件与开发西北问题》,《新青海》一卷八期
李林海:《西行沿途农情概况》,《新青海》一卷八,十一期
唐启宇:《开发西北问题》,《新青海》一卷十期
张文伯:《如何发展西北养驼事业》,《新青海》一卷十期
张乐天:《开发西北四个先决问题》,《新青海》一卷十二期
佚名:《新疆水渠灌田概况》,《新青海》二卷三期
佚名:《新疆概况》,《新青海》二卷四期
张得善:《由美洲开发说到开发西北》,《新青海》三卷四,五期
高飞:《供献给开发西北的同志们》,《新青海》三卷六期
黄举安:《今后的西北》,《新青海》三卷十期
涵荣:《西北归来的回忆》,《新青海》三卷十期

佚名:《最近西北调查汇集》,《新青海》十二期

新陕西月刊

何宝泽:《西安商业概况》,《新陕西月刊》二卷

新亚细亚月刊

马鹤天:《开发西北的根本方法》,《新亚细亚月刊》一卷一期

戴季陶:《救济西北与开发西北》,《新亚细亚月刊》一卷一期

华企云:《中国边疆之沿革与现况》,《新亚细亚月刊》一卷二、三期

褚民谊:《西北与东北》,《新亚西亚月刊》一卷二、三期

吴苏:《西北铁路系统与殖边》,《新亚细亚月刊》一卷五期

梁炳麟:《拟开发青海新疆建设大纲》,《新亚细亚月刊》一卷五期

马鹤天:《西北新三省之开发问题》,《新亚细亚月刊》一卷六期

褚民谊:《新疆事变与开发西北》,《新亚细亚月刊》一卷八期

于去疾:《新疆屯垦及今后之计划》,《新亚细亚月刊》二卷一期

杨钻绪:《新疆之实情与整理之计划》,《新亚西亚月刊》二卷二期

戴季陶:《开发西北的重要与其下手》,《新亚细亚月刊》二卷四期

郭皋:《开发西北河套之计划》,《新亚细亚月刊》二卷四期

丁土源:《蒙新青藏经济开发之初步》,《新亚细亚月刊》二卷四期;《开发西北特刊》一期

徐振流:《苏俄对我国西北之威胁》,《新亚细亚月刊》三卷三期

章勃:《殖边问题与中国》,《新亚细亚月刊》三卷四期

李国干:《开发新疆与我国经济前途》,《新亚细亚月刊》三卷六期

华企云:《吐鲁番干燥的由来》,《新亚细亚月刊》四卷一期

何应钦:《开发西北的重要性》,《新亚细亚月刊》四卷一期

李钦文:《新疆之经济状况》,《新亚细亚月刊》四卷二期

何观洲:《新疆》,《新亚细亚月刊》四卷三期

公武:《西北纪行》,《新亚细亚月刊》四卷四期

余汉章:《西北富源开发与我国之经济建设》,《新亚细亚月刊》四卷五期

张继:《西北饥荒与交通》,《新亚细亚月刊》四卷五期

李作藩:《最近新疆之经济形势》,《新亚细亚月刊》五卷三期

万友竹:《西北游记》,《新亚细亚月刊》五卷四期

郑宝善:《新疆之危机及今后之计划》,《新亚细亚月刊》五卷五期

胡鸣龙:《西北富源之蕴藏及其开发》,《新亚细亚月刊》五卷五期

张鑫:《西北的危机》,《新亚细亚月刊》六卷一期

王应榆:《新疆概况》,《新亚细亚月刊》六卷一,二期

许公武:《边事述闻(新疆杂录)》,《新亚细亚月刊》六卷一至三期

姚玄华:《西北交通之史的研究》,《新亚细亚月刊》六卷五期

幕宁:《苏联与新疆省的商业关系》,《新亚细亚月刊》六卷五期

曾问吾:《苏俄对新疆之经济侵略》,《新亚细亚月刊》七卷二期

佘贻:《新疆问题之症结》,《新亚细亚月刊》七卷五期
卢毓骏:《西北道路问题之研究》,《新亚细亚月刊》七卷六期
海维谅:《国人注意不到的南疆》,《新亚细亚月刊》七卷六期
赵殿诰:《新疆之国际关系及其前途》,《新亚细亚月刊》七卷六期
卢于正:《西北建设观感》,《新亚细亚月刊》七卷六期
苏大成:《新疆立体之研究》,《新亚细亚月刊》八卷一,二期
倪志书:《新疆之蒙族》,《新亚细亚月刊》八卷二期
魏崇阳:《西北巡礼》,《新亚细亚月刊》八卷五期;九卷二至四期;十卷一期
孟英叟:《英俄日角逐下之新疆问题》,《新亚细亚月刊》九卷二期
胡鸣龙:《新疆的农业经济》,《新亚细亚月刊》九卷三期
李大璋:《整理及开发新疆意见》,《新亚细亚月刊》九卷三期
庄心在:《新疆与苏俄之关系》,《新亚细亚月刊》九卷四期
杨振民:《新疆县志之研究》,《新亚细亚月刊》九卷五期
郭维屏:《新疆之山脉与地势》,《新亚细亚月刊》九卷五期
巴夫罗夫士基著,张慎微译:《联络新疆与内地之汽车运输计划》,《新亚细亚月刊》十卷三期
王醒民:《新疆之商业与金融》,《新亚细亚月刊》十卷四期
徐以予:《近年来新疆政权的递嬗及现在的行政概况》,《新亚细亚月刊》十卷四期
王醒民:《新疆之农牧与生物》,《新亚细亚月刊》十卷五期
王醒民:《新疆之工业及矿产》,《新亚细亚月刊》十卷六期

新中华

周宪文:《东北与西北》,《新中华》一卷十一期

葛绥成:《内忧外患下之新疆》,《新中华》一卷十一期

颜秀三:《西北纪游》,《新中华》二卷七至十二期

贺扬灵:《破碎的新疆》,《新中华》二卷八期

李如汉:《开发西北问题》,《新中华》二卷十四期

罗君素:《苏联与新疆省的商业关系》,《新中华》二卷十八期

余天休:《绥新通商》,《新中华》三卷二期

毛澈云:《西北归鸿》,《新中华》三卷四期

徐益棠:《民族学上之新疆民族问题》,《新中华》三卷九期

学衡季刊

黄文弼:《天山南路大沙漠探险记》,《学衡季刊》一卷三期

丁道衡:《蒙新探险的生涯》,《学衡季刊》一卷四期

黄文弼:《西北科学考察团在新疆考古情形报告》,《学衡季刊》一卷四期

学术月刊

刘衍淮:《天山南路的雨河》,《学术月刊》二卷一期

丁道衡:《蒙古新疆人民生活状况》,《学术季刊》一卷四期

学　艺

佚名:《新疆油矿与世界石油问题》,《学艺》二号

佚名:《美国博物馆考古队调查戈壁沙漠的方法与结果》,《学艺》八卷八期

燕大月刊

征鸿:《民国以来之新疆》,《燕大月刊》一期

征鸿:《新疆之国际关系及其前途》,《燕大月刊》一期

禹贡半月刊

孙媛贞:《一周间西北旅行记》,《禹贡半月刊》三卷二期

斯文赫定讲,侯仁之译:《新疆公路视察记》,《禹贡半月刊》三卷三期

徐文珊:《平绥路旅行归来》,《禹贡半月刊》三卷七期

月　华

马毓贵:《西北之行》,《月华》六卷一期

马毓贵:《新疆问题之总检讨》,《月华》六卷一期,三至九期

王曾善:《新疆之危机与其解决之途径》,《月华》六卷三至六期

马吉第:《建设西北意见书及实施方案》,《月华》六卷二十八至三十期合刊

王梦扬:《五年以来西北问题之检讨》,《月华》六卷二十八,二十九,三十期合刊

舆　论

赵希甫:《西北自愿概论》,《舆论》一卷四期

殖边月刊

定希程:《今日之新疆问题》,《殖边月刊》一卷三号

高君宝:《民国二十一年以前边疆大势》,《殖边月刊》一卷一、二、三、五、七、十一号等

中国经济

何天西:《西北垦殖的重要》,《中国经济》二卷四期

中华实业季刊

师济痒:《发展西北毛业刍议》,《中华实业季刊》一卷一期

杨玉山:《保护西北毛绒出口及毛绒品生产事业刍议》,《中华实业季刊》一卷二期

曹焕文:《西北志要》,《中华实业季刊》一卷一至四期

中华农业学会会报

邓植仪:《发展我国西北农业之管见》,《中华农业学会会报》139期

晨报·艺圃

佚名:《西北纪游》,《晨报》民国二十年一月一、六、八、十六、十七、三十日,二月五、六、九日

四、论文类

陈雁:《民国时期新疆中西医事业的起步》,《和田师范专科学校学报(汉文综合版)》2005年第4期。

戴良佐:《新疆昌吉地区清末民初商业概述》,《中国边疆史地

研究》1994年第2期。

戴良佐:《王树楠与〈新疆图志〉》,《中国地方志》2002年第3期。

董琳:《清代移民屯田对新疆地名的影响》,《干旱区地理》1993年第4期。

董琳、杨晓梅:《新疆历史上政治经济中心的变迁》,《新疆师范大学学报》(自然科学版)2004年第4期。

董印其:《从语言特征看文化现象——奇台汉语言文化透视》,《新疆教育学院学报》2006年第4期。

管守新:《刘锦棠恢复与发展新疆经济的重大措施》,《西域研究》1995年第4期。

黄达远:《"西力"与"东力"的交织与竞争:新疆城市早期现代化的曲折展开》,《和田师范专科学校学报》2013年第1期。

贾秀慧:《"津帮"在近代新疆的商业活动述评》,《西北民族研究》2005年第3期。

贾秀慧:《"赶大营"与晚清民国年间"迪化"的汉民俗文化》,《新疆教育学院学报》2012年第2期。

贾秀慧:《晚清民国时期乌鲁木齐城市近代化述论》,《西域研究》2007年第2期。

贾秀慧:《试析近代新疆商业史上的"津帮八大家"》,《新疆地方志》2004年第3期。

金楠:《乌鲁木齐城市兴起与发展的历史地理基础》,《新疆地方志》2005年第3期。

来新夏:《评〈杨柳青镇志〉蓝本》,《中国地方志》2004年第10期。

李刚、袁娜:《论清代陕西商人在新疆的活动及其会馆建设》,

《新疆大学学报(人文社会科学版)》2006年第5期。

李建国:《抗战时期的移民潮对西北社会的影响》,《西北师大学报(社会科学版)》2008年第1期。

李建国:《试析近代西北地区的晋商》,《青海社会科学》2008年第6期。

李江杰:《文化认同语境下清代戏曲的新疆发展与衍变》,《中国戏曲学院学报》2014年第2期。

李亚平:《客商“在地化”的概念、进程与其意义——以近代兰州客商为中心》,《兰州学刊》2014年第4期。

刘海岩:《近代历史上天津与西部的关系》,《城市》2001年第2期。

刘永刚:《近十年来清代西北经济研究述评》,《新疆社会科学》2005年第2期。

罗紫元:《清代戏曲在文化认同语境下的新疆发展与衍变》,《戏剧文学》2014年第1期。

刘正江:《早期乌鲁木齐民族社区的商业活动》,《中国商贸》2013年第8期。

刘正江:《清至民国时期乌鲁木齐居住格局的形成及其原因》,《黑龙江民族丛刊》2012年第2期。

龙小峰:《清中期至民国交通线的变化对奇台商业经济的影响》,《兰州学刊》2012年第4期。

马大正:《新疆历史研究中的几个问题》,《西域研究》2006年第2期。

苗健:《新疆近代邮电事业的创建与发展》,《新疆社会科学》2008年第1期。

聂爱文:《昌吉地区汉族人口的来源分析》,《南方人口》2003年第3期。

渠占辉:《近代中国西北地区的羊毛出口贸易》,《南开学报》(哲社版)2004年第3期。

潘志平:《清季新疆商业贸易》,《西域研究》1995年第3期。

王桂章:《试析近代奇台地区汉族移民与社会变迁》,《新西部》2011年第9期。

王亚彬:《杨柳青人"赶大营"的历史探析》,《岱宗学刊》2009年第4期。

王志强、闫存庭:《新疆官钱局发展始末述略》,《新疆师范大学学报(哲学社会科学版)》2007年第1期。

魏长洪:《论清末迪化王高升放火案》,《新疆大学学报(哲学社会科学版)》1988年第1期。

魏丽英:《明清时期西北城市的"商帮"》,《兰州学刊》1987年第2期。

吴晓辉:《清前期国内贸易政策初探》,《北京财贸职业学院学报》2009年第1期。

谢亮:《移民与灾荒:战乱后的西北商路之区域经济发展——以近代西北灾荒和荒政实践为中心(上)》,《肇庆学院学报》2011年第6期。

袁澍:《新疆会馆探幽》,《西域研究》2001年第1期。

阎东凯:《近代中俄贸易格局的转变与新疆市场与内地市场的分离》,《陕西师范大学学报(哲学社会科学版)》2000年第2期。

晏海发:《从伊犁地名看历史上的移民和开发》,《伊犁师范学院学报》1999年第3期。

余志勇:《民国年间新疆各族经济文化关系述略》,《西北第二民族学院学报(哲学社会科学版)》1992年第3期。

张丹:《内地汉人在清代新疆屯田开发中的作用》,《河海大学学报(哲学社会科学版)》2002年第3期。

张慧芝:《商帮对清代以奇台为中心市场体系发育之作用》,《西域研究》2010年第4期。

张金晶:《奇台社火之现状分析》,《昌吉学院学报》2012年第1期。

张晓森:《温宿商业兴衰录》,《新疆地方志》1989年第3期。

仲高:《汉唐遗风与近代新疆屯垦艺术》,《新疆社会科学》2004年第6期。

仲高:《20世纪前半叶新疆民间文化与城市文化》,《西域研究》2000年第1期。

周泓:《北方市镇与"商域宗族"——兼论"圈层格局"》,《民族研究》2010年第1期。

周泓:《市镇宗族与圈层格局》,《学术研究》2013年第1期。

周泓:《商域与宗族:杨柳青商镇形态与基础结构》,《西北民族研究》2010年第3期。

周泓:《商农制度路径依赖:藉—村并体与"两半户"家庭》,《民族论坛(学术版)》2011年第7期。

周泓:《清末新疆通内外交通的反差》,《新疆大学学报(社会科学版)》2012年第1期。

周泓:《清末民国杨柳青商绅性文化在新疆的衍生》,《民族论坛(学术版)》2011年第11期。

周轩:《温世霖与〈昆仑旅行日记〉》,《中国边疆史地研究》1999

年第1期。

王聪延:《清代汉族迁移新疆的原因及特点》,《乌鲁木齐职业大学学报》2012年第1期。

王聪延:《清代新疆汉族社区的形成和发展》,《兵团党校学报》2012年第1期。

王志强、姚勇:《清代新疆台站体系及其在边疆开发中的作用》,《西域研究》2007年第4期。

五、著作类

陈赓雅著、甄暾点校:《西北视察记》,兰州:甘肃人民出版社2002年版。

陈纪滢著:《新疆鸟瞰》,重庆:建中出版社民国三十二年(1943)版。

陈希豪编著:《新疆史地及社会》,上海:正中书局民国三十六年(1947)版。

方希孟著、王志鹏点校:《西征续录》,兰州:甘肃人民出版社2002年版。

冯有真:《新疆视察记》,上海:世界书局民国二十三年(1934)版。

华企云:《新疆问题》,上海:大东书局民国二十年(1931)版。

李德贻著:《北草地旅行记》,兰州:甘肃人民出版社2002年版。

李烛尘著、杨晓斌点校:《西北历程》,兰州:甘肃人民出版社2003年版。

林竞著、刘满点校:《蒙新甘宁考察记》,兰州:甘肃人民出版社2003年版。

刘文海著、李正宇点校:《西行见闻记》,兰州:甘肃人民出版社2003年版。

裴景福著、杨晓霭点校:《河海昆仑录》,兰州:甘肃人民出版社2002年版。

太平洋书店编:《新疆》,上海:太平洋书店民国二十二年(1933)版。

汪永泽编著:《新疆风物》,重庆:文信书局民国三十二年(1943)版。

汪昭声编著:《到新疆去》,重庆:青年印刷所民国三十三年(1944)版。

王金紱著:《西北地理》,北平:立达书局民国二十一年(1931)版。

吴蔼宸:《新疆纪游》,北京:商务印书馆民国二十四年(1935)版。

吴绍璘著:《新疆概观》,南京:仁声书局民国二十二年(1933)版

谢彬著:《新疆游记》,上海:中华书局民国二十一年(1932)版。

徐炳昶著、范三畏点校:《西游日记》,兰州:甘肃人民出版社2002年版。

徐弋吾:《新疆印象记》,西安:和记印书局民国二十三年(1934)版。

张之毅:《新疆之经济》,上海:中华书局民国三十五年(1946)版。

李颖超著:《新疆津帮》,乌鲁木齐:新疆人民出版社2006年版。

刘荫楠著:《乌鲁木齐掌故(一)》,乌鲁木齐:新疆人民出版社2001年版。

刘荫楠著:《乌鲁木齐掌故(二)》,乌鲁木齐:新疆人民出版社2003年版。

苗普生、田卫疆主编:《新疆史纲》,乌鲁木齐:新疆人民出版社

2004年版。

新疆维吾尔自治区档案馆编:《新疆与俄苏商业贸易档案史料》,乌鲁木齐:新疆人民出版社1994年版。

周泓著:《群团与圈层——杨柳青 绅商与绅神的社会》,上海:上海人民出版社2008年版。

张利民等主编:《丝路津商——“赶大营”资料汇编》,天津:天津人民出版社2014年版。

附录二

赶大营百态

品读赶大营

从渤海之滨到天山南北，从随军商贩到商界翘楚，他们创造了一个个中国商业史的奇迹，谱写了一曲曲民族大团结的壮丽篇章：当中国西北边陲遭受外敌入侵时，他们通过肩挑背扛，为收复新疆的左宗棠部队提供必要的军需品，为祖国版图的完整贡献出绵薄之力；当新疆经济百废待兴之际，他们通过贩运商品、百业进疆，为新疆经济的恢复和发展贡献良多；当新疆经济遭受帝国主义蚕食鲸吞之际，他们通过已经积累的从商经验，尽己所能抵御外敌经济侵略。

历史的风云变幻，无法抹去他们在后辈脑海中的印痕；天山远隔的漫漫征程，无法割断海河儿女的绵绵乡情。为重温“赶大营”的援疆之情，特撰写此文，以飨读者。

赶大营之源起

1875年5月3日（清光绪元年三月二十八日），这一天，北京城传出了一个消息，陕甘总督左宗棠被任命为“钦差大臣督办新疆军务”。

新疆是中国西部门户，沙俄早有鲸吞之意，英国也抱有侵略野心。1865年4月，浩罕国在英国支持下派阿古柏率军侵入新疆，并于1867年悍然称王，建立“哲德沙尔汗国”。1870年，阿古柏占领乌鲁木齐，将美丽的新疆变成人间地狱。1871年，沙俄悍然大举入侵新疆，占领伊犁九城，遭到当地人民的坚决反抗。经过一段时间筹备后，1876年3月，左宗棠大军兵分三路进军新疆，他特意为自己准备了一口棺材，走到哪里抬到哪里，以表示自己收复新疆的决心和勇气。到1878年1月，在不到两年的时间里，清军收复了除伊犁以外的新疆全部领土。此后，清政府经谈判收回伊犁。

当时，除武器和粮食外，数万大军的日常生活用品极其匮乏。左宗棠的部属刘锦棠建议在军营的周围划出一块地方，供商贩们贩卖货物供给部队，并在沿线设立官店供商贩们使用。杨柳青人安文忠就是在这样的背景下，一路经商到新疆，是为“赶大营”之始。

三千货郎满天山

1884年11月19日（清光绪十年十月初二日），清政府发布上谕：“授刘锦棠为甘肃新疆巡抚，仍以钦差大臣督办新疆事宜”。

此时的新疆百废待兴，刘锦棠一上任就发出布告，要鼓励商业发展。乌鲁木齐大十字街以东，先后出现了一些简易房屋，这些房屋大部分是“赶大营”的杨柳青人所建。

安文忠在西行的途中，结识了到新疆经商的杨柳青人李汉臣、杨润棠、郑子澄等人。他们在经商过程中，互相扶持，相互照应，出售贩卖当地的各种土特产和从湖南、四川、山西商人手中贩来的存货。就这样，天津商帮逐渐发展起来，资金日益雄厚，草泥建成的简易房屋也逐渐改成仿效京津铺面的商号。

同时，安文忠等人通过回津买货和探亲的机会，带着自家的亲戚回到新疆，津帮商人的数量逐渐增加。随着新疆社会秩序的恢复，来疆的权贵日见增多，消费需求扩大。津帮商人不仅在乌鲁木齐设店，还先后前往伊犁、古城、喀什噶尔、阿克苏、库车、和田、哈密等地经商，有的人就留在当地修建房屋，开设字号。"赶大营"的第一人安文忠，就把自家商号文丰泰总店开设在了伊犁。一时间，天山南北，全疆各个商业城镇，几乎随处可见津帮商人的身影，众多的杨柳青人逐年追随他们而来。

关山远阻行路难

1891年12月，隆冬季节，一辆骡马车在嘉峪关前往玉门的途中。虽是羊皮门帘，坐在车中的人依旧感觉到寒风入鼻，有如针刺一般。他扯过来一件皮褥子盖在腿上，却仍有要被冻僵的感觉。此人是清末四公子之一的陶保廉，他的父亲陶模被清政府任命为新疆巡抚，陶保廉陪父亲赴新疆上任。在行进的途中，陶保廉不时地能够看见三五成群的小商贩在寒风中前行。他知道，这些人都是前往新疆做生意的。

这条路是当年津帮商人进疆的必经之路。在路上，在不同季节里，津帮商人要饱尝巴里坤的冷、安西的风和吐鲁番的热。恶劣的气候，漫长的路程，留下了一串串津帮商人的足迹。

最初，杨柳青人获悉安文忠等人在新疆经商取得了成功，有些人也跟着他们前往新疆经商。渐渐地，在天津杨柳青镇，形成了固定的出发时间和行车路线。于是，每年正月十五之后，在杨柳青御河南岸玉皇庙前，许多前往新疆"赶大营"的人们在这里集合，乘坐马车或是步行，共同前往新疆。杨柳青人用脚步丈量着八千里的进疆路程。在这条被称之为南线的路上，他们要经过151站，途中所过之处，特别是出了玉门关后，常常是几天没有甜水，风沙弥漫，烈日炎炎，他们就这样一路艰辛地走下去，经过半年的时间才能到达新疆，最终形成了势力强大的天津商帮。

商界翘楚图志见

1907年（清光绪三十三年），55岁的王树楠从兰州道调任新疆布政使。在王树楠的任内成立了新疆通志馆，编辑了一部《新疆图志》。而正是这部志书，透露出津帮商人的信息。

当年追随左宗棠大军进入新疆的不仅仅是津帮商人，还有湖南、山西、陕西、四川、河南、湖北和甘肃等地的商人。然而，津商被公认为八大商帮之首，据《新疆图志》记载："津人植基最先，故根本深固，分枝遍南北疆，肆无常货，居无常贾，五都之会，海国之所供，莫不备致。"这段文字点出了津帮商人的经营特点和取得成功的缘由。

当时津帮商人的足迹不仅遍及天山南北，同时也把天津的商业文化和传统带到了新疆。早在清代中期，有诗人写过"繁华真可比京华，都说津门有大家"的名句，点出了天津商业上有大家的称谓和习俗。当天津商帮在新疆站稳脚跟后，也出现了八大家的称谓，用以评价那些去得早、干得好的商业字号，这也是一种商业地位和身份的象征。

以1910年为分水岭，津帮商人在新疆乌鲁木齐先后出现新老八大家。老八大家为同盛和京货店、复泉涌酱园、永裕德京货店、德恒泰绸缎庄、公聚成京货店、忠立祥京货店升聚永京货店、聚兴永京货店。1910年以后，忠立祥京货店的位置由新盛和京货店代替。当然，这些津帮字号仅仅是乌鲁木齐一地的情况，在新疆其他城市，也有很多较大的商家，比如"赶大营"第一人安文忠创办的文丰泰京货店等，支号就遍及全疆各大商业重镇。

一条商路带两端

1919年8月5日，大雨滂沱，遍地泽国，从新疆古城（今奇台）前往归化（今呼和浩特）的路上，一支由二百余峰骆驼、两辆驼车组成的驼队正在艰难地前行着，一位25岁的青年冒雨跟同行的人交流着。他，就是林竞。这是他第二次考察西北后返程的路上。他在调查商队的人员构成，调查结果出来后，让他大吃一惊：在30位商人中，竟有18人来自天津，其他商人分别来自北京、河北、山西等地。

对于当年到西北旅行、考察的人们来说，在途中遇见津帮商人的驼队并不是什么新鲜事儿。林竞遇见的还是小规模的驼队，规模大的驼队从数百峰骆驼到一千多峰不等。从新疆过蒙古草原到天津，早已成为了沟通东西的经济大动脉。这条商路上，每年各种津京百货、洋广杂货通过驮运输往新疆，而返程则将羊毛、驼毛、兽皮、各种药材和新疆当地土特产运回内地。这条商路，推动着新疆与内地特别是天津口岸的经济交流。

由于骆驼每年从谷雨到白露时期，要放牧脱毛，只有八个月左右的运输期，因此津帮商人还通过铁路等方式运输货物，从天津出发 坐火车到东北边境，换行西伯利亚铁路，抵达阿亚古斯，再坐马车行进6天左右，进入新疆。这条线路主要为钱财充裕或携带贵重物品的津帮商人所利用。而一般小本经营的小商贩，则利用了前文提到的“赶大营”路线。

百业进疆是典范

1932年10月21日，《申报》记者陈赓雅一路西行，由甘肃进入新疆，抵达哈密，这是他考察西北的最西一站。虽然此时的哈密商业略有不振之势，但在这一天，他看到哈密的津帮商人，用手中的纸烟、绸缎、布匹等紧俏商品与当地人民进行交易。这仅仅是津帮商人进入新疆后，在百货业方面的一个缩影而已。

津帮商人进疆之后，他们很快发现，在新疆有很多康熙年间就在这里居住的八旗子弟，由于每年清政府拨付专门的“协饷”给新疆，这些八旗子弟大多享受“禄米”，而在阿古柏入侵新疆十余年的时间里，这些人对京货是望眼欲穿，这也是津帮商人经营的百货业纷纷起名京货庄的原因。

这些比较大的字号都在京津沪等地设立分号，安排专人购办货物。日用百货讲究的是货全，在新疆，津帮商人开办的京货庄，素有“上有绸缎，下有葱蒜”之称。津帮商人注意置办当地人民喜爱的各种绫罗绸缎、毛呢花布、条子绒、直贡呢等商品，以及各种瓷器。这些商品中，绫罗绸缎以江浙一带的产品为佳，但是四川仿效江浙一带，生产同类产品，为四川商人所独有。后来，天津商人每年进一趟四川，购置丝绸，以至于新疆的市场上，不仅丝绸都来源于四川，价格也非常低廉，很快打开了市场。天津商人在新疆还开设了金店、银楼、中药店、干货店、酱园、点心铺等，“百业进疆”繁荣了当地的商品市场，促进了天津与新疆的经贸交流。

百艺进疆风气先

1928年，一部手摇电影放映机从天津运到乌鲁木齐，成为商人韩幕颜私人观影用品，随机而来的，是三部英国滑稽无声影片。1932年，在乌鲁木齐大十字街附近，一座可以容纳200人的电影院热闹地开业了。这就是津帮商人杨元富创办的德元电影院。尽管这不是新疆最早的电影院，但从内地购买的《火烧红莲寺》等10部影片依旧吸引了很多观众眼球，德元电影院每夜几乎座无虚席。虽然不久后，该电影院由于当局的限令而停业，但却为电影在新疆的传播开拓了渠道。

天津是近代文明传入中国的基地之一，而敢为风气先的津帮商人也凭借微薄之力，让近代文明之水源源不断地流向新疆。乌鲁木齐还曾经出现过几家照相馆，有的甚至可以同时为数百人拍摄室外照。

同时，商人们还将天津的各种习俗带到了新疆，如过年贴吊钱儿、贴春联、贴年画。天津杨柳青镇，素以木版年画闻名全国。当津帮商人进入新疆后，依旧保持着过年贴年画的习俗，起初，这些年画只是专门出售给津帮商人。随着津帮商人与当地各族人民交往的日渐深入，当地人民也喜欢上了这些年画，精明的津帮商人按照当地人的口味设计年画，使得杨柳青年画成为文化交流的使者。

在长期的经商岁月中，文化娱乐活动是津商排解思乡愁绪的最好方式。天津人喜欢听河北梆子，于是，从最初津商自身能够排演剧目，到请戏班到新疆演出，将河北梆子带到了新疆，著名的剧班有吉利班、天利班、新小班和华侨班。他们的演出还曾经吸引过外国旅行者，并被记入外国人的游记中。

津商衰落犹可叹

1942年12月19日，一支考察团出现在乌鲁木齐街头。他们就是到西北考察盐碱情况的西北实业考察团，团长是有“中国化工巨子”、“盐碱大王”之誉的李烛尘。他们应新疆地方政府的邀请，在新疆各地参观考察。在这一天的日记里，李烛尘写道：“热闹街市，仅东西大街一道，直到城外俄国领事馆。这一带的铺面较整齐，一切陈设，亦带有平津洋场气味。”不消说，这种“洋场气味”出自津帮商人的手笔。

然而，李烛尘没有想到的是，此时的津帮商人已经进入了衰落时期。在新疆省主席盛世才杀害中共党员陈潭秋、毛泽民之后，津帮商人的精英和领袖也惨遭杀害。

其实，早在津帮商人入疆之后，当他们稍成气候时，在沟通天津与新疆的商路上，就经常遭到土匪的拦截，损失严重，但尚未伤及筋骨。

进入民国以后，一路上的苛捐杂税，却让津帮商人亏赔不已。20世纪30年代中期，就有津帮商人感叹“如今的买卖，较从前‘“赶大营”’的差得多了，从前没有捐税，如今到处税卡，从前利获十倍，如今常忧亏本，甚至倒闭。”

真正让津帮商人走向衰落的是1937年。这一年，日军悍然发动全面侵华战争，天津与新疆的交通受阻；在新疆，盛世才逮捕了乌鲁木齐总商会会长天津人石寅甫等人，查封了同盛和、同泰兴和德兴合等三家津帮商号。一些津帮商家逃出新疆，甚至当盛世才倒台后，也不敢回新疆。曾经创造过辉煌的津帮商人，至此没落下去，“赶大营”也成为了历史的记忆。

西出阳关有故人

温世霖(1870—1935)字支英,天津宜兴埠人。毕业于天津水师学堂,曾经创办了天津普育女子学堂,主办过《醒俗画报》。1910年出任“全国学生界请愿同志会”会长,并因此被清政府“遣戍新疆”。曾到广东投奔孙中山,后返回天津,从事社会公益和教育活动。

1910年12月20日,正值各地请愿召开国会运动风起云涌之际,东三省学生齐聚天津,公推温世霖为“全国学生界请愿同志会”会长,三千多人的队伍浩浩荡荡地从天津广东会馆出发,向直隶总督衙门而去。谁料途中遇到一位官员的马车撞伤了请愿学生,激起了请愿学生的巨大愤怒,直隶总督陈夔龙被迫同意转奏请愿学生的意见。事后,陈夔龙立即将温世霖的事情向清政府汇报,清政府下电文将温世霖“遣戍新疆”,由此掀开了这位著名教育家的新疆之行。

温世霖经五省、历时半年,最终抵达新疆。他将这一路上的各种遭遇和各地习俗,写在了《昆仑旅行日记》中。在这部日记中,他详细地提及了津帮商人在西北地区特别是新疆地区的概况，为今天我们追寻津商的足迹提供了弥足珍贵的信息。

孙文派人护世霖

1911年1月28日上午，西安马芳门庆龙客店，温世霖正在客房中静坐，忽然听见店外大声喧哗，只听见门外的士兵大声喊道："温大人不在家，不能进去！"来宾哪里肯听，双方争吵不休，温世霖连忙出门，来宾是陕西省咨议局王敬如和井崧生。温世霖当即将二人迎入屋内，王、井二人是特意前来问候温世霖的。

在温世霖笔下，这种温馨与感动一路相随。有的是天津同乡写信嘱咐沿途的亲朋好友关照他，有的是慕名前来拜会他这位风云人物，有的是沿途巧遇的同乡旧友。在陕西潼关县，驻军统领拜会温世霖并赠送十两白银；过临潼，当地的县令张衡玉与戊戌六君子的杨深秀为同年，与温世霖的交谈中，拍案大叫中国"非大革命不可"。在西安时，北洋大学的毕业生、陕西高等学堂英文教习郭瑞甫受友人段子钧的委托，在此等候温世霖多日。在甘肃安定县，县令刘春堂是末代状元刘春霖的哥哥，因有事赴省城，特意安排账房先生款待温世霖一行，还馈赠二十四两白银作为路费。路过甘肃金县，县令李春浦出县城六十里迎接温世霖，同进晚餐，并特意出示津友吴霭臣托他关照的信函。

更让温世霖感动的是，当温世霖被"遣戍新疆"的消息传到海外后，孙中山特派陈克义到天津，以利于沿途的保护，当陈克义到津后，得知温世霖已经前往新疆，日夜兼程，在兰州追上了温世霖。温世霖了解这一情况后，谢绝了孙中山派员护送的美意。

五省津商齐募捐

1911年2月25日，兰州西门庆升客栈，甘肃省商会副会长云倬樵将向五省同乡募捐的款项交到了温世霖手中，让冬日中的温世霖感受到了同乡的浓浓乡情。

其实，从天津到新疆的一路上，无论是沿途的山边涧底，还是断岸悬崖；无论是赏心悦目的风景，还是骇目惊心的景象；无论是波涛汹涌的黄河，还是阳关大道柳树齐整；都给温世霖留下了深刻的印象，但是让他一路勇敢前行的，除了友人旧识，还有这些朴实的大营客。

早在经过西安时，温世霖就收到了天津三顺合京货店送来各种物品。达到甘肃后，由于路途遥远，花费颇多，特别是一旦出了嘉峪关后，要进入大小戈壁无数的八百里瀚海，道路险阻，日期漫长，一切食用都需要自备银两。为此，到兰州后，温世霖拜访了一些津帮商号，并致电天津总商会，商借二百两白银作为沿途的旅资。当地的津帮商号还为温世霖代购了皮箱、羊皮袍筒及药品等物。得知温世霖急需旅途资费，甘肃省商会副会长云倬樵向直隶、河南、山西、甘肃、新疆五省同乡为温世霖募捐。两天之内，各地的天津人特别是津帮商号就筹集出五百两白银，津帮商号还为温世霖筹备所需购买的各种日用品、食品，周到之至。有的天津商号还单独赠送温世霖旅资以及路上必备的蔬菜果品。在温世霖离开兰州前，津帮商人还特意为他饯行，并临时提出再给温世霖筹集白银一百两。虽是雪花飞舞、严寒刺骨的时节，津帮商人的热心帮助，使得温世霖此行新疆又平添了几许暖意。

新疆当地留俗谚

1911年5月28日午后，津帮八大家的领袖杨绍周、周玉封行色匆匆，他们来到新疆乌鲁木齐东门路北的一家车店中，拜访一位下午两点刚刚入住的客人。一进客人的房间，杨绍周操着浓重的杨柳青口音说道："七哥来了，到了这里，就如同到家一般，在这里的一切花费都不用担心，我们这些同乡能供应得起。"被称为"七哥"的就是温世霖。听到杨绍周的这句开场白，一股暖流涌上了温世霖的心头。一路上的风雨坎坷，都随着这句话随风而逝。于温世霖而言，作为一个被清政府"遣戍新疆"的犯人，却受到了津商的如此礼遇，大大出乎他的意料。

早在从孚远前往乌鲁木齐的路上，一位天津同乡就告诉温世霖，新疆学务公所总务科长金育才已经得知温世霖快到省城了，正在与津帮商人筹备如何欢迎温世霖。金育才是温世霖的一位故人，毕业于北洋大学(天津大学前身)，当年杨柳青人杜子丹被清政府任命为新疆提学史(1906年由各省学政改设，掌管一省的教育行政)后，杜子丹请严范孙举荐人才，严范孙保荐金育才，在金育才前往新疆之前，温世霖在其创办的《醒俗画报》馆内曾经为金饯行，并勉励金育才在新疆作一番事业。没想到，几年后，温世霖被"遣戍新疆"。二人在乌鲁木齐见面了。

从5月28日到5月31日，津帮商人和金育才等人不断宴请温世霖。温世霖留在新疆的时间虽然不长，却留给当地的津帮商人一句谚语："请温七爷吃饭请得起，请温七爷喝酒喝不起。"因为每次温世霖吃饭，必喝香槟和啤酒。当时新疆对外交通不便，输入到这里的洋酒价格昂贵，一瓶啤酒二两银子，一大瓶香槟要十四两白银，每次吃饭，温世霖要耗掉津帮商人三四十两白银的酒钱。后来，温世霖曾自嘲说，当时的他迷信欧风美雨，以为要成为维新派的人物，必须要穿西装、吃西餐、喝洋酒、住洋房，只看到西方的皮毛，对西方的科学却不求甚解。

温世霖离开新疆后，先后留下《昆仑旅行日记》和《新疆风俗考》两部著述。然而，《昆仑旅行日记》小范围出版了，《新疆风俗考》却没有任何的馆藏和出版信息，如果这部书能够早日发现，或许人们能够了解更多关于津帮商人的信息。

游兴频发此 津商景致鲜

“赶大营”是天津杨柳青人的历史壮举，也是中国近代商贸史上的奇迹。“赶大营”带动了沿线的经济发展。津帮在新疆商业史上开创了众多第一，成为新疆商业发展的奠基者。《新疆图志》记载称，新疆商业“津人植基最先，分支遍及南北疆”。由于“赶大营”的影响，当时很多文章中都有关于大营客经商经历的描述，作者将这些游记中关于“赶大营”的记载提炼出来，形成了这篇纪念文字。

解开津商致富之谜

——茅盾《新疆风土杂忆》中的大营客

1939年4月初的一个夜晚，新疆学院的教室里正在放映苏联影片《拖拉机手》。虽然在当时能够看一场电影是非常难得的，但是，教室里的师生们却不时地把目光聚焦在一位身穿海军呢灰黄色西服、头戴呢帽的人身上。这个人就是著名文学家茅盾先生，他是接到其好友杜重远的邀请，到新疆学院出任教授的。

1940年5月，茅盾先生离开新疆。在新疆的一年多时间里，茅盾先生不仅致力于新疆的文化建设，还进行了很多的实地考察，离开新疆后，茅盾先生写下了《新疆风土杂忆》一文，刊登在1942年出版的《旅行杂志》第9期和第10期上。在这篇追忆文章中，茅盾先生对津帮商人给予了高度的评价："新疆汉族商人，以天津帮为巨擘。"这些津帮字号除了在迪化（今乌鲁木齐）设有总店外，在天津设有分店，在新疆各主要商业城镇，也有分号，因此，新疆的土特产通过津帮商人运销于天津口岸，沿海的工业品则通过相同的路径流入新疆。

尤为难得的是，在这篇文章中，茅盾先生在深入调查的基础上，以其独特的视角，解开了津帮商人能够在新疆致富的谜团。长久以来，我们只是从一些后人的口述中得知津帮商人的经济状态，但遗憾的是，这些资料大多只涉及个别商号，而从宏观上回忆的文章，很多问题又没有提及。在茅盾先生的笔下，第一批进疆津帮商人致富之谜得以破解："当时'"赶大营"'者，一挑之货，几次转易，利即数倍，其能直至迪化者，盖已颇有积累。其魄力巨大者，即由行商而变为坐庄。据言此为今日新疆汉族巨商之始祖。"

通过茅盾先生的笔触，我们还能了解第二代、第三代津帮商人的艰苦创业史。他们"不辞关山万重，远道而往"，一般都在津帮商人的店中做伙计，积累一段时间后，成为当地的摊贩，在获取利润后，从新疆购买土特产，回到天津贩卖，之后再从天津买货赶往新疆，"如此每年可走一次，积十年亦可成富翁"。他不仅道出了津帮商人在新疆经商成功的秘密，还指出了新疆天津商人为数众多的另一个原因：抗日战争爆发前，新疆的对外商品流通线路，主要是通过镇西运往包头，从这里可以乘坐平绥铁路到达天津，所以天津商人为数众多。

行走草原路有秘诀

——林竞《西北丛编》中的大营客

1919年6月7日，林竞结束了他第二次对新疆的考察，从古城（今奇台县）赶赴归化（今呼和浩特），从归化返回北京。在这条线路上，沿途没有任何的驿路，除了游牧民族逐草而居外，就是转运货物的驼帮由此经过。

漫长的路途中，林竞每天早晨喝粥，中午吃面，晚上则多用开水泡干馒头充饥。他自嘲说，这样吃更加适应草原和大漠旅途的气候。但是，一个多月后，当林竞遇见了津帮商号文丰泰的经理安锦亭，他才意识到自己的看法是错的。

7月27日，在前往归化的路上，林竞遇见了一支从古城（今奇台县）返回归化的商队，来自新疆的文丰泰商号经理安锦亭就在这支商队中。在此后的几天里，安锦亭每日招待林竞吃饭，餐餐有豆芽菜和鸡蛋。其实，这些食品在平日里不算什么，但经历了五十天的长途跋涉，林竞觉得在大漠中能够吃到这样的食品，显得非常珍贵和难得，就向安锦亭讨教秘诀。

安锦亭倒是没有丝毫保留，这是他多年行走从古城到归化这条线路积累起来的经验。这条路绵延数千里，所过之处非常荒凉，很难得到必要的补充，所能够带的食品，也以干货咸品居多，要解决旅途中的饮食问题，就得想出相应的办法。想吃豆芽，就带着一些绿豆；想吃鸡蛋，就带几只母鸡。但是，这些菜品在旅途中，也不可能天天都吃得到，只是点缀而已。

在安锦亭的陈述下，林竞了解到了更多关于文丰泰商号的情况。在他的笔下，文丰泰是新疆津帮八大家之一，创始人安文忠随军经商，贩卖零星商品，逐渐积累成巨富，并将字号开设到新疆各地，在归化和天津也有分号。

在与林竞同行的这支驼队中，津商不但人数居多，而且分布在伊犁、古城、迪化、叶尔羌等地，不仅有同盛和这样的迪化（今乌鲁木齐）津帮八大家，还有一些小商家的记载如三合益、义泰公、恒泰源、福盛泉、德泰裕等等。这些商家有的是经常运货到新疆，有的要转年才运货到新疆，也有的不定期来新疆的。

津帮商人的庞大驼队丝毫没有让林竞感到吃惊，早在他第一次到新疆的时候，就已经发现了津帮商人的雄厚实力和在新疆商界中的地位。第二次来新疆，他更是发现在新疆主要的商业重镇，津商的势力更是与日俱增。在古城，津帮八家商号的年贸易额达一百多万银元，在乌鲁木齐，津帮商人稳居商界领袖地位，晋商位列第二。

林竞在对新疆的第二次考察中，他发现来自天津的货物不仅遍布新疆各地，而且还向国外运输，占领国外市场。由于津货流量增加，哈密地区的货税收入一年之内激增十倍。细心的林竞还发现，津帮商人运输货物主要线路是从张家口赴归化，过草地到新疆。

古城津人富比王侯

——裴景福《河海昆仑录》中的津帮商人

1903年，四川总督岑春煊调任两广总督，正在广东南海县（今南海市）任知县的裴景福一定没有想到，于他本人而言，岑春煊的到来改变了他的人生轨迹。于今天的我们而言，裴景福人生轨迹的改变，让我们读到了清末津帮商人诸多鲜为人知的历史细节。

在清末，岑春煊与张之洞、袁世凯并称为“三屠”（张为士屠，袁为人屠，岑为官屠），早在署理四川总督的任上，岑春煊一年的时间里就弹劾了数十位官员，引发了四川官场大地震。到了广东之后，岑春煊故伎重演，又开始整顿两广吏治。但这一次，岑春煊首先开刀的却是一位颇有声誉的官吏，因为这位官吏曾经与他有些旧怨。他，就是广东南海知县裴景福。

在给清政府的弹劾密电中，岑春煊危言耸听地说，天下最贪之处为广东，而广东贪官之首就是南海知县裴景福。八国联军侵华时，岑春煊在慈禧太后和光绪皇帝狼狈逃往西安的过程中，首先率部“勤王”，博得慈禧太后的好感。慈禧太后对岑春煊非常支持，因而，裴景福在被缉拿入狱后，很快被谪戍新疆。

1905年5月1日，裴景福从广州启程，开始前往新疆的漫漫旅程。在启程之前，他特意做了两个大布口袋，随身携带，凡是途经之处，或随时记下所见、所闻，或随时将心中所想所思录于纸上，长达一年多的时间里，裴景福洋洋洒洒写了二十余万言，留下《河海昆仑录》一书。从陇东高原到西北戈壁，从黄河两岸到天山脚下，裴景福所过之处的风土人情、历史沿革尽收书中。

1906年1月6日，那一天是小寒，西北的天气寒冷无比，然而这一天的午后，一位津商冒着严寒前来拜访他。他就是杨绍周。裴景福虽然没有记录下俩人谈话的详情，但却在日记中写下同盛和，“有店在迪化，即八大号之一”。寥寥数语，却让我们第一次从文献中读到了津帮八大家的称谓。

1906年4月24日，行走了将近一年的裴景福来到新疆奇台。这里已经是商品流通的重要枢纽，裴景福认为此地“繁盛为新省冠”。凡是通过北草地和关内运来的货物都在此地囤积，西北到塔城和伊犁，西南可达喀什，西至迪化，南到吐鲁番，都在这里分运。一些从俄英进口的货物也从这里集结，或东进嘉峪关，或北到归化（今呼和浩特）、张家口。

4月25日，裴景福到了古城，该县的精华都在南北两乡，在他的眼中，这里的人民富庶程度不亚于关内各地。更让裴景福感到震撼的是，当地一位姓洪的津帮商人在河的两岸草地上牧马，绵延数十里，其中马为一万六千匹，牛五千头，羊一万余只，二三百头骆驼。与此同时，裴景福也注意到，在这里还有三百多户天津人。他们都是八国联军发动侵华战争后，前来投奔洪姓商人的。裴景福感叹说，没想到这里“竟有如此富民侯”。

津商衰落真相起底

——徐弋吾《新疆印象记》中的大营客

1935年2月12日下午一点，一辆长途汽车驶入迪化（今乌鲁木齐）市区，车上坐着来自上海《申报》的记者徐弋吾。迪化市区道路两旁，洋楼林立，给他留下了深刻的印象。受报社的委派，他来到西北地区采访，经历了半年多的艰苦跋涉后，这一天，终于抵达了此行的目的地——新疆首府迪化。

在迪化期间，徐弋吾很快就发现这里的商业十分繁华，有大小商家580多家，其中绝大多数是津帮商人的店铺。迪化的南关是商业荟萃的地方，主要的商场在洋行街，那里就是一个批发所，整批整批的商品，由城里的小商人盘去，转卖给市民。每天早晨，徐弋吾都会看到这样的景象：城里的小商人（多数是天津人），忙着跑街买货，他们前一天先到城里各家百货店打听需要添些什么货品，第二天老早就出城跑街（指洋行街）趸货。这些天津商人有个特殊的能力，就是会讲维语，而且跟不同商帮都很熟悉。

据津帮商人和他们后人的回忆，早在津帮商人来到迪化之初，改成坐商之后，就非常注重对店员的语言培训，有的店员甚至要学会说俄语、维语等多种语言，才能够在大的字号立足。

这些跑街的津商，一类人是到洋行街批发商号的货品，凭借着一个纸折子，打发店铺里的伙计到洋行街购买商品，搬运到自己的商号门市销售。还有一类商人是居中介绍的掮客，他们来这里跑买卖行情，是为了能够拿到中介的费用，忙着在洋行街的商铺和需要购买货物的商家中兜圈子。形形色色的商人们往返于城内和南关之间，这里给人的感觉始终是热闹非凡。

在注意到迪化商业繁荣的同时，在采访的过程中，徐弋吾还发现，这里的津帮商人和其他如晋、绥、陕、甘等各帮商人的商业活动，已经成了强弩之末。虽然当时日本还没有发动全面侵华战争，从天津到新疆的路途还没有完全隔绝，但当时新疆已经开始在经济方面实施统制政策，特别是对于当地土特产的销售方面更是如此，有专门的销售公司从事这个领域的买卖，因而，这些商人已经不能随意购买土特产。另外，当时天津皮毛的价格在下降，运往天津货物的成本却没有降低，利润少了，津帮商人的商贸活动受到了很大的影响。而且从新疆到天津的一路上税捐很重，从前有很大利润空间的皮毛贸易，竟然成了津帮商人的畏途，只有肠衣业还可以获得丰厚的利润。时任迪化商会会长、津帮商人周某在接受徐弋吾采访时，透露出津帮商人商业凋敝的另一重要原因。1935年从归化（今呼和浩特）运到新疆的各种商品，都是1934年就定好的，当时将货款总额的若干成先付给对方，余款则在三个月到半年左右付清。由于新疆当时各种战事不断，向东输送货物和吸纳货物的交通断绝了，这种基于信用的商业往来也就宣告停止，因而各家字号普遍受到影响。当时在迪化能够维持继续全款购货的，只有少数几家字号，而且这些字号也很难支撑下去。

开发大西北　津商勇为先

早在20世纪初，一些到过新疆的学者就开始关注天津商帮。随着1931年“九一八”事变和1937年卢沟桥事变的爆发，越来越多的学者将目光聚焦在祖国的西北边陲，他们把新疆等地视为“大后方”，并围绕新疆等地的经济社会发展提出了很多学术上的见解。同时，他们也更加关注天津商帮在新疆建设方面所取得的成就。作者从这批主要由近代学人撰写的

数十种著述中钩稽出津商发展史上的若干片段，以飨读者。

时令蔬菜　出自津帮

1917年3月24日，受北洋政府财政部的委派，谢彬前往新疆地区考察当地的财政状况，在抵达迪化(今乌鲁木齐)的当天，他就观察到迪化当地的政界、军界人士基本上出自湖南、湖北、云南和甘肃，而富商大贾则出自天津。

3月29日，经过短暂的休整和熟悉新疆当地的财政经济状况

后，谢彬特意拜访津帮商人杨绍周，讨论新疆的实业建设情况。经过一个星期的密集考察，谢彬对迪化当地的商业情况有了更为清晰的认识，当时的迪化商业繁华的街区主要是东大街、藩后街、南大街、南关诸处。其中，津帮商人集中的街区为藩后街，东大街则是众帮混杂的地方。津商依托便利的地域优势，从京津一带贩运京广杂货，资本雄厚，交际灵活，在新疆经商的经验和相关的商业知识也比其他商帮丰富，这是津商无可比拟的优势所在。

在迪化期间，谢彬还先后受到了津帮八大家的永裕德京货店和同盛和京货店的款待。4月5日，永裕德京货店经理杨绍周，在自己的家中宴请谢彬。在当天的日记中，谢彬特意注明："杨，津商，迪化商会会长也。"这是他到新疆后第一次受到津帮商人的邀请。4月19日，同盛和京货店东家周玉峰在其店中宴请谢彬，周玉峰给谢彬留下的印象是"津商中之佼佼者"。

在考察商务和财政的同时，谢彬还观察了迪化当地的农业状况，他特别提到迪化的蔬菜品种很多。在新疆，最早栽培蔬菜的外地移民是左宗棠的湖南部下，但接踵而来的津帮商人，却比湖南人做得更好。在冬天，天津人挖地窖，在其中种植蔬菜。他们的做法是点微火保证蔬菜所需要的温度，用苇秆在蔬菜周围保护，密护四围，蔬菜上面则覆以芦箔，用以抵御风雪，等到春天冰雪融化后，则把蔬菜移植到田间，开春之后，迪化农产品市场上，大部分时令蔬菜都是天津人供应的。谢彬抵达迪化的时候，恰逢开春，因而他有机会看到天津人种植蔬菜的田地，地亩田垄非常整洁。

其实，谢彬看到的这一幕并不新鲜，当年新疆的农产品中，很多是由津帮商人从天津引入的。比如葱、韭菜、韭黄、芹菜、白菜等等。其中，韭菜在新疆生长期有所不同，南疆地区3月份就开始成熟，而在迪化则是清明后才开始上市。夏天的时候，韭菜抽薹开花，也有人将其作为蔬菜。芹菜虽然是从天津引进的品种，但比天津的芹菜更为肥美。此外，深受当地人喜欢的食品如山楂等，也大多依靠天津商人输入新疆。

新疆内贸　津商垄断

1925年的一则统计数据显示，新疆的皮毛输往天津的约20万张，价值150万元。而羊肠以天津为销售市场，每年输出的也多达100万元。20世纪30年代中期以前，从新疆运往天津的大宗商品，如皮毛、羊肠等，每年基本上都可以达到150万至200万元左右。天津已经成为新疆与沿海地区贸易的根据地。这种地位的形成，与新疆天津商帮的努力密不可分。

当时新疆的内贸业务主要被津帮商人所垄断。早在1919年就有学者指出，天津商人的足迹遍及新疆全省，从大都会到小村落，几乎遍地都有津帮商人的足迹。这些学者不约而同地提到了津帮八大家，有的还指出当年的新疆津帮有大小两类八大家之分，甚至还列出了详细的表格。这些津帮商人牢牢把握着商业贸易的主动权。比如，商业盛于迪化的奇台是新疆对内贸易的门户，四通八达，秦、陇、豫、蜀、湘、鄂等地商人出嘉峪关经哈密来到这里。天津商人则从张家口、归化(今呼和浩特)过蒙古草地来到这里，每年输入新疆的绸缎、茶、纸、漆器、竹木器以及各种外国商品的价值可以达到二三百万元，这些商品中自归化输入的约为百分之六七十，而归化的商品则来自京津地区。

当时只有天津商人能够与国外商人相抗衡。让当年的学者们兴奋的是，在第一次世界大战以及后来的一段时间里，外国商品在新疆地区难得一见。与此同时，天津商人从京、津运到新疆的货物，还曾经输出到国外，仅1917年和1918年两年，这批输出国外的商品价值总额不少于500万元。

汽车运输　始于津商

1932年11月19日，吴蔼宸赴新履职，他从天津出发，过西伯利亚铁路，转乘马车再进入境内，从塔城坐汽车赶赴新疆迪化。经过36天的长途跋涉后，吴蔼宸于当年12月25日抵达他魂牵梦绕多年的迪化城。

一路风尘仆仆，吴蔼宸到乌鲁木齐后，第一件事就是要沐浴。当时天津商人在新疆开设了一家挹清池的浴池，干净整洁，有单独的雅间木盆，在当时算得上豪华。可以说，一到迪化，津帮商人涉足的领域就引起了吴蔼宸的关注。经过短暂的观察，吴蔼宸发现迪化商业的精华所在是南大街，津帮商人则处于执商业牛耳的地位。而津帮商人之所以能够取得成功，这与他们不抽烟喝酒、做事勤快敏捷很有关系。

对于津帮商人的创业史，吴蔼宸也非常关注，他通过各种渠道了解到，这些天津商人最初是跟随左宗棠和刘锦棠的军营出关到达新疆，俗称“赶西大营”。天山南北都留下了津帮商人的足迹。以后来到新疆的人越来越多，形成了一种风气。吴蔼宸感叹道，津帮商人不远万里，克服种种困难来到新疆经商的开拓精神足以让他们自豪。

在天津商帮势力逐渐强大后，往来运输主要依靠的是驼运。

因为从新疆到内蒙古的归化，沿途人烟罕至，有些地方连水草都没有，只有骆驼可以作为运输工具。当时骆驼行期并不固定，雇骆驼时，分为三种，第一种是标驼，第二种是散驼，第三种是包驼。一般遇有紧急事情的时候，商家多雇佣二三峰驼，大概30天就可以从新疆抵达归化。但这种驼运价格昂贵，一般商家不会采用这种方式运输货物。而雇佣散驼的，虽然价格低廉，但驼户一般以放养骆驼为目的，行走迟缓，一般需要120天左右。因而商家多雇佣包驼，这样的驼队，正常情况下55天至70天就可以抵达归化。有时候时间要更长一点，原因是长途跋涉，不能天天行走，一旦遇到骆驼疲乏的时候，耽搁数月也时有发生。这样的交通状况，对商家的影响很大。一些资本较小的商家，因为货物不能及时运来，无法变现，就只能以低价卖给富商，因为驼运耽误行期而亏赔的商家比比皆是。

为进一步改善交通情况，天津商帮对于新式交通运输方式也给予了充分的关注。如吴蔼宸在新疆考察时，就特别提及了津帮商人创设的绥新汽车公司。该公司从归化到迪化的汽车运输已经非常便捷，为进一步提升新疆的公路运输能力，吴蔼宸认为如果依托绥新汽车公司所经过的道路，将该线路修筑成公路，在需要架设桥梁的地方修桥，进一步改善交通条件，则该线路的运输时间完全可以从当时的13天缩短为8天，与通过兰州大道两个月才能到达新疆相比，这条线路将成为最具竞争力的交通运输线。

日夜兼程六万里　日报发现最出新

历史是客观的，却需要一座座遗存来讲述它的往事，也需要一件件档案来还原它的真相；历史是鲜活的，却需要一件件遗物来丰富它的内涵，更需要当事人的口述来勾勒它的细节。

“赶大营”是中国历史上著名的移民事件，是天津人的伟大壮举。津报集团策划组织的“2010“赶大营””系列活动，对那段被时光尘封的历史进行苦苦追寻，对这个崭新的领域进行拓荒性挖掘。记者沿着津商的足迹，访旧址、寻遗物、查文献、阅家史，力争将一个客观的“赶大营”、全景的“赶大营”展现在读者面前。

新闻报道独家挖掘
研究领域填补空白

采访团耐心地挖掘散落在民间的抑或收藏在档案馆中的各种文献实物资料，轻轻地拂去历史的尘埃，细心地研读它们透露的信息，不仅圆满完成了一次大规模的新闻报道，也不断有新发现。这些成果在“赶大营”的报道和研究历史上都是具有开创性的。

重要史实　最新发现

记者在采访过程中，通过认真走访和深入研究，发现了有关“赶大营”的许多不为人知的史实。

北线记者在兰州采访时发现，当年津商走南线从兰州到新疆有“水陆空”三条途径，有的大营客曾经使用羊皮筏子作为交通工具；中线记者在呼和浩特采访时了解到，大营客曾经在呼和浩特组建绥新汽车公司，利用现代化交通工具往来于呼和浩特与新疆之间。

对于一些老字号的发展脉络，本次采访也进行了详细的梳理和勾勒，使许多鲜为人知的历史呈现于读者面前。在乌鲁木齐，记者调查发现“七一酱园”的前身就是津商老字号“复泉涌”，老字号“新盛泉”虽然经历过公私合营和改制，但字号从1920年创办一直使用到今天。另外，记者还通过查文献、听口述得知，新疆的瓜果蔬菜许多是从天津传入的。这些成果都是挖掘“赶大营”历史的重大发现。

津商遗存　修订史书

在新疆寻访的过程中，出乎采访团成员意料的是，一些曾经被津帮后裔高度重视并曾经多次被媒体报道的遗存中，竟然还有一些具有较高学术价值的问题经本次寻访活动而首次得以披露。

在新疆各地史志专家的帮助下，津报记者先后前往津帮商人会馆和义园等地寻访，找寻先辈们留下的足迹。采访团抵达新疆奇台县的当天傍晚，在当地宣传部门干部的陪同下，前往奇台的直隶会馆。这座直隶会馆是由天津商帮主持并出资修建的，据当地的史志记载，该会馆于1913年修建完成。在津报摄影记者经过近半个小时的拍摄过程中，发现直隶会馆建筑顶端保留着完整的千秋带，由于会馆已经年久失修，除了山墙和建筑顶端依旧可以看出原貌外，会馆内部的格局早就经过改建，而且处于破旧状态。经过津报摄影记者多次调整角度，终于，完整的千秋带被首次拍摄下来。更让采访团感到兴奋的是，当我们从电脑上打开会馆千秋带的照片后，意外地发现：千秋带上的时间显示，直隶会馆完成于1914年。此前，通过当地大营客后裔的访谈和对当地史志文献的解读，大家曾经认为直隶会馆完成于1913年。

在塔城，津报记者获悉当地有个专门安葬津帮商人的"安息园"，了解到当年的大营客有近千人未能落叶归根，长眠于他乡。不仅如此，拜祭"天津墓"的过程中，津报记者还发现了近300个有名有姓的墓主，同时，结合文献资料，津报记者估算出当年在塔城经商的天津人有3000多人。这样的数据有时候连档案文献中都少有记载。

对于今天的学术界来说，从事某一历史现象的研究，档案文献是首选的史料。然而，长期以来，对于"赶大营"的研究，学术界似乎一直停留在利用口述资料的层面，这样的研究很有必要，但却容易陷入只见树木不见森林的怪圈。比较而言，晋商的研究成果汗牛充栋，非常重要的一点就是晋商留下大量的档案文献可供参考和挖掘。"2010"赶大营""寻访活动推出之际，有专家建议采访团成员应该到沿途的各地档案馆，寻找相关的线索，为深入研究"赶大营”这一重要课题，提供更加有力的学术支撑。

在三线记者采访的过程中，进入档案馆，走入兰台世界，从档案馆中挖掘出“赶大营”的原始文献成为一个重要的目标。

进入新疆奇台后，津报记者获悉，该县档案馆藏有数万件民国时期的档案文献，如果奇台县档案馆馆藏的民国时期档案中，有关于商会问题的档案专卷，一切问题将迎刃而解。近代中国商会发轫于1902年成立的上海总商会，1904年后，随着清政府颁布相关的法令，在全国主要的商业城镇，商会开始陆续出现。其主要的职能是沟通商情，协调官府与商人之间的利益关系等等。各地商会的发起者和主要领导者一般多为当地具有实力的商人，当然也有官府直接任命的情况发生。津帮商人自身的属性是商人确凿无疑，津帮商人在奇台县势力强大，也早已见诸公开出版的各类文献，如果奇台县商会档案相对完整，那么，从这个方面入手，对于“赶大营”课题的深入研究，将起到至关重要的作用。在当地县委宣传部和档案馆的帮助下，津报记者在145卷档案组成的奇台县商会档案中，找出了37个有关津商的卷宗，多达100余件，在很多方面能够填补相关领域的研究空白。

档案文献填补空白
津商家史最先公开

虽然志书中、文献里，我们找到了诸多关于“赶大营”的记载。然而，规模庞大的津帮商人的活动显然是这些文献所无法承载的。挖掘历史的细节，还要借助大营客和大营客后裔的追述。采访过程中，许多津商家史首次公开。在甘肃酒泉，津帮字号“春茂和”经理的后裔安培琳，将自己撰写的“春茂和”商号发展始末提供给津报记者，以供采访之需；在新疆乌鲁木齐，津帮八大家后裔向记者激情讲述当年大营客创造的商贸奇迹。尤为难得的是，津报记者在新疆伊宁市采访时获悉，津帮“德顺成”字号创办人曾经在年过八旬时，亲笔书写了回忆录。颤抖的笔锋，无声地向记者展现八旬老人的内心世界。1903年出生，1983年去世的尚希卿老人留给后人最可纪念的家史。

于学术研究而言，对家谱的解读，可以清晰勾勒出某一家族繁衍生息的历史进程；于本次新闻报道而言，那些孜孜以求地追寻本家族信息的大营客后裔，可以为我们了解津帮商人演进的脚步提供弥足珍贵的信息。从津报推出“2010“赶大营””系列活动的消息见报后，就不断有读者提供各种新闻线索。这其中，就有“赶大营”第一人安文忠的孙女安向阳女士，她在用一种独特的方式留住津商的辉煌。无独有偶，当津报记者在新疆乌鲁木齐采访时，津商八大家之一董家的后裔也拿出了多年编撰的家谱。

津商遗物　首次亮相

一件生活的必需品，能够展现津商曾经的生活原貌；一张老照片，能够领略津商曾经的创业辉煌；一件老器具，能够印证津商曾经的艰难历程。这样的实物资料，是最原生态的史料。让更多的津商遗物展现在读者的面前，从实物中解读出历史的信息，我们责无旁贷。

在甘肃省武威市，我们了解到，蔡晋云老人手中珍藏着二十余件津商“庆兰斋”字号的糕点模子，它们印证了津商曾经的辉煌。这些模子被老人存放在地下室里，于是，征得老人的同意，采访团全体成员走进地下室，将这些沉甸甸的模子搬运到老人居住的楼房中，并且将模子上的灰土用水洗净。于是，具有百年历史的老模子得以重见天日。在新疆的巴里坤，杨柳青后裔史桂芬老人向记者展示了一件小坎肩，这件带着浓郁杨柳青气息的小坎肩，是她外婆和她母亲共同为她制作的。

在新疆和田，“赶大营”第三代人周慧兰老人，将其父母结婚时使用的皮箱展示给记者，经历了80多个春秋后，通过这件皮箱依旧可以领略当年津商结婚的习俗。津报记者在新疆塔城采访时，一张张老照片，寄托着津商后裔的浓浓乡恋。

这些看起来普通，却又在采访中被津报记者挖掘出来的老物件，不仅丰富了本次报道的内容，更为学术界提供了研究大营客经商、社会生活等各个领域最为鲜活的历史资料。

活动数字记录

11人

本次活动派出的记者分为三线四路，北线以航空交通方式为主，派出记者2人；南线以航空、火车、汽车等交通方式结合，派出记者4人；中线则采用全程汽车自驾方式，派出记者5人，全部派出记者共计11人。

3万公里

由津报集团主办的“2010“赶大营””活动之一的系列大型采访活动，历时一个多月、行程超过30000公里。

12省区市

三线四路记者所到之处，涵盖了天津、北京、黑龙江、河北、内蒙古、宁夏、甘肃、青海、新疆、陕西、山西、河南共12个省、自治区、直辖市。采访团制作了精美的路书，沿途加盖当地邮戳；在经过的各地采取水样土样，回津后送给有关部门。

200人

三线四路记者在整个活动中采访了200余人，其中以大营客后裔为主，另外还包括历史、民俗专家，新津商和当地百姓。

200篇

《天津日报》、《每日新报》、《城市快报》刊发消息、通讯200余篇，包括由20篇日志组成的系列手记，刊出9个专版；天津网刊出即时播报、消息、通讯200余条，播发视频20多条、照片上百张。

20000张照片

采访团寻访了六七十处“赶大营”历史遗迹，拍摄了20000余张照片，录制了300多小时的视频。

整体策划独树一帜
四大创新耳目一新

“2010赶大营”系列活动成果多、反响大，策划独树一帜，完成了四大创新，实现了全覆盖、全媒体、全方位报道。在活动过程中，还强化新闻“落地”，发挥媒体联动优势；提高关注度，发挥媒体读者联动优势。

还原历史　关照现实

“赶大营”系列活动实现了历史挖掘与现实工作相结合。“赶大营”是与“走西口”、“闯关东”相媲美的一次伟大历史事件，但挖掘其历史内涵和历史意义为的是丰富今天天津的文化底蕴，为的是弘扬津商品牌叫响天津精神，为的是助推新时期援疆工作促进两地合作交流。

津报集团推出“2010赶大营”系列活动，包括重走“赶大营”之路，组织100名天津企业家赴新疆考察，邀请大营客后裔回家省亲，邀请天津对口援疆干部家属探亲等多项内容。这些内容都围绕着一个目标，就是放眼历史，关注现实。通过这次活动，“赶大营”的历史广为人知，新津商在外地更为知名，津疆经贸往来更为广泛，援疆更加深入人心。9月26日获悉，天津市对口支援和田地区产业招商项目举行签约仪式，和田地区策勒县、于田县、民丰县与新疆天津商会等有关部门和单位组织的27个项目签署了合作协议，总投资额超过20亿元。

新闻学术　相得益彰

“赶大营”报道实现了新闻报道与学术研究相结合。“2010赶大营”是津报集团与天津社科院联合主办，从前期的策划到整个活动的进行，天津社科院强大的史学研究实力一直是坚强的后盾，为整个活动提供学术支持；而强大的采访团队也为学术研究提供了大量的史料和素材。在“赶大营”中线采访团中，社科院的张博博士是七名成员之一，他凭借着多年来对天津近代史的深入研究和对“赶大营”这一历史事件的关注，为整个采访报道活动和史料挖掘工作提供了很好的保障。新闻媒体与研究机构形成良好的互动，使整个活动既有关注度又有深度。

报纸网络　无缝互动

“赶大营”报道实现了平面媒体与网络媒体相结合。在“2010赶大营”活动中，津报集团在以往“报网互动”实践的基础上，实现了跨区域“报网联动”。

在这次活动中，天津网也派出了记者随团沿途采访。在采访中，网站记者不是仅仅把文字记者采访过程“数字化”，是按照网络媒体的特点采访：动态消息的“即时播报”，弥补了平面媒体即时快速不足的缺陷，重要人物的“视频播报”，满足了平面媒体读者对声音和图像的需求。此外，天津网还借助自身的渠道优势，将制作的“赶大营”专题，与新浪、搜狐、腾讯等国内知名门户网站链接，并与新疆地区的新闻门户网站天山网互动，有效地扩大了活动影响力。

稿件资源　优化配置

津报集团的《天津日报》、《每日新报》、《城市快报》三张报纸累计日发行量超百万份，在天津市以及周边地区拥有巨大影响力。

本次活动实现了天津日报报业集团内部资源整合、整体配置，从《天津日报》、《每日新报》、《城市快报》等三张日报抽调精兵强将，组成“2010赶大营”活动采访团，按照当年“赶大营”路线分别向新疆出发。采访团每天采访后发回的稿子，统一传回集团总编室。由集团总编室统一审稿后，再按照稿件的特点，向各报供稿，实现了采编资源的最佳配置。

一石激起千层浪
活动引起巨大反响

“2010赶大营”在天津，在新疆，在许多外地省市，都引起很大反响。许多本地和外地读者来电提供线索，咨询有关问题，寻求相关帮助。他们积极地献计献策，主动提供各种帮助。这种影响是多层面的，范围广，影响深，犹如一石激起千层浪。

读者调查列首位

这次活动一直受到读者的喜爱。权威调查公司对《每日新报》的读者进行了调查。结果显示，7月底“赶大营”活动刚启动，就在当月印象最深刻的活动策划中位列第三。8月“2010赶大营”正式推出之时，在读者印象最深刻的活动策划中名列首位。从科学的调查数据中不难看出，读者对此次活动始终有极高的关注度。另外，自从津报集团公布热线电话后，每天都接到几十个读者电话，还有人到报社提供相关信息。

各地媒体关注多

这次活动引起媒体的关注。在整个活动中，《新疆日报》、《甘肃日报》、《内蒙古日报》、《张家口日报》、《武威日报》、《伊犁日报》、《伊犁晚报》都曾经刊发或转发相关消息，伊犁电视台“新天府伊犁”栏目组也与采访团形成良好合作，相互提供线索，共同关注这一话题。

记者在采访过程中，有时候会变成被采访对象，被当地媒体采访。9月8日，《伊犁日报》和《伊犁晚报》的记者同时对津报集团采访团进行了采访，了解这次活动的行走路线、日程安排和报道方式。两家媒体随后刊登了相关报道的大幅文章。在记者回津后，《中国新闻出版报》的记者也采访了活动的组织者，准备对这次活动的策划进行报道。

后裔热情最感人

这次活动在"赶大营"后裔中形成很大轰动。采访团每到一处，都受到当地"赶大营"后裔的热情接待，他们时常含着眼泪与记者告别。许多"赶大营"后裔询问家乡的近况，寻找亲人的下落。在伊宁采访时，采访车上"赶大营"三个字时常引来关注的目光，每天都有天津人后裔主动提供线索，告诉记者哪里住着天津人，哪里有大营客活动的足迹。杨柳青大营客后裔杨俊甲，三次来到采访团的住处，送来照片和资料。在乌鲁木齐，年近七旬的潘柏林为采访团忙前忙后，组织后裔座谈，寻找遗址遗迹。他们的热情让人非常感动。

最亲莫过天津话

这次活动受到外地天津人的重视。自古至今，很多海河儿女走南闯北，在不同的地域经营着自己的事业，创造着自己的生活。这次活动所到之处，生活和工作在当地的天津人都成为记者的向导。在伊犁，支边干部子女朱彤带领着采访团到处寻找线索，并联系了许多“赶大营”后裔，为采访工作做出很大贡献。他说，在网络上看到这次活动，我们生活在伊犁的天津人都特别高兴，听到地道的天津话，从心里感到亲切。

学术研究掀热潮

这次活动在学术界中引起高度重视。“2010赶大营”系列活动促进了学术界对于这段历史的研究和重视，掀起了新一轮研究“赶大营”、研究天津近代史的热潮。在此之际，天津成立了“赶大营”历史文化研究会，研究会的组成人员有三部分，包括历史、文化、经济、社会等方面的专家学者、有志于“赶大营”历史文化研究的民间人士和大营客后裔。

在乌鲁木齐，大营客后裔和学者正在筹划成立“赶大营”研究会，其宗旨也是弘扬“赶大营”精神，抢救史料，挖掘和研究这段历史。

百卷珍贵档案印证津商辉煌

在本次2010“赶大营”活动推出之初,如何更加深入地挖掘津帮商人的历史底蕴、更多地发现津帮商人的历史见证,就作为一个重要课题摆在采访团队的面前。于是,中线记者在8月21日从天津出发后,访遗存、寻旧人、阅档案成为采访团的重要工作。在采访过程中,其他各项计划都在有条不紊地实施当中,唯独档案文献的发掘成为了难题。在重走大营路中线采访团途经之地的档案馆中,与津帮商人最为密切、时间段最为吻合的同时期档案,不是完全毁于战火之中,就是残缺不全,在仅有的残档中,也很难发现津帮商人的印记。看到同行的天津日报报业集团的记者们每天兴奋地采访专家、拜访后裔、参观历史遗存,而由作者负责查阅档案文献的工作却迟迟没有着落,心中很是着急。

9月1日下午,2010“赶大营”采访团刚刚抵达奇台县,该县宣传部负责外宣的同志就带领我们参观了奇台县博物馆。在博物馆里,采访团一行看到了当年大营客的手推车,安文忠创办的文丰泰字号使用的物品。而最吸引作者的目光的是两张影印的图片。这两张图片明显是反映奇台商会成立初期的有关情况，博物馆讲解员告诉作者，这两份文献的原件藏于奇台县档案馆。

奇台是近代新疆重要的商业城镇，是商品从草原进出新疆的必经之地，在各种已经出版的历史文献中和“赶大营”后裔的口述文献中，有很多关于津帮商人在当地活动的记载。如果该县档案馆的馆藏中有近代的档案文献，对于重新梳理津商发展的历史脉络，更加全面地地认识津帮商人的社会活动，将很有裨益。

9月3日，采访团在奇台的采访进入了第三天。那天清晨，奇台县下起了小雨，在中共奇台县委宣传部有关同志的协调下，作者走进了奇台县档案馆。获悉作者的来由，奇台县档案馆馆长介绍说，奇台县档案馆中有一批内容丰富的民国时期档案文献，但是具体这批档案文献中是否有关于“赶大营”和津帮商人的情况，很难判断。他们也希望作者能够在档案文献查出与津帮商人相关的内容，以进一步推动当地文史学者对这一问题展开深入的研究。

民国档案数以万计
商会档案阅读首选

在奇台县档案馆的会议室里，工作人员拿出了一本厚厚的民国时期档案文献目录，内容丰富程度超乎作者想象，在县一级档案馆中，民国档案馆藏如此丰富并不多见。这本文献目录包括二十多个全宗，涉及数万件档案文献。该馆工作人员介绍说，这批民国时期的档案能够完整地保存下来，很不容易。前些年，该馆特别组织力量，将这批民国档案按照严格的工作流程，进行详细地分类整理，并撰写细目，标题能够具体反映出某一件档案文献的主要内容。

在调阅卷宗之前，作者向他们提供了津帮商人在奇台县的具体商家字号，涉及到文义厚、春义和、义顺长、文丰泰、同盛和等二十余家津帮企业。该馆工作人员在大致翻阅了一下目录后，发现这批档案文献以解放前的旧政权内容居多，也有很多关于教育方面的档案，但没有发现单独的“赶大营”的专卷，更没有某一津帮商家字号的专卷，该馆工作人员说，这批商家字号如果有档案留存，或许在某一类档案文献中可能看到。

一路上进入各地档案馆，几乎都能听到相同的话语，作者心头不禁一沉，也许在奇台这个商业重镇，有关津商的档案馆藏情况会跟其他地方一样匮乏。在出来采访之前，作者心里早有准备，在县一级的档案馆中，除了个别档案馆外，关于商人的大部分档案发生的年代大多始于二十世纪四十年代，个别县份要早一些，可以追溯到二十世纪二十年代。但奇台县博物馆的两份影印的档案文献给了作者一丝信心，哪怕找到几份这样的档案，也将不虚此行。

在卷轶浩繁的数万件档案中，爬梳出这样两份档案无异于大海捞针。如果奇台县档案馆馆藏的民国时期档案中，有关于商会问题的档案专卷，一切问题将迎刃而解。近代中国商会发轫于1902年成立的上海总商会，1904年后，随着清政府颁布相关的法令，在全国主要的商业城镇，商会开始陆续出现。其主要的职能是沟通商情，协调政府与商人之间的利益关系等等。各地商会的发起者和主要领导者一般多为当地具有实力的商人，当然也有官府直接任命的情况发生。津帮商人自身的属性是商人确凿无疑，津帮商人在奇台县势力强大，也早已见诸于各种公开出版的各类文献，如果奇台县商会档案相对完整，那么，从这个方面入手，对于找寻津帮商人的线索，将起到至关重要的作用。

作者轻轻地翻阅奇台县档案馆编写的民国时期档案卷宗目录,每一张纸、每一行字都不敢错过,时间在一分一秒地流逝,偌大的会议室,只有作者翻阅目录页的声音。四位该县档案馆的工作人员也默默地注视着作者。这样寻找档案文献的过程,无论是对本次采访团队,还是对奇台县档案馆,都是一次难忘的记忆。在翻阅了数百张目录页后,全宗号为12号的目录映入眼帘,作者几乎不能相信自己的眼睛:从1913年开始到1948年前后的奇台县商会档案全宗!

"找到了!"作者兴奋地喊了出来,几位工作人员也都凑过来,要看个究竟。那一刻的我,有些失态,然而,我知道,最能反映津商发展历程的原始文献即将被发掘出来。激动的心情难以言表,在奇台县商会档案全宗下,共有145个卷宗,每一个目录下,都有几件到十几件不等的原始档案文献。深入阅读这批文献,津商在奇台的活动将一览无遗。作者从这145个卷宗中,有选择地抽出37个卷宗,作者深知,如果要深入了解津帮商人的情况,这37个卷宗是必须全部阅读的。

奇台商界津帮翘楚
档案存珍茶香四溢

奇台县档案馆的工作人员,连忙进入库房取调作者准备翻阅的卷宗,他们的办事效率很高,从入库房到提出档案只有短短几分钟的时间。于我而言,每一秒都显得那么漫长,这批卷宗里能否发现津商活动的记录,能否弥补当下关于津帮史料的不足,还都是问号。很快地,四位工作人员将厚厚的37卷档案摆放在会议室的办公桌上,这些卷宗要是竖着摞起来,有一人多高。

当作者怀着忐忑不安的心情翻开第一份卷宗后,映入眼帘的文字却让我激动不已。这就是我们在奇台县博物馆看到的那份影印件的原件。在这份镇迪道尹的公文纸上,落款处是潇洒遒劲的毛笔书字:“古城商务分会总理乔长福”。看到这里,作者一颗悬着的心终于落了下来,乔长福是津帮商人,在古城一带经商多年,曾经领衔修筑奇台县直隶会馆。这是一份1915年6月由乔长福签发的文献,内容反映的是至1914年12月底奇台商会的简要情况。

透过微微泛黄的纸张,让我们把镜头摇向公元1913年3月15日,那一天,奇台县东街一定是热闹非凡。就在那一天,奇台,这座近代新疆的商业重镇的全体商家有了自己的组织——奇台县商务分会,当时到会的表示祝贺的商家应该不少于110户。已是花甲之年的乔长福或许没有意识到,从小商贩起家的他,在这一天成为了富甲全疆的商业重镇的商界领袖。从那一天开始,津帮商人在异乡承担起了更多的社会责任和义务。

仅凭这样几件档案似乎还不能说明问题,于是,从9月3日上午十点半到中午两点半,在四个小时的时间里,作者快速小心地翻阅着37个卷宗档案。奇台县档案馆的工作人员非常热情给采访团一行端来了热茶,茶香四溢,为这次查阅档案工作凭添了几分温馨。然而,作者一行委婉地谢绝了热情好客的工作人员的美意。因为我们深知,这些尘封六十年的档案文献弥足珍贵,稍不留神,有一滴茶水洒落在档案文献上,都将带来无法估量的损失,我们将无以面对后人。

这些档案文献大约有上百件,内容包括奇台县商会的组织架构、与地方政府的公牍往来、与新疆其他地方商会的信函、奇台商会处理商民纠纷等诸多方面。尺幅最小的档案约有两个名片大小,大件档案完全展开后,至少有四五米长,由多件同一事由的相关档案粘连而成。从档案本身的纸质和书写方式来说,在一定程度也反映出近代中国社会变迁的脚步和经济发展状况。比如初期的奇台商会档案文献一般都由文书用毛笔书写,纸张的质量也非常好,到了二十世纪三四十年代,随着经济条件的恶化,纸张质量也逐渐下降,书写的所用的工具也改成圆珠笔,甚至有的档案用铅笔书写,非常潦草、模糊不清。

三地商会频繁往来
武清宝坻也有津商

在近百件档案中,不仅有奇台商会自身的内容,还涉及到了新疆省城(即今乌鲁木齐)商务总会的内容。这是一张非常简单的表格,题目为“新疆省城总商会职员表”,时间为1921年。虽然表给中仅列出了商会的会长,会董名字以及商家字号和籍贯,但却足以让我们感到震惊和兴奋。一直以来,乌鲁木齐津帮八大家,乌鲁木齐商会的会长基本上都是天津人等等时常见诸于各种媒体和书刊。然而,究竟津帮商人在当地商会领导层占有多大的比例,却没人给出详细的数据统计。

这份档案显示出,当年迪化总商会的会长是同盛和京货店的周宝荣,在由45人组成的会董中,31人的籍贯是天津,津帮商人在当时迪化的商会领导层中占据了三分之二强的份额。这也从另外一个角度更加明确了津帮商人商界的翘楚地位。而奇台县第一任商会领导层,除商会会长乔长福来自津帮德泰成公记发货栈外,在

18人组成的会董中，8人籍贯为天津。尤为难得的是，长期以来，人们一直以为到新疆经商的大营客都是天津杨柳青人，而上述档案文献则显示，天津静海、武清等地也有大营客。乌鲁木齐总商会会董、广记洋货店的韩全盛来自静海，当选为乌鲁木齐总商会会董一职时，他才31岁。奇台商会会董、德兴隆烧坊的刘永泉来自武清。

此外，在近代新疆，共有迪化、伊犁、古城、哈密四大商会，其中前三者的早期商会会长均为津帮商人，他们不仅在商业活动上交往频繁，通过商会这一商人组织作为媒介，在很多问题上也有交流。奇台县档案馆的一则档案文献显示，1915年1月30日，为了让奇台县商会了解伊犁商会处理商事纠纷的新进展，伊犁商会会长、津帮商人张松龄还专门致函奇台商会会长乔长福，详细说明了伊犁商务总会在这方面的具体举措。这份档案上伊犁商务总会的印章，显示出伊犁商务总会对此事的重视，而乔长福个人印章，则表明这份信函他已经认真地阅读过。那样的岁月，这样的交往途经，个中滋味只有当年的津商会长们方能体会。

在翻阅档案的过程中，作者还发现，在述及津帮商人籍贯时，前面的定语根据时代的变化有所调整，在二十世纪一二十年代的文献上显示，津商的籍贯为直隶天津，而到了后期则为河北天津，而宝坻则为京兆宝坻。从这一点上看，虽然远在西北边陲，但家乡的细微的变化都很快地传到津帮商人那里。晚清以降，特别是1870年代之后，天津为直隶总督所在地，直隶天津的名称延续到二十世纪二十年代，1928年之后，天津一度成为特别市，三十年代中期后，天津又隶属河北。因而，来自杨柳青和武清的津帮商人籍贯前面的定语会发生从直隶到河北的变化。而宝坻是在二十世纪六十年代划归天津市的，在近代，宝坻为京兆尹管辖的二十个县之一,因而,宝坻的天津商人在当时的籍贯只能是京兆宝坻。

为短时间内收集这些档案文献,天津日报视觉中心的姚文生老师一连几个小时站在椅子上拍摄档案,随着闪光灯的不停闪烁,一份份珍贵档案照片也成为采访团的重要收获。

离开奇台县档案馆时,小雨转成了中雨,于采访团一行来说,这样的秋雨是最值得珍视的,这样的雨天也让人难以忘怀。

后　记

自2007年出版第一部个人专著《天津老烧锅》以来，我就坚持一个原则：不为自己的书写后记。倒不是我无话可说，而是我要说的话太多；不是要感谢的人太少，而是要感谢的人太多；而这一切显然是一篇短短的后记无法容纳的。

今天，我要打破这个规矩了。因为振良学兄告诉我，他主编的这套《问津丛书》每本书都要有后记，他计划编一部《问津丛书序跋集》。为了不给振良学兄添麻烦，姑且写一篇短记。

研究“赶大营”这个话题源于2003年，那一年，我有机会再次回到母校南开大学，这一次是攻读博士学位。当时，我想着博士学位论文能不能挑战一下自己，换个研究方向。于是，就想到了这个领域，但是，经过半年时间查阅文献，我发现，关于“赶大营”的原始文献非常零散，估计在攻读博士学位的三年时间里，很难系统完整地收集到供博士学位论文写作的文献。万般无奈之下，就放弃了这个选题。

2006年6月，我获得了南开大学历史学博士学位后，到了天津社会科学院历史研究所工作。这是中国商会史研究的重镇之一，于是，我又重新拾起了天津商帮与近代新疆经济开发即赶大营研究这个话题。这个选题一方面符合天津社科院历史研究所的研究定位：研究天津史和商会史；另一方面，也能让我"圆梦"。

在完成《天津老烧锅》《近代中国的奥运记忆》两部个人专著后，我把精力完全投入到了"赶大营"这个话题上，经过十年的时间，终于完成了这个小册子。这期间的酸甜苦乐，只有作者能够体会到。虽然这本小册子有很多不成熟的地方，但书中有诸多学术界没有使用过的文献。对于史料痴迷的我，在这一点上，我还是很满意的。

看过很多书的后记，作者都要未能免俗地感谢诸多师友。于我而言，这本书写作过程中发生了许多"故事"。本着与人为善的原则，我不想借着这个后记，写一些不想写的事情，更不想让这本书的读者看到学术界的另一面。想来想去，还是就此搁笔的好。

是为后记。

张　博

2017年4月28日

这是我出版的第四部个人专著，按照出版时间的先后顺序，分别为《天津老烧锅》(天津教育出版社，2007年)、《近代中国的奥运记忆》(天津古籍出版社，2008年)、《晚清营口豆货贸易研究》(天津社会科学院出版社，2016年)。

再次读了书稿的清样，对书中若干明显讹误做了订正。

张　博

2017年6月24日

《问津文库》已出书目

（总计84+3种）

◎**天津记忆**

沽帆远影　刘景周著　59.00元
荏苒芳华：洋楼背后的故事　王振良著　49.00元
津门书肆记　雷梦辰原著/曹式哲整理　49.00元
故纸温暖：老天津的广告　由国庆著　28.00元
沽上文谭　章用秀著　38.00元
百年留踪：解放桥的前世今生　方博著　39.00元
南市沧桑　林学奇著　79.00元
津沽漫记：日本人笔下的天津　万鲁建编译　39.00元
忆弢盦：来新夏先生纪念文集　焦静宜编　92.00元
与山河同在：天津抗日杀奸团回忆录　阎伯群编　38.00元
楮墨留芳：天津文化名人档案　周利成著　30.00元
布衣大师：允文允武的艺术名家阎道生　阎伯群著　30.00元
口述津沽：民间语境下的堤头与铃铛阁　张建著　28.00元
大地史书：地质史上的天津　侯福志著　29.00元

丹青碎影:严智开与天津市立美术馆　齐珏著　28.00元

立宪领袖:孙洪伊其人其事　葛培林著　30.00元

津门开岁:徐天瑞日记解读　王勇则著　58.00元

水产教育家张元第　张绍祖编著　36.00元

八年梦魇:抗战时期天津人的生活　郭文杰著　28.00元

沽文化诠真　尹树鹏著　48.00元

圈外谈艺录　姜维群著　38.00元

记忆的碎片:津沽文化研究的杂述与琐思　王振良著　38.00元

水产教育家张元第集　张绍祖编　58.00元

应得的荣誉:女医生里昂罗拉·霍华德·金的故事
　　[加]玛格丽特著/胡妍译　38.00元

海河巡盐:国博藏所谓《潞河督运图》天津风物考
　　高伟编著　58.00元

析津联话 章用秀著　58.00元

顶上功夫:宝坻剃头匠的历史记忆　甄建波著　68.00元

四当明霞:藏书目里的章钰及其交游　李炳德著　68.00元

津沽旧事　郭凤岐著　198.00元

◎**通俗文学研究集刊**

望云谈屑　张元卿著　39.00元

还珠楼主前传　倪斯霆著　38.00元

品报学丛.第一辑　张元卿、顾臻编　38.00元

云云编:刘云若研究论丛　张元卿编　38.00元

品报学丛.第二辑　张元卿、顾臻编　32.00元

刘云若评传　张元卿著　32.00元

郑证因小说经眼录　胡立生著　78.00元
品报学丛．第三辑　张元卿、顾臻编　48.00元
刘云若传论　管淑珍著　48.00元
品报学丛．第四辑　张元卿、顾臻编　58.00元

◎**三津谭往**

三津谭往.2013　王振良主编　39.00元
三津谭往.2014　万鲁建编　39.00元
三津谭往.2015　孙爱霞编　48.00元
三津谭往.2016　孙爱霞编　58.00元
三津谭往.2017　孙爱霞编　68.00元

◎**九河寻真**

九河寻真.2013　王振良主编　59.00元
九河寻真.2014　万鲁建编　59.00元
九河寻真.2015　万鲁建编　88.00元
九河寻真.2016　万鲁建编　98.00元
九河寻真.2017　万鲁建编　98.00元

◎**津沽文化研究集刊**

《雷雨》八十年　耿发起等编　55.00元
陈诵洛年谱　张元卿著　48.00元
碧血英魂:天津市忠烈祠抗日烈士研究　王勇则著　98.00元
都市镜像:近代日本文学的天津书写　李炜著　38.00元
天津楹联述略　李志刚著　36.00元

口述津沽:民间语境下的西沽　张建著　56.00元

口述津沽:民间语境下的西于庄　张建著　108.00元

紫芥掇实:水西庄查氏家族文化研究　叶修成著　58.00元

芦砂雅韵:长芦盐业与天津文化　高鹏著　58.00元

王南村年谱　宋健著　78.00元

国术之魂:天津中华武士会健者传　阎伯群、李瑞林编　78.00元

来新夏著述经眼录　孙伟良编　198.00元

◎**津沽名家诗文丛刊**

王南村集　王煐原著/宋健整理　68.00元

严范孙先生古近体诗存稿　严修原著/杨传庆整理　48.00元

星桥诗存　苏之銮原著/曲振明整理　58.00元

退思斋诗文存　陈宝泉原著/郑伟整理　88.00元

待起楼诗稿　刘云若原著/张元卿辑注　42.00元

刘大同诗集　刘建封原著/刘自力、曲振明整理　88.00元

碧琅玕馆诗钞　杨光仪原著/赵键整理　58.00元

石雪斋诗稿(附遂园印稿)　徐宗浩原著/张金声整理　68.00元

紫箫声馆诗存　丙寅天津竹枝词　冯文洵原著/杨鹏整理　88.00元

思闇诗集　华世奎原著/阎伯群整理　38.00元

◎**津沽笔记史料丛刊**

严修日记(1876—1894)　严修原著/陈鑫整理　138.00元

桑梓纪闻　马鸿翱原著/侯福志整理　42.00元

天津县乡土志辑略　郭登浩编　98.00元

严修日记(1894—1898)　严修原著/陈鑫整理　128.00元

周武壮公遗书　周盛传原著/刘景周整理　128.00元

天后宫行会图校注　高惠军、陈克整理　128.00元

津门诗话五种　杨传庆整理　78.00元

《北洋画报》诗词辑录　孙爱霞整理　198.00元

◎名人与天津

李叔同与天津　金梅编　68.00元

我与曲艺七十年　倪钟之著　68.00元

◎梓里寻珠

传承与突破:近代天津小说发展综论　李云著　78.00元

从租界到风情区:一个中国近代殖民空间在历史现实中的转义　李东晔著　68.00元

赶大营研究　张博著　68.00元

◎随艺生活

方寸芸香:藏书票里的书故事　李云飞编　98.00元

问津书韵:第十三届全国读书年会文集　杜鱼编　78.00元

开卷二〇〇期　董宁文、董国和、周建新编　168.00元